百字贊

儼乎其神若有思藹乎其容若

可即蓋其氣吞湖海胸藏甲兵

自為丈夫便以天下為己責而

況遭時艱危能不奮然一擊乎

公雄姿直欲一踞而抵黃龍府又

何有於羊壁耶必以泥水之徒

是快人心偶托杞梓聲光自遠

公之勝算羊在局中是堂堂常

所修議謨

緜陽王忠孝耕手敬書

王忠孝年谱

黄建聪 编著

厦门大学出版社 国家一级出版社
XIAMEN UNIVERSITY PRESS 全国百佳图书出版单位

图书在版编目（CIP）数据

王忠孝年谱 / 黄建聪编著. -- 厦门：厦门大学出
版社，2022.12
　　ISBN 978-7-5615-8915-1

　　Ⅰ．①王… Ⅱ．①黄… Ⅲ．①王忠孝（1593－1666 年
）－年谱 Ⅳ．①K825.2

中国版本图书馆CIP数据核字(2022)第254303号

出 版 人	郑文礼
责任编辑	薛鹏志
封面设计	张雨秋
技术编辑	朱　楷

出版发行	厦门大学出版社
社　　址	厦门市软件园二期望海路 39 号
邮政编码	361008
总　　机	0592-2181111　0592-2181406(传真)
营销中心	0592-2184458　0592-2181365
网　　址	http://www.xmupress.com
邮　　箱	xmup@xmupress.com
印　　刷	厦门集大印刷有限公司

开本	720 mm×1 000 mm　1/16
印张	18.25
插页	3
字数	300 千字
版次	2022 年 12 月第 1 版
印次	2022 年 12 月第 1 次印刷
定价	73.00 元

本书如有印装质量问题请直接寄承印厂调换

厦门大学出版社
微信二维码

厦门大学出版社
微博二维码

王忠孝像

序言一

陈支平

　　王忠孝是明朝著名的荩臣。他出身贫寒,少年苦读,36岁即崇祯元年(1628年)中进士。入仕之后,清廉重节。明清易代之时,他义不事敌,追随郑成功抗清守志,最终逝世于台湾岛内,葬回故乡。

　　说来荣幸得很,王忠孝这样一名令人敬仰的气节之士,竟然是我的同乡前贤。他的老家今泉港区沙格村与我的出生之地,不过有十公里之遥。小时候我在家乡的时候,自然不知道王忠孝的功业文章,不过我母亲给我讲的一个故事,却让我终生难忘。故事的大意是:古时候邻近乡村有一位贫穷的小书生,母亲寡居,含辛茹苦送其读私塾。小书生十分争气,书读得很好。小书生的家与私塾隔有一段田间的距离,每至夜晚小书生读书归来,他的母亲总能在昏暗的田间小道上,看到儿子归来的弱小身影,身影之旁,似乎有一盏明灯为儿子引路。每见到此景,母亲感到无比的宽慰。可是有一夜,儿子归来的路上,引路之灯不见了。母亲知道儿子今天一定做错了什么事情,严厉盘问,得知儿子今天在私塾之旁为他人所央求,帮写了一份休书。母亲深知拆散人家的婚姻是失德之事,责令儿子明日无论如何要把休书索回。果然第二天儿子谨遵母亲的教诲,取回休书。夜晚归来之时,引路明灯重新出现并且愈加灿烂。我母亲给我讲的这个故事是真是假,至今我也无法弄清楚。但是这个故事却始终让我无法忘怀。自己后来进了大学,也担任过一些行政上的职务。适逢开化新风,夫妻离婚之事时有发生。有些小夫妻赌气不过,也要到我这所谓领导边请我评理。可是我的脑筋始终停留在我母亲所讲述的故事里,宁拆十座庙,不坏一段婚姻。苦言相劝,和谐团结为上。实在不行,劝说无效,我就只能拜托党组织出来主持大局,这边的领导办法就很多了。而我呢,也算是坚守了我这不合时宜的婚姻道德观了。

从王忠孝的写休书扯到我自己的劝和不劝离的腐朽婚姻观,未免有些好笑兼偏题了。不过自从我担任了中国明史学会的职务之后,各地有关明史方面的重要会议及活动,大多是要参加的。这样的世面见得多了一些,明史的相关知识自然也会有所长进。迄今为止,有王忠孝儿时写休书经历的明代名臣中,至少有三位。这就是明代开国功臣之一的浙江刘基(刘伯温)、万历初年参与张居正改革的吏部尚书山西王国光,以及我的这位前辈乡贤王忠孝。同样的一种故事传说,居然出现在明代三位不同乡贯的名臣身上,这就不是偶然的事情。从文化史的视野来审视,这种故事传说的反复出现,实际上体现了那个时代社会人们的普遍道德价值取向:道德的坚守是士人以至整个社会安身立命的根本之道。当然,从现代人的眼光看来,这种故事传说实在是陈旧过时,甚至被一些开化的先进们嗤之以鼻。但是从马克思主义唯物史观的立场出发,我们分析古人的行为作风及道德文章,是必须要把这些行为作风及道德文章放到王忠孝的那个时代里去评判的。正因为如此,我的这位前辈乡贤王忠孝,始终是我心中感佩敬仰的士人和读书人!有了这样的感佩敬仰之心,我在教学科研之余,偶然也会搜集有关王忠孝的文献资料,写几篇关于王忠孝史迹的论文,主编过王忠孝的文集。但是毕竟事务瞎忙,无力潜心于此。

前几天,一位现在的同乡黄建聪先生,把他撰写的《王忠孝年谱》书稿见示,希望我为此书写个序言。

我与黄建聪先生相识多年,知道他曾经担任过高中历史教师、宣传系统干部、学校行政领导等职务,平日里公务、教务繁多,十分奔忙。而他就是在这般繁忙的时光里,坚持读书、写作不辍,终于大有所成。平日里所撰写的文章、编纂的书刊不计,即使是个人著作,就已经有近代著名爱国华侨领袖、民主革命家黄乃裳的长篇传记《黄乃裳传》等书问世,以及尚未出版的《李恺(抑斋)年谱》等书。

我拜读《王忠孝年谱》之后,欣喜万分。书中所搜集的古今相关的方方面面资料,是迄今为止有关王忠孝史实史迹中最完善、最全面的;书中的行文立论、考证,堪称流畅、公允,且富有新意。现在《王忠孝年谱》要正式出版。此书的出版,从公的方面讲,他把明代荩臣王忠孝的历史研究推到学术高峰;从私的方面讲,足以慰我未能深入研究王忠孝这一前辈乡贤的平生遗憾。有鉴于此,我要衷心地感谢黄建聪先生为家乡、为中国明史、为我所做出的不懈努力与奉献。同时也借此机会,预祝黄建聪先生今后有更多更好的著作出版问世,造福乡里和学界!

2022 年 4 月于厦门大学

序言二

王秀德

从孩提时,我就听祖、父辈讲,我是"开闽王"的后裔,先祖王忠孝公是一个耿介廉臣,是抗清复明的志士。"闽之仕女,皆识其名",我一直为之而感到骄傲和自豪。

后来,我了解到更多的关于先祖的传说故事和史实史迹。知道他作为民族英雄、"国姓爷"郑成功的高参,两人的关系极为密切。郑成功不仅是中国历史上的民族英雄,而且是世界史上的英雄人物。日本人以郑成功母田川氏为日本人,且郑成功诞生于日本,亦颇引以为豪。当我到东瀛日本创业时,还特地到郑成功的出生地长崎平户岛寻找他的足迹,拜谒"郑成功儿诞石"。

我与黄建聪先生相识有年,素知他一直坚持从事文学艺术创作和历史、方志研究,也知道他业余时间不辞辛苦,长期大力搜集整理研究古今中外有关先祖的史料,乐其有成。最近,我拜读了他新编著的《王忠孝年谱》书稿,极为高兴。

《王忠孝年谱》一书广征博引,披露了许多鲜为人知的史志与谱牒资料。从书中所反映的先祖事迹来看,他和他的许多精神是值得后人尊敬和学习的。

一是要学习他勤政廉政的精神。王忠孝崇祯元年(1628年)举进士,授户部主事,在中央财政部门管事。崇祯三年(1630年),他在蓟州督运大通桥粮饷,以刚直耿介、无私无畏著称。其时由朝廷派往蓟州负责节制漕运的内监邓希诏图谋不轨,找王忠孝索取粮饷,王忠孝坚拒:"邓希诏欲自设兵置饷,忠孝谓'升斗皆官物,安得饷?'希诏

— 4 —

曰：'饷司能无额外征耶?'忠孝正色曰：'吾戴吾头来，岂以头易升斗哉!'"邓希诏勒索未遂，恨之入骨，诬告王忠孝有"忤旨病民而又欺君之罪"。以忤旨、病民、欺君三大罪，条条皆是死罪。朝廷听信谗言，派锦衣缇骑逮治。按照惯例，如果不能满足这些缇骑的贪欲，便会"楚毒随之"。蓟州督运大通桥粮饷绝对是一个肥缺，可是王忠孝尽其所有"不能具一餐"，官差翻箱倒箧，"饔署中不能备十金"，锦衣缇骑亦为其廉洁所感动。王忠孝被押解入京后，受廷杖之刑，被缚在麻袋中以乱棍击打。但他"犹挺闽人气质，抗不服罪"。邓希诏乃以重金贿赂部里胥吏，另求可罗织此狱的人，又密谋上疏诬他贪污官仓搬运工价银两，欲以此治他死罪。当审讯时，他毫无惧色地驳斥说：虽然工价无开销，但这是朝廷的财物，我怎敢私吞？这笔钱全储存在密云库，有据可查。户部尚书、漕督及副都御史王志道，乃至锦衣卫首领等文臣武将纷纷请免治罪，崇祯皇帝意方才稍解，最终"改系刑部狱三载"。

二是要学习他矢志不渝的斗争精神。他竭尽心智筹划抗清，颇多建树。崇祯十七年（1644年），清兵入关，南明福王朱由崧下诏授王忠孝绍兴知府。他感到邪正混杂，辞不受。唐王朱聿键称帝于福州，是为隆武帝，召见王忠孝，授光禄寺少卿，王忠孝陈述光复策略，隆武帝大喜，特命巡关，赐尚方宝剑，便宜行事。隆武政权失败后，鲁王在闽南招集残部，继续抗清。敕晋王忠孝为兵部尚书，任职左副都御史，总督兴化府、泉州府义兵。王忠孝疏辞未受职。郑成功在广东南澳起兵，连克闽南诸地。王忠孝在兴化、泉州等地率义师响应，招集5000多人。后义事不济，他携家眷南渡，长期栖居厦门、金门、东山三岛，坚决不事新朝、不剃发。桂王朱由榔即位，改号永历，诏拜他为兵部右侍郎。他曾先后向唐王、鲁王、桂王等上疏，力图匡复明室，并经常与郑成功及其抗清将领郑鸿逵、郑泰、甘辉、张煌言、周鹤之诸人书札联系，其中留存至今给郑成功书札文字十多封。郑成功在厦门设立储贤、育胄两馆，广纳遗臣贤士。王、郑意气相投，成为知己。他虽未受官职，对军国大事则时常建言，并推荐同年举人、同安教谕陈鼎之子陈永华给郑成功，说陈有"经济之才"。郑成功一见大喜，称之为"卧龙",即被用于参军。后陈永华在开发和建设台湾中果然立下不朽功勋。

三是要学习他忠于国家民族的精神。他一生忠于他的大明王朝。顺治十八年(1661年),郑成功渡海东征台湾,王忠孝等人留下,辅助世子郑经守厦门,调度各岛。身近郑经四年,得到郑经厚待,但他始终"不图宦达,日与流寓诸人肆意诗酒,作方外客",默默无闻地度过晚年。康熙三年(1664年),与沈佺期、卢若腾等入台湾,直到康熙五年(1666年)病殁。他的《东宁上帝序》是歌颂郑成功驱荷复台伟大业绩的重要史料。文章称:"赐姓抚兹土,华人遂接踵而来,安平东宁,所见所闻,无非华者,人为中国之人,土则为中国之土,风气且因之而转矣。是以向者地屡震,而今宁谧;向者春无雨,而今沾濡。天心之明,示人以意也,而况于神乎。"

《左传·襄公二十四年》:"太上有立德,其次有立功,其次有立言,虽久不废,此之谓不朽。"王忠孝述作颇丰,著有《回居录》《孝经解》《易经测略》《四书语录》及诗集、文集等。他的诗集、文集后人集成《惠安王忠孝公全集》(或称《王忠孝公集》),共12卷。他所遗留的诗文是我们研究明清之交这一段历史、研究台湾历史的第一手参考资料。

我对《王忠孝年谱》一书的付梓表示祝贺!并期待着黄建聪先生继续为历史文化的研究和传播做出更大的贡献。

是为序。

2022年3月于日本东京

前　言

　　明末清初著名宦海廉臣、抗清复明志士,著名理学家、诗人王忠孝(1593—1666年),字长孺,号愧两,福建省泉州府惠安县沙格村(今属泉州市泉港区)人。是"开闽王"王审知裔孙,族人尊其为台湾开基始祖。

　　崇祯元年(1628年),举进士,授户部主事。崇祯三年(1630年),他在蓟州督运大通桥粮饷,以清廉刚耿、挑战阉党著称。其时由朝廷派往蓟州负责节制漕运的内监邓希诏图谋不轨,私下招兵买马,并找王忠孝索取粮饷,王忠孝坚拒。邓希诏勒索未遂,恨之入骨,诬告其有"忤旨病民而又欺君之罪"。朝廷听信谗言,派锦衣缇骑逮治。王忠孝被押解入京后,受廷杖之刑,被缚在麻袋中以乱棍击打。但他"犹挺闽人气质,抗不服罪"。都御史王志道等朝野人士纷纷请免治罪,最终"改系刑部狱三载"。

　　崇祯十七年(1644年),清兵入关。因史可法等人的推荐,南明福王朱由崧下诏授王忠孝绍兴知府。他辞不受。唐王朱聿键称帝于福州,是为隆武帝,授王忠孝光禄寺少卿。王忠孝陈述光复策略,但当时兵权完全掌握在郑芝龙一人手中,王忠孝无一兵一卒,他审时度势,"回奏称旨"。郑成功起兵后,顺治三年(1646年)清兵入闽,隆武帝亡后,鲁王在闽南招集残部,继续抗清。敕晋王忠孝为兵部尚书,任职左副都御史,总督兴化府、泉州府义兵。王忠孝疏辞未受职。郑成功在广东南澳起兵,连克闽南诸地。王忠孝在兴化、泉州等地率义师响应,于泉州府惠安县和兴化府莆田县、仙游县一带举兵抗清,失败后举家迁往厦门投奔郑成功。桂王朱由榔即位广东肇庆,改号永历,诏拜王忠孝为兵部右侍郎兼太常寺卿。

王忠孝先后向唐王、鲁王、桂王等上疏,力图匡复明室,并经常与郑成功的抗清将领郑鸿逵、郑泰、甘辉等和唐王抗清将领张煌言、周鹤之诸人书札联系,其中给郑成功书札18次,竭尽心智筹划抗清,颇多建树。王、郑意气相投,时常征询军国大计。他虽未受官职,对军国大事则时常建言,并推荐同安教谕陈鼎之子陈永华给郑成功,说陈有"经济之才",即被用于参军。

顺治十八年(1661年),郑成功渡海东征台湾,王忠孝留下辅助世子郑经守厦门,调度各岛。康熙二年(1663年),与沈佺期、卢若腾等入台。王忠孝称台湾"人为中国之人,土则为中国之土",爱国爱乡情怀备受人们推崇。他不仅关注百姓的生计,还致力于传播儒家思想,积极宣导中华传统文化,襄助明郑政权在台湾兴学设馆传经讲学,并对当地教育的兴起产生了巨大的影响。大量的史实肯定了王忠孝在南明十八年的重要历史地位,他是台湾传承中国传统文化,促进闽台文化交融的功臣之一。康熙五年(1666年)王忠孝病殁。闽台百姓尊为神明膜拜,享得长年香火。台湾延平郡王祠的东厅,陈列着60余位郑成功部将的牌位。王忠孝名列第三,其牌位称"延平王礼而优赡之,尊为前辈,军国重事辄咨问焉"。在台湾鹿港文开书院,安座配祀并供奉14位(包括孔子在内)先贤先儒的牌位,"明兵部侍郎惠安王公忠孝"名列第十位。据光绪《金门志·丛祠》载:"侍郎庙在贤聚村。祀故明礼部侍郎王忠孝。今为村人报赛之所,遂不知祠所由来。"这座祀王忠孝的"侍郎庙",后改建更名为"泰安宫"。王忠孝以忠以孝,位列诸神配祀之列。同样在闽南多地也敬祀王忠孝,从清朝起,沙格村的端午节龙舟赛还多了纪念王忠孝的含义,开创了端午节纪念王忠孝与郑成功收复台湾的先河。台湾许多王氏后裔基本每年端午也会回乡谒祖交流。

王忠孝述作颇丰,著有《回居录》《孝经解》《易经测略》《四书语录》及诗集、文集等。他的遗著后人集成《王忠孝全集》,共12卷。这些著述,大量记录了许多关于郑成功抗清复明和台湾开发的重要史实,是研究南明史、闽台历史的重要文献。

因为各种历史原因,有关王忠孝的直接史料不是很多,主要来源于《王忠孝全集》。由于谱主阅历事件的具体时间往往语焉不详,这些都给编撰年谱造成了一定的困难。笔者断断续续开展这项工作,终于2008年形成初稿,时为简编。后来的十多年,在教学之余,一边搜集整理、实地调查、研究考证海峡两岸古今各种相关资料,一边利用业余时间不断地补充、续编。

本书的内容由谱文(包括谱主活动、诗文著作、时事)和余记两部分组成,并附录论文资料三篇。以谱主王忠孝为中心,以年月为经纬,全面细致地记述王忠孝的生平事迹,真实地反映其作为"直声、清声满天下"的宦海廉吏、矢志反清复明的勇敢斗士、著述不辍的学者诗人等方面的功绩。年谱稽古钩沉,忠于史实,内容翔实丰富,采用客观记述的原则,以求反映历史真相和全貌。本年谱披露了许多鲜为人知的史志与谱牒资料,"是迄今为止有关王忠孝史实史迹中最完善、最全面的",为研究王忠孝的生平事迹、研究明末清初史事以及台湾历史、移民文化,推动闽台文化交流等提供了重要史料,具有重要的参考价值。

目　录

目

录

附 录

王忠孝年谱

明神宗万历二十一年癸巳（1593 年），1 岁

【谱主活动】

六月廿三日丙午（公历 7 月 21 日）卯时，王忠孝出生于福建泉州府惠安县仙塘里十都梅峰铺沙格乡（今福建省泉州市泉港区南埔镇沙格村）的一个农家。

沙格村位于台湾海峡西岸，福建中部（闽中、闽南交接处）的湄洲湾西南岸，"东方大港"萧厝港就在此。萧厝村与沙格村之间的海澳历史上称"沙格澳"，沙格村海域对面为历史上的兴化府莆田县、仙游县。

明洪武二十年（1387 年），明廷命江夏侯周德兴到福建沿海福（州）、兴（化）、漳（州）、泉（州）四府经略海防。"民户抽三丁之一充戍兵防倭，移置卫所当要害处"，改永宁寨为永宁卫，于浯洲置金门守御千户所。废洪武二年（1369 年）所建的沙格巡检司并移于峰尾半岛，另筑峰上、田浦、官澳、陈坑、烈屿、祥芝等处巡检司，屯兵驻守，以备倭寇。至洪武三十一年（1398 年），在泉州沿海先后增设：永宁卫，福全、崇武、中左、金门、高浦 5 个守御千户所，巡检司 45 个，筑卫所司城 16 座，以加强海防。

《明史》卷四十五《地理志六》记载：

（惠安县在）府东北。东南滨海，有盐场。西有洛阳江。又东南有守御崇武千户所，洪武二十一年二月置，嘉靖中移于县东北。城东有黄崎，南有獭窟，东南有小岞，东北有峰尾四巡检司。

又东北有涂岭,又有沙格,东南有小兜三巡检司,洪武二十年废。

明方志学家黄仲昭(1435—1508 年,名潜,以字行,行十八,号退岩居士,学者称未轩先生,福建兴化府莆田县人)编纂,原刊行于明弘治三年庚戌(1490 年)的现存第一部福建全省性的地方志《八闽通志》卷之八十《古迹·泉州府·惠安县》载:

> 沙格巡检司,在县北十都。洪武二年建,二十年徙于八都峰尾村,故址尚存。

明惠安知县叶春及(约 1532—1593 年,字化甫,号絧斋,广东惠州归善县人)《惠安政书》八都记述峰尾城和峰尾巡检司:

> 黄崎拒其南,沙格遮其北,外而掎以击蓼,庶可以固守耳。

同书沙格村所在的十都载:

> 经全笼隘阿山,抵沙格澳,编户独繁,则后蔡壤界之。……惟沿海多坞,通渔贩之利。《诗》曰:"北流活活,施罛濊濊。"言其饶也,而乐屿为巨。沙格旧置巡司,今存斥堠,虽为海滨内地,其能以毋备哉?

"斥堠",是指侦察敌情的碉堡。沙格明初设有巡检司和碉堡,说明这里具有重要的军事地位。

王忠孝曾题写对联赞之:

> 前望高山深仰止;
> 后临沧海忆朝宗。

清张步瀛题写对联赞之:

> 石镜花开背后沙堤再筑;
> 蟹泉沫吐眼前甲榜联标。

余飏,字赓之,号季节,莆田县黄石人。明崇祯十年(1637 年)进士,授宣城知县。南明福王朱由崧即位,授官礼部文选司,稽勋司员外郎,改广东副使。鲁王入闽监国,擢右副都御史。《蟹谷王氏族谱》收录之余飏所撰《待赠文学闇如王府君暨元配林孺人合葬墓志铭》云:

> 予尝登蟹山而望矣,北瞰秀屿,森郁列杰。东临霞岛,峭屹如拳。盖三面凭大海之蛟龙之所都也。扶桑照灿,蜃楼炫目,舳

舻艋舴之往来其下者,大者山立,细者叶飞。鱼盐辐辏,商贾杂踏,鲛人卉客,走利如鹜,是亦闽南一奇都会也。

《蟹谷王氏族谱》之王忠孝曾孙王宪章《石镜山记》:

山发源自白格岭(笔者注:仙游县与永春县交界的分水岭),磅礴绵亘,百有余里,逶迤而至陈桐关(笔者注:陈同关、潼关),复秀拔突起,而趋于东。缕析枝分,难以悉数,类皆脉促气微。其最远者不及十余里,亦竟止矣。独中一支,或起或伏,或偃为平陆,或耸为大陵。如是者又二十余里,至东山而止,遂折而北向,峰峦叠翠,迥异常观。其旁分者,复相与环绕拥护。如是者复十余里,蜿蜒直趋于海,而拓为一大乡落,山形类蟹,因以蟹谷名……当吾乡全盛时,环山而托处者千有余里(笔者注:应是家之笔误)。其风淳朴,俗尚礼义,渔樵耕读,业有余闲,一时之衣冠甲第,甲于螺阳,至"小苏杭"之号。

可见沙格村为位置重要、人口较众、渔利通商富饶之地。

清咸丰《福建全省总图》之《惠安县图》载有"沙格"。

清道光《福建通志》各县冲要之泉州府惠安县载:

峰尾澳,在治东北五十里,北障沙格,南距黄崎,左支一潮。由沙格港西澳入枫亭,与黄崎对峙如门,辋川居其内,诸商所集地也。明洪武间筑城设巡司,今与辋川、沙格俱属黄崎汛兼辖。沙格澳在治东北六十里,设烟墩。澳外有黄竿屿,洋面北属莆田界。

沙格村民人,俗同惠安县广大民众,广种番薯,并成为日常主食。万历二十五年(1597年)五月,福建长乐县人陈振龙,从吕宋(菲律宾)带来了番薯种苗,成功繁殖。"小者如臂,大者如拳,味同梨枣",福建巡抚金学曾获知后振奋不已,马上旌表陈氏父子此行"事属义举","虽曰人事,实获天恩",随后开始在福建全省推广引种番薯(陈振龙后裔编《金薯传习录》)。而据沙格的邻村萧厝《凤翼萧氏家谱》的《土产》目中"番薯"条下记载:"所有者惟番薯,出于明神宗万历二年间。相传众人行商南夷,取其藤束伞以归,因留种焉。种得其法,亩可获数千斤。"明神宗万历二年为1574年。据此记载,其时番薯就已经由"行商南夷"的商人引进惠安县北部萧厝村了。据明万历壬子（1612年）版《万历惠安县续志》卷之一《物产续篡》记载："番薯，是种出自外国。前此五六年间，不知何人从海外带来。初种在漳，今侵蔓泉、兴诸郡，且遍闽矣。"

沙格境内有"三山朝一河"，即观音山、石镜山、蟹谷山、沙堤河（俗称"河墘"）所衍生的"沙堤十八美景"。据清末所编的村谱记载，自入宋代，沙堤地面得到较大的开发，村中七姓人家皆财丁兴旺。灵慈宫现为沙格村最主要庙宇。据《沙格王氏族谱》载：沙格灵慈宫始建于元至正年间（1341—1368年），主祀妈祖。又有一说，该圣母庙为宋度宗咸淳六年（1270年）由沙格村民修建。元文宗赐庙额"灵慈"，遂名"灵慈宫"。灵慈宫、瑞云殿均是王忠孝经常读书的地方。

后人有诗赞"沙堤十八景"。赞曰：

英灵白格祖高岗，起覆盘旋聚仙塘。

青狮赤象分两翼，观音对镜坐莲峰。

面仰蟹谷围玉带，签筒笔架列屏峰。

将军抱印戴纱帽，飞凤下田宿仙床。

童子弄城捉蝴蝶，青龙白云玄鳌傍。

东来虾屿调狮屿，西列龟蛇于金环。

猿猴探洞夺蕉叶，七星坠地发毫光。

若论沙堤雅秀地，堪称惠北玉屏峰。

沙格村历史上曾为八姓聚居，其后"诸姓相继没落或他迁，唯王、陈二姓枝繁叶茂，繁衍至今"。现主要聚居民为王、陈以及林、萧等姓。

其先光州固始县人、闽王王审知之后，祖自宋入惠安，卜居蟹谷仙塘沙堤。

《故考老圃处士王公圹志》云：

云王氏之先，自光州从王绪入闽，家于惠安东北滨海之仙塘。代为士族，高祖十六公，曾祖念一公，祖念七公，振基启庆。

王忠孝《沙堤王氏谱序》云：

吾沙堤之有王氏，派自光州固始。唐末，忠懿王入闽，数传保隆公，由闽移莆，壶公霞阪，其祖居也。谱所载先代皆著硕，中间残缺不可考。今断自可知者为始，则十六公，其始分之祖也。宋末，赘于惠沙蔡氏，因家焉。生六子，长、次居沙，四子归莆。长二十公讳礼，次廿一公讳乐。今大小宗两祠并峙，可考也。从此而下，世次井井，按之了然。虽未有名位昭灿，而孝弟力田，世有髦士，幸不陨家风也。

王志道《明赠承德郎户部主事滨泉王公暨配赠安人孙氏洪氏合葬墓志铭》云：

志曰：赠户部主事滨泉王公者，名瀚，字崇浩。父曰植槐公，植槐父景岩公。景岩之父礼轩公，公高祖也。上世从光州以来者，入三山、入莆。国初，有十六公，□室于惠之仙塘，遂家焉。以至于公，盖十余世矣！明经子衿，世不乏人。至植槐公，始发愤下帷，博涉儒术、古今之事。虽奇于数，其所蕴义积书皆足以开后人。里中人取王氏故事为之树槐，因取为号。初娶郑，有二子。继张氏，生公。公少颖，六岁而丧母。植槐公最怜爱之。

先祖为"开闽王"王审知。王审知（862—925 年），字信通，号详卿，光州固始（今河南省固始县）人。五代十国时期闽国开国国君，威武军节度使王潮的弟弟，"开闽三王"之一。早年加入王绪起义，随军转战福建。光启二年（886 年）八月，带兵攻取泉州，以泉州为根据地，招怀离散，均赋练兵。为统一福建、鼎建闽国打下基础。景福元年（892 年），攻下福州，逐步统一福建。乾宁四年（897 年），王潮去世后，继任威武军节度使、福建观察使，加任检校太保、同平章事，受封琅琊郡王。后梁开平三年（909 年），出任中书令，册封闽王。后唐同光三年（925 年）去世，谥号忠懿。次子王延钧称帝后，追赠昭武孝皇帝，庙号太祖。凭借治理福建发展的贡献，后世尊称"开闽尊王""开闽圣王""忠惠尊王"。

《蟹谷王氏族谱》之王梦源《王氏族谱大纲记》云：

侍郎晞亮公三子讳榕，官县尹，孙二，长清甫公迁于沙堤沟角，此吾沙堤之始祖也。次世模公生子十六，公讳延迁于惠安之蟹谷，此吾蟹谷之始祖也。生六子，长礼公、次乐公，两派子姓蕃衍……侄今长鼎庵君讳钟鸣与梦源有执经负剑之谊,宰庄浪,奏最已奉内召。忽为忌者所中,飘然旋里,郁郁之中殂,识者悲之。

王忠孝族侄王钟鸣之子王际慧《蟹谷王氏家谱序》云:

吾家自姓过江入闽,古谱悉载明修矣。肇居泉郡螺阳之蟹谷,则自宋十六公从兴安莆阳来赘是乡蔡氏,卜地之胜,遂聚国族于斯,举六丈夫子,礼、乐、射、御、书、数分为六房。厥后射、御、书、数皆旋居莆之故里,即今耕原其支派,详载前明大参笔峰公谱中。在蟹谷开族,惟礼、乐二公,笃厚有以致祥,地灵钟人杰,自此而俾炽俾昌、科名蔚起,多为世名臣。

蟹谷王氏(王忠孝支世系):

一世　埏　蟹谷始祖

二世

礼(蟹谷长房)

乐(蟹谷二房)

射(回莆)

御(传忠门王厝)

书(传璐霞、吉江等)

数(迁广东)

三世　琴(以下均蟹谷二房传)

四世　富崇

五世　仕贵

六世　明

七世　宽

八世　财

九世　香

十世　祯(礼轩)

十一世　景严(俨、岩)

十二世　钟南(植槐)

十三世　瀚(崇浩)

十四世　忠孝、国植、国模

父滨泉,名瀚,字崇浩,本年 48 岁。生母洪氏(惠安县北六都鳌塘铺漈头桥村,即今泉港区前黄镇凤南行政村蔡头桥自然村人),本年 38 岁。

王志道《明赠承德郎户部主事滨泉王公暨配赠安人孙氏洪氏合葬墓志铭》云:

> (滨泉)公,生嘉靖乙巳二月廿四日,卒万历庚申八月十二日。崇祯己巳年,以首科覃恩赠承德郎、户部主事。孙母,生嘉靖丁未四月十六日,卒万历癸未三月廿九日。洪母,生嘉靖乙卯六月廿六日,卒万历壬子六月十三日。并赠安人。生三子,长国模,任江西吉安府永新县县丞,娶郑心鳌女。次国植,娶县丞陈鉴塘女。俱孙母出。季忠孝,娶陈仰梅女,洪母出。女三:一适林万子度,一适郑如圭子士龙,孙母出。一适林瑞子一道,洪母出。

父滨泉生于嘉靖乙巳,为嘉靖二十四年(1545 年),卒于万历庚申,为光宗泰昌元年(1620 年)。

孙氏(坑墘人)生于嘉靖丁未,为嘉靖二十六年(1547 年),卒于万历癸未,为万历十一年(1583 年)。洪氏生于嘉靖乙卯,为嘉靖三十四年(1555 年),卒于万历壬子,为万历四十年(1612 年)。

长兄名国模,字世范,号我恺,孙氏所出。

王忠孝《明迪功郎江西吉安府永新县县丞我恺王公暨配郑氏孺人合葬墓志铭》云:

> 兄讳国模,字世范,我恺其号,先承德滨泉公长子也……兄出自吾前母孙安人,甫十岁,孙母辄见背,是时吾父丁丧乱之后,家计旁午,兄稚景良苦。亡何,吾洪母来,抚如己出。兄朝夕承侍,惟谨忘其为靡恃也。比就外傅,稍长,习制举业,骎骎有成。屡试不售,辄舍去……兄生嘉靖戊辰年六月初五日,卒万历己未年十月廿六日,享年五十有二;嫂生嘉靖戊辰年二月十四日,卒泰昌辛酉年七月十六日,享年五十有四。

嘉靖年间无戊辰年。"嘉靖戊辰年"应为明穆宗隆庆二年戊辰(1568 年)。万历己未年为万历四十七年(1619 年),泰昌辛酉年为明熹宗天启元年(1621年)。

次兄名国植,字世立,号槐台,孙氏所出。

王忠孝《槐台公志》:

自吾曾祖武康尉讳景严,祖赠通议讳钟南,世以孝谨闻,家法相传远矣。

吾父生三子,长国模,次即仲,季忠孝。方嘉靖倭变后,吾家稍中落。父支门户事良苦,壮年丧吾前母孙淑人,仲时甫六岁,吾母洪淑人实抚之。

王志道撰《明赠承德郎户部主事滨泉王公暨配赠安人孙氏洪氏合葬墓志铭》对王忠孝的家世有较具体的说明:

志曰:赠户部主事滨泉王公者,名瀚,字崇浩。父曰植槐公,植槐父景岩公。景岩之父礼轩公,公高祖也。上世从光州以来者,入三山、入莆。国初,有十六公,□室于惠之仙塘,遂家焉。以至于公,盖十余世矣!明经子衿,世不乏人。至植槐公,始发愤下帷,博涉儒术、古今之事。虽奇于数,其所蕴义积书皆足以开后人。里中人取王氏故事为之树槐,因取为号。初娶郑,有二子。继张氏,生公。公少颖,六岁而丧母。植槐公最怜爱之,向所云《孝经》《小学》皆从膝上授。十三岁而倭寇难作,兵火荡析者五六载,伯兄遇害,仅遗稚子。公一手拮据拨煨烬葺枝栖分宅其兄之子而子,之事继母陈,相依为命。母子各不知非其所出。自丧乱后,仙塘之王几称落谱矣!而能使植槐日昃之离,不以伯子蓺诸孤,及诸身后事为忧,皆公仁亲一念,所谓调护深微矣!而茹荼吞胆,则孙安人实佐之。盖公自少年备尝人间极苦,而常处艰难中,自力自致,及诸事定,天伦人事无憾。即安,又自幸也。惟是家累废学,居恒悒悒不乐。而孙母以三十七卒于时疫。□亦相□继而逝,孑然一身,送死事生,儿女待哺,中馈无人,丧乱既平之后,又一难也。幸洪母安人聿来,抚诸孙如已出。生事既微,不免忧生纺纴可佐也。督二子就外傅,簪珥可捐也。室家之过壶,先后嗣徽,亦世所□□是。儿女渐成,婚嫁粗毕。……然公性多忧患,命亦有然,虽时值安乐而忧患亦随之……

三子王忠孝,生于万历癸巳年六月二十三日卯时,孙氏所出。

王忠孝,原名王国森,乳名改,昵称改阿,字长孺,又字世茂,号愧两,官章忠孝。

《王忠孝公集》卷之第十二传志类王孔仁《王氏谱系》:

> 王氏谱系,自宋入惠,卜居蟹谷仙塘沙堤。传十四世愧两公,讳长孺,官章忠孝,别号愧两,乳名改,一字世茂,滨泉公三子。

《王氏族谱》(不同抄本):

> 字长孺,号愧两,官章忠孝,乳名改,昵称改阿,一字世茂。曾祖武康卫景俨,祖钟南赠通议,父滨泉赠通议。母洪氏。长兄国模,次国植,字世立,别号槐台,孙氏所出。

> 第十四世愧两公,讳国森,人名长孺,即忠孝。明进士出身,御史升兵部右侍郎,生于万历癸巳年六月廿三日卯时,卒于万历丙午年四月廿八日巳时。

明洪旭《王忠孝传》云:“公讳忠孝,字长孺,别号愧两。其先光州固始人,闽王审知之后也,居惠安沙格乡。”

清李清馥《闽中理学渊源考》:“王忠孝,字长孺,号愧两。”

清徐鼐《小腆纪传》卷第五十七:“王忠孝,字长孺,号愧两。”

清郝玉麟《(乾隆)福建通志》卷四十五:“王忠孝,字长儒。”

连横《台湾通史》卷二十九《列传》:“王忠孝,字长孺,号愧两。”

查考传世的各种王忠孝传记,王忠孝,字长孺,号愧两。此说为实。后世惠安地方文献有作王忠孝“字仲孺”,不知所据。

明张正声《惠风·惠风姓氏》:“王忠孝,字仲孺,号愧两。”

清陈澍《螺阳文献》:“王忠孝,字仲孺,号愧两。”

闽台府县志作王忠孝“字愧两”、“字槐两”者,当为讹误。

清嘉庆《惠安县志》卷二十三《卓绩》:“王忠孝……一字愧两。”

清陈文达《(康熙)台湾县志》卷之八《人物志·寓贤》:“王忠孝,字愧两。”

清王必昌《(乾隆)重修台湾县志》卷之十一:“王忠孝,字愧两。”

清文仪《(乾隆)续修台湾府志》卷十二:“王忠孝,字愧两。”

清薛绍元《(光绪)台湾通志》:"王忠孝,字愧两。"

清郑达《野史无文》卷十二《闽中四隐君子》:"王忠孝,字槐两。"

清江日升《台湾外记》(福建人民出版社 1983 年版)卷之三:"原阁部曾樱……自缢死。"注释曰:"至金门王槐家收殓。""王槐家",当是"王愧两"的刊误。

清江日升《台湾外记》(泉州文库本)曾樱自缢后注释曰:"至金门王槐西家收殓。""王槐西",同是"王愧两"的刊误。

清修纂《惠安县志》王忠孝本传各误作"字又孺"或"字文孺",为福建通志所因袭。

福建师范大学图书馆藏清刻本嘉庆《惠安县志》讹作:"王忠孝,字又孺"。

民国二十五年(1936 年)永定林鸿辉排印本嘉庆《惠安县志》讹作:"王忠孝,字文孺"。

民国《福建通志·明列传》延续误作:"王忠孝,字又孺"。

洪旭所撰《王忠孝传》为较早详尽的王忠孝传记,见录于《惠安王忠孝公全集》。

约成书于清康熙五十一年(1712 年)的明末纪传体史书郑达辑《野史无文》(台湾文献丛刊第 209 种)卷十二《王忠孝传》曰:

> 王忠孝,字槐两,惠安人也。崇祯戊辰进士,授户部主事,遣分税于密云。时有内监于密云为不法事,忠孝劾之。上不悦,遂论戍。顷之免归。

> 弘光立,起官浙江绍兴府知府。居官廉洁,釐剔肃清,吏民皆畏之,不敢为非。浙、闽众拥唐王为帝,征忠孝为兵部侍郎。未几,帝迁延平,忠孝归泉州。清师入仙霞岭,郑成功举义于海澄,忠孝往居厦门。及取台湾地,忠孝筑室居之。为人善饮酒,能诗歌,遂纵情诗酒以老。

成书于清乾隆六年(1741 年)的李清馥撰《闽中理学渊源考》卷七十七《主事王愧两先生忠孝》传曰:

> 王忠孝,字长孺,号愧两,惠安人。崇祯元年进士,授户部主事。时朝议输通津外储以实京师,忠孝督运大通桥,催攒有法,

日输三万石。会蓟督咨部欲得廉慎明决者与共事，部推无如忠孝，遂提督蓟储监督。内官邓希诏数以难事相窘，欲自置兵设饷，索仓耗羡。忠孝曰："升斗皆官物，安得耗羡？"希诏曰："饷司能保无额外征耶？"忠孝正色曰："吾戴吾头来，岂以头易升斗哉？"希诏大愠，遂拾其未兑湿米疏上之，旨逮下狱。及置对，抗辞不挠。希诏乃罗织成狱以上部堂，蓟督皆疏言其冤，都察院王志道复力为辨，上意稍解，得削籍遣戍。明年，希诏所为不法事露，论斩。忠孝乃得白，归。（雍正九年郡志）

福建、台湾有关府县志的王忠孝列传，所采编记述经历详略不一，行文增损各异。选录有代表性的志传于下，以资比对。

清乾隆《泉州府志》卷四十五《人物列传·明列传十二·王忠孝》：

王忠孝，字长孺，号愧两，惠安人。性介慎，不轻取与。天启丁卯举人，崇祯戊辰进士，授户部主事。时北事亟，朝议欲尽输津、通外储以实京师。忠孝督运大通桥，设法催攒，日运米三万石。屡奉温旨，大司农重之。一日，诇事者获盗粮及窝主以闻；有旨"经管官所司何事？"大司农怵；忠孝曰："明主可以理夺。"疏谓："臣所司者，运耳；运之不前，臣之罪也。刺奸辑盗，自有司存。米在号房，运官自应照管；臣不能分身代守，亦不能分身缉捕也。"帝复是之。

会蓟督贻书户部，谓"边储重任，安得廉慎明决可共事者？"大司农曰："此无逾王主事矣。"遂题督蓟储。是时不右文治，新寄赞内璫。蓟监视太监邓希诏张甚，数以难事相窘；忠孝不为动。希诏欲自置兵设饷，就庚索耗羡。忠孝曰："升斗皆官，安得耗羡！"希诏曰："饷司能保无额外之升斗耶？"忠孝正色曰："吾戴吾头来也，岂以头易升斗哉！"希诏语塞。希诏初至蓟，蓟督往拜，坐上座。而督署为徐中山王旧莅，上有高帝敕谕；蓟督谋相见礼，忠孝曰："邓监视，奴也；决无上坐之理！惟正告之，而别设一屏风。"已有泄之者。正旦朝贺，希诏争班次，语侵蓟督。忠孝徐折之，益衔刺骨；遂摭拾其未兑湿米，疏上御览。大相希璫意，且以通运时为其姻请越帮先兑不许为憾,拟旨云:"锦衣缇骑逮治。"缇帅王世盛素闻忠孝名,乃择大校手之愿者,属令详詶以报。校至蓟,居外数日,所见皆愤瑭虐而誉忠孝不容口。入见,忠孝拜命毕,曰:"吾迟诸君久矣,第主人不能具一餐,奈何!"校曰:"官一泓秋水,下走辈宁非人耶!"乃尽去其银铠,得具舆从以行。故事:缇骑所至,不厌则楚毒随之。忠孝索署中不能满十金。校曰:"以代吾辈橐饘可也。"终不受一钱。京师相传,以为怪事。入狱置对,忠孝抗辨无挠;部堂、蓟督各疏言其冤。希诏迫,乃行金于部之胥吏,别求可罗织此狱者;皆曰:"王公所行事,铁瓮城也;难攻矣。"一老猾吏大笑曰:"与我多金,吾法能使彼自入瓮中;何虑不承! 仓有脚价,相沿为饷司公费。蓟储三百万,脚价几千两;夫十两以上皆赃,况千百乎! 彼升合不染,此锱铢万无存留;足以死矣!"希诏大喜,补疏如猾吏教。及鞫,忠孝曰:"脚价以无开销;然铢两皆朝廷物,某何敢私! 银概贮密云库,可问也。"缇师抚几废然者久之。曰:"公廉洁如此,吾亦何爱一官!"遂传轻牍具上;有旨切责,镌二秩。都察院王志道疏言:"王某被逮之日,不能具一餐一钸。"上怒。明日,召对,面质曰:"王某不能具一餐一钸,汝何得知?"志道曰:"内外臣僚皆知之;京师百万口能言之,不独臣也。"上意稍解,遂得改刑部系,拟戍。其明年,希诏所为不法事,验皆有据。内大瑭恐为外廷所藉口,参逮诏狱,论斩。而忠孝亦遂登启事,然终不肯以赫蹄入帝城,事竟寝。

甲申闻变,哭呕血。福王监国金陵,史可法特疏首举。是时诸废谪皆骤陟清华,劝驾旁午。忠孝曰:"区区江左,而营综如此;今文与文贰、武与武构,吾将为陆大夫乎、为李侍郎乎?"终以疾请。

丙戌、丁亥之岁,入海不返,卒于台湾。(《通志》,参《台湾志》)

嘉庆《惠安县志》卷二十三《卓绩》:

王忠孝,字又孺,一字愧两,仙塘铺沙格人。崇祯戊辰进士。

户部主事时，输津通外，储实京师。忠孝督大通桥，催运米日三万石，诇事者获盗粮及窝主以闻。奉严旨，大司农怵甚。忠孝疏谓："运之不前，臣罪。刺奸缉盗，有司之者。臣不能分身代守，又不能分身代缉。"上是之。部题督蓟储。内珰邓希诏欲自置兵饷，忠孝不许。希诏曰："饷官能保无额外征乎？"忠孝正色曰："无戴吾头来，岂以升斗易哉！"坚拒之。正旦朝贺，希诏与蓟督争班次，忠孝折之，遂摭未兑湿米。入奏大相，希珰意拟旨逮治，帅王世盛素闻忠孝名，择校之愿者至蓟，诇数日，皆誉忠孝而愤希诏。见忠孝则不能具一餐，罄署中不能备十金。帅不受一钱，而令忠孝具舆从以行，入狱置对。蓟督疏白其冤，希诏赇部胥，以蓟储脚费千两，抵忠孝罪致死。忠孝曰："粮储密云，库、铢两可按也。"都御史王志道言："忠孝廉洁，内外共知，奈何治非其罪！"上意稍解，改系刑部拟戌。越年，希诏有罪逮诛，事寝。忠孝释归。其后福王监国金陵，史阁部疏荐，以疾辞。

清嘉庆《同安县志》卷二十七《思明州人物录》：

王忠孝，字长孺，号愧两，惠安人。崇祯戊辰进士，授户部主事，转蓟州饷。忤内监郑（邓）希诏，缇骑逮治。故事，缇骑所至，不厌欲，则楚毒随之。忠孝不能具一餐，校以其廉且冤之，京师相传为异事。入狱，词不挠，廷杖遣戌。御史王志道疏救，得释。甲申闻变，哭呕血，举义兴化。弘光时，授绍兴知府。隆武元年召见，陈光复策。帝大喜，擢光禄寺少卿，迁兵部左侍郎，总督军务，赐尚方剑。闽事坏，依朱（郑）成功于厦门，与辜朝荐、沈佺期、卢若腾均为座上客。军国大事，时询问焉。永历帝命兼太常寺卿，以道阻不能赴。感泣居厦门曾厝垵十三年，复从往东宁，崎岖冒险，矢志不移。寻徙浯贤聚村，复徙后丰港。康熙三年渡台，肆意诗酒，翩然方外。居四年，卒。（泉府志、台府志、《海纪》、《明遗民录》）

清周凯道光《厦门志》卷十三《列传八·寓贤》：

王忠孝，字长孺，号愧两，惠安人。崇祯元年戊辰进士，授户部主事司，转蓟州饷。内监郑（邓）希诏欲自设兵置饷，忠孝谓升斗皆官物,安得饷?希诏曰:"饷司能无额外征耶?"忠孝正色曰:"吾戴吾头来,岂以头易升斗哉!"希诏衔之刺骨,遂摭其未兑湿米,疏论之,缇骑逮治。故事,缇骑所至,不厌其欲,则楚毒随之。忠孝不能具一餐,索署中不能满十金,校以其廉且冤之,京师相传为怪事。入狱,抗词无挠,廷杖拟成。都察院王志道疏救,得释。甲申闻变,哭呕血,举义兴化。福王监国金陵,史可法特疏首举,以疾辞。永明王自肇庆拜兵部右侍郎兼太常寺卿,疏辞,不许。忠孝感泣,居厦门曾厝垵者十三年。寻徙浯之贤聚村,复徙后丰港。康熙三年,偕卢若腾入台,肆意诗酒,翩然方外。居四年,卒。(泉、台《府志》,参《海纪》)

清范咸乾隆《重修台湾府志》卷十二《人物·流寓》:

> 王忠孝,字愧两,泉之惠安人。登明进士,以户部主事榷关。劾太监忤旨,廷杖下狱。后戍边,士卒千余赴都门泣留。三年,乃免。国变,家居杜门不出。康熙三年,偕卢若腾入台。不图宦达,日与流寓诸人肆意诗酒,作方外客。居四年,卒。

清林焜熿同治《金门志》卷十二《人物列传·寓贤》:

> 王忠孝,字长孺,号愧两,惠安人。崇祯戊辰进士,授户部主事司,转苏州饷。内监郑(邓)希诏欲自设兵置饷,忠孝不从,希诏衔刺骨,遂谗之,缇骑逮治。故事,缇骑所至,不厌其欲,则楚毒立至。忠孝贫,不能具一餐,校以其廉且冤之。入狱,抗词无挠,都察院王志道疏救得释。甲申闻变,哭呕血,举义兴化。福王监国金陵,史可法特疏首举,以疾辞。永明王自肇庆拜兵部右侍郎兼太常寺卿,道梗不得达。初居厦门,寻徙浯之贤聚村,复徙后丰港。康熙三年,偕卢若腾入台,肆意诗酒,翩然方外,居四年,卒。(泉、台府志,参《海纪》)

近世连横《台湾通史》卷二十九《列传·诸老》载:

> 王忠孝,字长孺,号愧两,福建惠安人。崇祯元年登进士,以户部主事榷关。劾太监,忤旨,廷杖下狱,复戍边,士卒千余赴都送留。三年免,福王立,授绍兴知府,擢副都御史。隆武元年召见,陈光复策。帝大喜,授兵部左侍郎,总督军务,赐尚方剑,便

宜行事。已而福京破，家居，杜门不出。延平郡王在厦门，设储贤馆，礼待避乱搢绅。忠孝往见，欲官之，辞，乃待以宾礼。时遗老多往来厦门，而忠孝与辜朝荐、沈佺期、卢若腾等均为幕上客。军国大事，时询问焉。永历十八年，偕若腾入台，经厚待之。日与诸寓公肆意诗酒，居四年，卒。

【时事】

该年，"京察"拉开大明党争序幕。

丰臣秀吉侵略朝鲜的大军，与援朝作战的明军在平壤展开激战。日本撤出汉城，退守釜山，并将虏获的临海君和顺和君两位王子送还，倭乱暂告一段落。

海西女真叶赫部及哈达、乌拉、辉发三部首领，联合科尔沁蒙古、锡伯、卦勒察、珠舍里、讷殷共九部 3 万人，企图一举"荡灭"以努尔哈赤为首的建州女真部。联军大败，史称"九部联军之战"。此战确立了努尔哈赤在建州女真的领导地位，奠定了建州女真统一海西女真及东海女真的胜利基础。

九月二十二日，泉州府南安县英都人洪承畴（1593—1665 年，字彦演，号亨九）出生。

明万历二十二年甲午(1594 年)，2 岁

【谱主活动】

年少在家。

八月二十五日，族弟王光前（字昭卿，别号闇如）出生。

【时事】

嘉庆《惠安县志》卷三十五《祥异·明》："……（万历）二十二年四月，惠安地震，有声如雷。"

明万历二十三年乙未(1595年),3岁

【谱主活动】

年少在家。

明万历二十四年丙申(1596年),4岁

【谱主活动】

年少在家。

【时事】

嘉庆《惠安县志》卷三十五《祥异·明》:"八月,飓风大作。九月,地大震。"

明万历二十五年丁酉(1597年),5岁

【谱主活动】

年少在家,并启蒙读书。

明万历二十六年戊戌(1598年),6岁

【谱主活动】

年少在家,并启蒙读书。

明万历二十七年己亥(1599年),7岁

【谱主活动】

读书。

明万历二十八年庚子(1600年),8岁

【谱主活动】

读书。

王忠孝《自状》:

> 生而癯弱,二亲深以为虑。颇质慧,八九岁,能诵《孝经》、四书及《葩经注》,甚得父母及二兄长的喜爱。二兄喜,谓二亲曰:"季少而知学,当能亢吾宗也。"
>
> ……仲(国植)课余读甚棘,而母氏教亦严。

唐韩愈的《进学解》:"《诗》正而葩。"后因称《诗经》为"葩经"。《书经》者,孔壁藏书也,又名"壁经"。《易经》又称"羲经",相传伏羲始作八卦,故名"羲经"。《礼记》,整理《礼记》的是西汉学者戴德和戴圣叔侄二人,因此名"戴经"。孔子删述春秋,绝笔于获麟。因此《春秋》又叫"麟经"。

明万历二十九年辛丑(1601年),9岁

【谱主活动】

读书。

王志道《明赠承德郎户部主事滨泉王公暨配赠安人孙氏洪氏合葬墓志铭》云:

> 长孺既生,已知向学,机警有锋,足散人怀。

洪旭《王忠孝传》载:

> 少颖异,日异千言。

长兄(伯兄)国模往京师游学时,王忠孝尚年少,父亲已年老。为了家中生计,也为了让大兄、三弟能够读书求取功名,王忠孝的二兄国植只好放弃了自己的儒业,担起了家庭的重担。

王忠孝《槐台公圹志》载:

> (国植)资禀特慧,凡经史寓目则成诵,使竟业,虑无不颖脱

者。属伯兄用资例游京师,余稚箸就外傅。吾父老矣,倦负担。仲慨然舍诗书,力撑家政,经营数年,家用稍隆起。伯兄后丞永新,余叨一第,皆仲力也。即吾大父宅窆,暨小宗祠宇,仲咸出资倡。而于宗党贫乏,时煦沫及焉。其晰于大义类如此。

【时事】

三月,王忠孝的恩师葛寅亮,以及好友刘宗周、商周祚,泉州府人庄钦邻、庄毓庆、许獬等同登张以诚榜进士。

明万历三十年壬寅(1602年),10岁

【谱主活动】

读书。

【时事】

三月十五日,泉州籍著名思想家李贽(1527—1602年)在河北通州狱中自刎。

经朝廷同意,官府赈济晋江、惠安、南安诸县灾民,并罢赋税。

明万历三十一年癸卯(1603年),11岁

【谱主活动】

母得心疾(心脏病)。

【时事】

八月十五日,泉州大雨,飓风大作,海水暴涨,淹死者万余人。

嘉庆《惠安县志》卷三十五《祥异·明》:"七月,地震。十一月二十八日申时,有大星如球,自南而北有声,商贩吕宋者尽为所杀。"

明万历三十二年甲辰(1604年),12岁

【谱主活动】

母病重,王忠孝侍奉汤药,以孝闻名远近。乡人感慨之。

王忠孝《自状》:

> 万历甲辰冬,不幸吾母得痰疾,不省人事。余年十一,于奉侍调护颇知谨,母支离床蓐三四年。

洪旭所撰《王忠孝传》:

> 母苦痰疾,不时作昏愦,不省人事。公稚年蓬垢侍药,乡里嗟异。及殁,哀毁若成人。

王志道《明赠承德郎户部主事滨泉王公暨配赠安人孙氏洪氏合葬墓志铭》:

> 长孺十余岁时,洪安人一病四年,几废人理。及长孺既冠将受室,母始霍然。

【时事】

八月,荷兰联合东印度公司使节麻韦郎率战舰首次入侵澎湖。十一月,沈有容(1557—1627年)收复澎湖。

十一月初八日,晋江、惠安、安溪、永春地大震。初九夜又连震十余次,山石海水皆动,地裂数处。为泉州历史上最大的一次地震(震级8.2级,震中在泉州海外)。《嘉庆《惠安县志》卷三十五《祥异·明》:"十一月初八、初九两日,地连震。"

明万历三十三年乙巳(1605年),13岁

【谱主活动】

读书。

明万历三十四年丙午(1606 年),14 岁

【谱主活动】

读书。

【时事】

嘉庆《惠安县志》卷三十五《祥异·明》:"(万历)三十四年八月初七日,飓风。"

明万历三十五年丁未(1607 年),15 岁

【谱主活动】

冬,就童子试。未中。

王忠孝《自状》:

> 至丁未冬,余就童子试,母摩余顶,谓儿能逐队乎? 则喜甚,病乃霍然。

所谓"童子试",也就是尚未入泮学的童生,为了入学而成为生员所参与的考试,共分成县试、府试、院道试三个阶段,唯通过童子试之后才可进入泮学就读。

【时事】

张瑞图中进士第三名探花,授翰林院编修。

嘉庆《惠安县志》卷三十五《祥异·明》:"(万历)三十五年正月,地震。八月二十八日,飓风大作,倾塌城垣庐舍,洛阳桥梁折。"

明万历三十六年戊申(1608 年),16 岁

【谱主活动】

继续攻读。

明万历三十七年己酉(1609年),17岁

【谱主活动】

继续攻读。

长兄王国模任江西吉安府永新县县丞。

王忠孝《明迪功郎江西吉安府永新县县丞我恺王公暨配郑氏孺人合葬墓志铭》云:

> 厥后以文亡害起家,铨江右永新丞。当神庙时吏道近古,凡丞簿,南北都必两试及格方得补,兄试辄居首,咸称儒而椽。己酉,将之官,父诫之曰:"而以为丞格卑耶,邑有利病,丞得与闻,其廉慎、善事上官,勿妄自菲薄!"于是兄随牒往,罔敢逾越。令为武进薛公敷政,薛故清和君子也,特器重兄,事无大小,多咨决焉。尝语兄曰:"公起家萧曹,明习吏事,不足异顾,安得宅心醇厚,提躬洁慎如公者乎!"永有留漕,兄需次当管运,薛公挽输维艰,为贻书南中诸当道。漕至即登,不稍停压,所省舟车尖淋等费可数百金,皆薛公力也。兄归以美告且纳之公,薛公曰:"公真长者,是乃原思九百粟也,幸勿辞。"兄始拜受。其生平取与明介类如此。

【时事】

姜志礼(生卒年不详。万历三十四年,即1606年到任泉州知府)离任泉州知府。任内"清还沙格澳",沙格村民为之立生祠。王父参与其事。

民国《福建通志》总卷九《福建坛庙志》:"姜公祠,在沙格乡,祀明知府姜志礼。讯断海荡,不为权势所夺。"

《四库全书总目提要》载:"《姜同节集》作者姜志礼,江苏巡抚采进本,集部,别集类。明姜志礼撰。志礼字立之,丹阳人,万历己丑进士,官至尚宝司卿,致仕后加太常寺少卿。是集惟第五卷后半为诗,余皆杂文,所载诸疏,论列时事,颇为切直。其守泉州时,清还沙格澳

及辨李相国伪书事。官两广时,拒李凤、高寀两珰及擒叛猛韦尚胜事,政绩多可称。官山东参政时,以争福王庄田谪官;官尚宝时,河南进玉玺,魏忠贤欲令表献,执不可。其风节亦殊可取,诗文则类皆应酬之作也。"

嘉庆《惠安县志》卷三十五《祥异·明》:"(万历)三十七年五月初六日,地震。"

明万历三十八年庚戌(1610年),18岁

【谱主活动】

继续攻读。

王忠孝《复钟鸣侄书》:

> 愚少时,尝以乡里宗族为己任。

王钟鸣,字鼎庵,生卒年不详。清顺治八年(1651年)因族叔王忠孝扶助郑成功抗清之故,为避嫌,以南安籍生员身份参加乡试中举。曾任甘肃庄浪知县达十年之久,祀名宦祠。

【时事】

十二月二十四日,朱由检生于紫禁城慈庆宫。父朱常洛(明光宗),生母为淑女刘氏。

明万历三十九年辛亥(1611年),19岁

【谱主活动】

参加道试不利。道试失利之后,王忠孝整日郁郁寡欢,而王父则以"儿患学不精,功名有数,勿作热也"予以勉励,希望儿子的科场功名得失心不要太重。

王忠孝《自状》:

> 是年道试不利,母怅甚,余亦郁郁不自得,而父迥然语余曰:儿患学不精,功名有数,勿作热也! 余拜训,且自慰云。

王志道《明赠承德郎户部主事滨泉王公暨配赠安人孙氏洪氏合葬墓志铭》：

> 长孺动容良久，曰："然则先君子也！夫吾始成童，三就童子试，不利。其后又屡困棘试，父教之曰：名利场中勿热也！遇合有时，但患学业不精耳！"今虽经废弃，不至侘傺，犹如过庭提耳时也！曰："子之先君子孰从学乎？"曰："先大父也。"夫忠孝闻大父之时举古事如目前，行目前事必援古。吾父自以学制学艺不成，少时但从父授《孝经》《小学》，稍了大意，其教儿未尝不以植槐公之教教之。植槐，大父别号也。曰："余所征学者不在制举艺，《孝经》《小学》足矣！植槐公而上可得闻乎？"……

奉父母命成婚。娶仙塘里十都梅峰铺林内乡（今泉港区后龙镇后墘行政村林里自然村）陈氏（六世长房陈仰梅，一名俞梅之女）。

陈氏生于万历二十一年（1593 年）十一月二十四日戌时，长王忠孝一岁。

《王忠孝公集》卷之第十二传志类王孔仁《王氏谱系》：

> 妣生于万历壬辰年十一月廿四日戌时。

王忠孝《自状》：

> 三年辛亥，余且受室，父母喜可知也。

后继娶汤氏、蔡氏。

陈、汤、蔡三人均未生育。后以二兄国植（娶陈鉴塘女）次子汝杰（字孔仁）为子嗣。汝杰，贡士，娶晋江乡进士应天府丞、刑部郎中林而庭第七女，继娶庄氏。

明万历四十年壬子(1612 年)，20 岁

【谱主活动】

六月十三日，生母洪氏丧，丁母忧。洪氏生于嘉靖三十四年乙卯（1555 年）六月二十六日，享年 58 虚岁，赠安人。

长兄奔讣。王忠孝《明迪功郎江西吉安府永新县县丞我恺王公暨配郑氏孺人合葬墓志铭》：

次年壬子,又委留漕,兄力辞弗克,一切恪共如前。时舟行遇飓风,漂沉千余石,以闻漕使者,拟派征,猝不可备,兄慨然曰:"吾向者挽漕,美金悉出望外,兹何从派穷黎?漕得之,漕失之,复何憾?"遂捐数百金以偿漕。使者啧啧称异行,所司议补,而不幸吾洪母谢世,兄葡匐奔讣,不复问前道。嗟嗟!今之掇巍科,司民牧者,金矢科赋,割锱铢以惠元元,必诧称贤者,然指艰多屈。兄丞也,而能洗橐捐数百金急公完漕,则亦其凤所禀承者,然耶!

【时事】

十二月初一日,兵部请严海禁:贩海之禁,屡经申饬,不意仍有人公行无忌。查其盘验,虽非通倭之货,但脱逃可疑,应行原籍衙门拘审。并通行所属沿海军卫、有司禁戢军民,不许私出大洋,兴贩通倭,致启衅端。神宗从其议。

明万历四十一年癸丑(1613年),21岁

【谱主活动】

丁母忧。在家攻读。

【时事】

王志道中进士。初授镇江府丹徒知县。

嘉庆《惠安县志》卷三十五《祥异·明》:"(万历)四十一年秋,旱。"

明万历四十二年甲寅(1614年),22岁

【谱主活动】

匿丧应考,以王忠孝之名参加郡试,终弃而归。

王忠孝《自状》:

甲寅夏,服才禫,族有招余试者,闻之父。父曰:"丧未除,即博一子衿,心终抱愧,况未必得乎!"余遵命,不就邑试。迨郡试,禫将毕矣。族子招如前,曰:"禫近除,而文宗临群犹赊,何拘拘为?"余乃就续榜一名郡试,即今贱讳也。揭榜覆试,余衰然居前。邑侯陈公毅庵,见余覆试稿,大加赞赏,召余问曰:"邑试何无子卷?"余以实答曰:"当年服才禫,未尝就试。猎心萌,就续榜一名郡试,不意谬荷甄拔。今禫犹未除,同试者有忌言,不复再覆矣。"邑公勉余道试,余终弃而归。归而父甚喜,谓向者不欲尔试,恐成一恨事,归甚是也!

"邑侯陈公毅庵"即陈淙,号靖宇,浙江绍兴(会稽)人,举人,万历三十九年(1611 年)任惠安知县至四十五年。升建宁府同知。存心爱民,增置义冢。民犯薄罪者,令取断肠草以赎,并令沿途遍植榕树以荫行人。(嘉庆《惠安县志》)

禫,古代除去孝服时举行的祭祀:"晋初用王肃议,祥禫共月,故二十五月而除,遂以为制。"禫服,禫祭至吉祭之间的丧期。服,服丧。旧礼,父母之丧,二十七月而禫。

依照《自状》所言,王忠孝在族人的劝说之下,本来于县试时就要应考,但受到父亲阻挠而暂且作罢:"丧未除,即博一子衿,心中抱愧,况未必得乎?"根据明代律法"丁忧制",丁忧期间本就不可应试。因为明代规定,官吏当父母丧、父死后的祖父母丧时,须辞官回乡守制"丁忧"。虽然应举考生仍非官吏,但仍从科举取士条例中订定相关规范,使其也是受到丁忧制的管束。

明俞汝楫编《礼部志稿》卷七十一《陈入试人禁例》载:"洪武十七年三月戊戌朔,命礼部颁行科举成式。凡三年大比,子、午、卯、酉年乡试,辰、戌、丑、未年会试,举人不拘额数,从实充贡。乡试,八月初九日第一场,试四书义三道,每道二百字以上;经义四道,每道三百字以上。未能者,许各减一道。四书义主朱子集注经义,诗主朱子集传,易主程朱传义,书主蔡氏传及古注疏,春秋主左氏、公羊、穀梁、胡氏、张洽传,礼记主古注疏。十二日第二场,试论一道,三百字以上;判语五条、诏诰章表内科一道;十五日第三场,试经史策五道,未能者许减其二,俱三百字以上。次年礼部会试,以二月初九日、十二日、十五日为三场。所考文学与乡试同。国子学生及府州县学生员之学成者、儒士之未仕者、官之未入流者,皆由有司申举性资敦厚文行可称者应之。其学校训导专教生徒,及罢闲官吏、娼优之家与居父母丧者,并不许入试。"明代宗景泰三年(1452 年)入试的条例:"礼部祠祭司主事周骙奏设科取士当遵国法禁例……娼优、隶卒、刑丧、过犯之人,不许入试。……如有不尊遵,照例论罪。已中式者,斥退不录;未中式者,终身不许。"

《亦玉堂稿》卷三《学政条陈疏》(礼部尚书沈鲤)疏请"严保结以崇行谊":"臣等请立为条格,刊布学宫,遍及闾巷,以为保结之式,使士子平日因此警省,知所自重。凡有童生入学,生员科举、考贡,举人会试及举监起选者,本提调官俱取里老邻佑及本学廪增附生员各连名结状一纸,务遵照条格,于各款项下从公填注有无字,亲笔佥名。其保结有碍与无人保结者,童生不许送考,举监生员人等不许起送。保结无碍者,提调官研审是否真确,印结送府,府官亦如前审实,印结类送布政司,各不许虚应故事。而数行之中,科举生员尤不可不严加查核者,盖生员一得中式即为苍生祸福所系,且人数不多,于品藻亦易为力慎,不可故容应试以致侥幸出身,为他日民社之忧。盖科场试士本选贤才,既知其不贤不才矣,则亦何试之有乎,有如吾姑试之,而彼得文君子之辞,以混入贤才之网,是为国家崇寇仇而为生民聚螟螣矣!一省应试生员多至四千余人,少亦不下二千,中间岂无行检不修之士,何得以俱无违碍借口也!如有具结生员及邻佑人等扶同隐匿,或仇雠陷诬以图报复,事发连坐;若提调官、教官有瘝情避怨、容隐匿人者,抚按官指实参奏。如此则有司之关涉也重,所以察士者不得不详;士之科条也严,所以律身者不敢不慎。以之布列有位,知其不为民害明矣。"

《大明会典》卷一百六十五《匿父母大丧》中就载有匿丧的惩罚条例:"若丧制未终,冒哀从仕者,杖八十。"

由此可知,考生若在丁忧期间还贸然应试,已中试者会被夺去功名,而未中试者则是终生不得再应试,可见惩罚之严峻。

依照明代科举制度的规定,参加童子试是需要"保结"的,主要是"里邻结状"制度。有童生连名互保、廪保或里老、邻右、族师保结,也就是要保证该考生并无冒籍、匿丧、顶替、假名之情事,且身家清白,本身未曾犯案或操贱业,也非娼优、皂隶子孙。因此,若想要顺利参加应考,则须甘冒违制的风险。如果被查出隐匿丁忧与托请保结之事,"保结"就是连保、连坐。相信仍是会受到一定程度的处罚。依照《自状》所言:"迨郡试,禫将毕矣……余乃就续榜一名郡试。"王忠孝以续榜一名参加了府试,且于复试中深得陈毅庵的赞赏并勉其参加道试。但是最后仍以"弃道试而归",结束了此次的童子试。(许淑婷:《王忠孝晚明时期生平考》,台南大学《人文研究学报》第49卷第1期,2015年)

【时事】

夏,泉州海水一日三潮。秋,泉州府各县大水,田宅庐舍多坏。嘉庆《惠安县志》卷三十五《祥异·明》:"(万历)四十二年夏,海水日三潮。"

明万历四十三年乙卯(1615年),23岁

【谱主活动】

参加科考,名列第三。再就道试不利(未通过院试)。

再度就童子试,依《自状》言,他本应为府试第一,无奈恰逢他人荐保某位童生,当道者的徇私迫使他只好屈居第三。

王忠孝《自状》:

次年乙卯科考,邑公见牍,辄襃奖,拟居首。会当道有所荐刺,置第三。邑公语余曰:"期子大成,不仅一泮也!"是年道试,又不利。余涣然曰:"使吾去年冒昧求售,终亦蹉跎,始知吾父'名场勿热'一语,可终身诵也!"而陈公始终器余弗置,余亦力学不懈。

"邑公"指惠安县令陈淙。

长兄在职忠于职守,"居永三年,俸外不敢受一钱"。王忠孝《明迪功郎江西吉安府永新县县丞我恺王公暨配郑氏孺人合葬墓志铭》:

> 乙卯,服阕赴补。故事临觐,丁艰次觐,不填殿最。会永有簿,当摘去,当事欲全簿,填兄作现任,易之丞,安得六年,淹遂迁蜀府典宝正。兄时道江右,闻报,驰归,途逢永父老,即向共挽漕者,咸怅嗟不已,共迟兄至永乡。荐绅以至士民,咸诣兄慰劳,若家人欢,仍呈请于官,立醵数百金以赠曰:"酬凤遗耳,且为公寿!"噫!爱棠卧辙吏一方者,古今人多有之,半为媚耳。兄丞也,能使邑人系思,当失官而依依倍切,且醵金为赠,夫直道犹在人心哉!兄居永三年,俸外不敢受一钱,兹犹子所饘粥者,犹是永父老醵赠之遗也。

【时事】

五月,"梃击案"发。

明万历四十四年丙辰(1616 年),24 岁

【谱主活动】

在家攻读。"沉浮诸生间,郁郁不自得"。

长兄里居,不问户外事。王忠孝《明迪功郎江西吉安府永新县县丞我恺王公暨配郑氏孺人合葬墓志铭》:

> 丙辰,里居凡四年,不问户外事,日从诸亲知闲谈今古优游,课耕读。余是时沉浮诸生间,郁郁不自得,兄每勖余曰:"若兄愧不用儒术显吾家,自礼轩公而下,世有隐德望后之人,光大之其在兹乎?"因为话向时艰贞状,迨余之幸而售也,而兄不及见也;即余之幸售而跌,几濒于危也,而兄亦不及见也。回念畴昔,恍似坝麓诚语时耳。

【时事】

正月,努尔哈赤在赫图阿拉(今辽宁新宾西)称汗,国号金,史称

后金。建元天命,定都于此。

嘉庆《惠安县志》卷三十五《祥异·明》:"(万历)四十四年,大饥。"

明万历四十五年丁巳(1617年),25岁

【谱主活动】

在家攻读。

【时事】

嘉庆《惠安县志》卷三十五《祥异·明》:"(万历)四十五年,大饥疫。"

明万历四十六年戊午(1618年),26岁

【谱主活动】

参加邑试名列第五,邑侯陈毅庵大加赞赏其才学。与族兄王一举、族弟王光前同时入泮,督学岳石梁录王忠孝为高等。

《王氏谱系》:

戊午年,同族兄一举、弟光前同进入泮。

洪旭《王忠孝传》:

戊午,督学为携李岳公石梁,录高等。

《自状》《王忠孝传》和《王氏谱系》均载王忠孝于此年顺利入泮,成为生员。但《自状》中有一段文字却和其他二篇有所出入。

王忠孝《自状》:

又三年,戊午邑试,陈公置余第五,督学为携李岳公石梁,录余高等。入闽闱,不得隽。

依照《王忠孝传》所记"戊午,督学为李岳公石梁,录高等。"以及《王氏谱系》中"戊午年同族兄一举、弟光前同进入泮"的叙述可知,在《自状》中从"戊午邑试"到"录余高等",是在记述戊午年就童子试

之事。

明代的科举制度规定"子、午、卯、酉年乡试",因此戊午年虽然也是乡试之年,但是按照明代考制,童子试应举行在乡试之后,故王忠孝不可能在戊午年入泮之后马上又参加了乡试,这样于制不合。据《明史》卷六十九《选举志一》载,学校生员必须经过岁考、科考后,其中名列第一、二等的优秀生员才可成为"科举生员",参加乡试。所以王忠孝在入泮的当年,不可能又随即通过学校的岁、科两考而取得乡试资格。科举制度规定若遭逢丁忧,是不许应试的,但是乡试共分三场,分别为"初九日为第一场,又三日为第二场,又三日为第三场",而《自状》"辛酉临场,丁父忧"中并未明指是在哪一场次得知丧父,因此也有可能王忠孝已入闽闱,然在某一场次中因闻丁父忧而回乡守制。《自状》中"入闽闱,不得隽"应当是在记述辛酉年乡试的结果。

岳和声,生卒年不详,字尔律,一作之律。号石梁,一号梁父,自号餐微子,浙江嘉兴府秀水县(今桐乡市)人。岳飞十八世孙,岳霖三子岳珂裔。万历二十年(1592年),以"乐元声"进士题名,授汝阳令,建中天书院。擢礼部主事,建香林书院、摄城书院。升福建提学副使、兼摄海防,调永平兵备道。升都察院右副都御史,巡抚顺天。诏抚延绥署总督事,以疾乞罢。著有《同生录》《淡漠录》《餐微子集》《大成乐舞图说》等。崇祀乡贤祠。(《明清进士题名碑录索引》、嘉兴《岳氏宗谱》、《濮川所闻记》)

【时事】

四月十三日,后金汗努尔哈赤以"七大恨"告天。后金以所谓的"七大恨"伐明,占领抚顺。

明万历四十七年己未(1619年),27岁

【谱主活动】

在泮学就读。

十月廿六日,大兄病逝。父因此寝疾不起。

王忠孝《槐台公圹志》：

> 万历未申间无禄，伯兄即世，父寝疾不起。仲哀毁瘠立，丧内外皆力肩。

王忠孝《明迪功郎江西吉安府永新县县丞我恺王公暨配郑氏孺人合葬墓志铭》：

> 己未，寝疾，疾革，呼仲氏及余诀曰："疾且不起，他靡所恨，吾父桑榆暮景，无能侍菽水，罪滔天耳，身后事绝不拈及，殆若达于死生之故者。"然嫂郑孺人，勤俭善治家，性颇厉，然明于大义。当兄丞永时，衙斋如水，孺人绝无室谪态。兄殁后，持家计尤谨，课子峻切，诸藏获，畏匿莫敢前，独余及仲氏为一经纪，辄不复问曰："叔不吾欺也！"，稍拂意谯诃，亦时及然不沾絮，其明肃综理，殆闺阃丈夫也！

【时事】

二、三月间，在明朝与后金的战争中，努尔哈赤在萨尔浒（今辽宁抚顺东浑河南岸），以及萨尔浒附近地区大败明军四路进攻的反击战，是明朝与后金辽东战争中的战略决战。后金军5天之内连破三路明军，歼灭明军约5万人，明军大败。此战役是明清战争史上一个重要的转折点，是明清兴亡史上一次具有决定性意义的战争。

明万历四十八年庚申(1620年),28岁

【谱主活动】

在泮学就读。

八月十二日，父丧。后葬于距家二里许上林山之阳，穴坐坤向艮。

父生于嘉靖二十四年乙巳(1545年)二月二十四日。享年76岁。

洪旭《王忠孝传》：

> 父卒，公才弱冠，呕血数升。与仲兄治丧祭，咸备至，必敦必

均,不以少贫自假。

【时事】

七月二十一日,明神宗崩。皇太子朱常洛嗣位,是为明光宗。九月二十六日,光宗驾崩。朱由校即位,为明熹宗,改当年八月之后的年号为泰昌,次年为天启。接连发生"红丸案"和"移宫案",改由东李选侍(庄妃)监护。

明熹宗天启元年辛酉(1621 年),29 岁

【谱主活动】

丁父忧,在家攻读。

【时事】

后金军分吧八路进攻辽东,占领辽阳、沈阳等主要城市,辽东大部沦陷。迁都至辽阳。

天启帝信用乳母客氏及太监魏忠贤,委以大权。

王志道升礼科给事中,隔年,改兵科给事中。

颜思齐、郑芝龙海上武装集团推动东南沿海民众迁移台湾。据施琅估计,"其时中国之民潜至,生聚于其间者,已不下万人"。颜思齐(1589—1625 年),字振泉,出生于福建省漳州府海澄县青礁村(今属厦门市海沧区),为明代晚期闽南海商集团首领之一。台湾开发史上,颜思齐最早率众纵横台湾海峡,招徕泉漳移民,对台湾进行大规模有组织的拓垦,因而被尊为"开台王"、"第一位开拓台湾的先锋"。郑芝龙(1604—1661 年),字飞黄(一说字飞龙),小名一官(Iquan),天主教名尼古拉,在欧洲文献中,则以"Iquan"闻名。泉州府南安县石井人。

明天启二年壬戌(1622年),30岁

【谱主活动】

丁父忧,在家攻读。

【时事】

王忠孝中举的主试官王铎本年31岁时中进士,入翰林院为庶吉士,同期入翰林院为庶吉士的还有倪元璐、黄道周,当时人称"三株树"和"三狂人"。

王忠孝的好友黄道周(1585—1646年),字幼玄,一作幼平或幼元,又字螭若、螭平、幼平,号石斋,福建漳州府漳浦县铜山(今东山县铜陵镇)人。

六月,荷兰殖民者侵占澎湖,骚扰漳泉沿海。

明天启三年癸亥(1623年),31岁

【谱主活动】

丁父忧,在家攻读。

明天启四年甲子(1624年),32岁

【谱主活动】

入闱未售。

【时事】

七月十四日,王忠孝的知己好友、姻亲、郑芝龙儿子郑成功诞生于日本长崎县平户千里滨。郑成功,名森,字明俨,号大木,泉州府南安县石井村(今属福建省南安市石井镇)人。母田川氏(翁氏),日本籍,祖泉州。

七月,明军收复澎湖。荷兰殖民者侵占台湾,筑热兰遮城堡(即安平)。

秋,东林党人发起对魏忠贤的攻击,失败,魏忠贤开始专权。

明天启五年乙丑(1625 年),33 岁

【谱主活动】

在家温习功课。

【时事】

九月,颜思齐病殁,众推郑芝龙为盟主,继续台湾拓垦大业。

明天启六年丙寅(1626 年),34 岁

【谱主活动】

成为廪生(科举时代生员名称之一。明代府、州、县学生员,由官府给廪膳,补助生活,称为廪生)。入闱,督学葛寅亮录之优等,首拔食饩(《自状》、《王忠孝传》和《王氏谱系》),是王忠孝人生一个重要的转折点。

洪旭《王忠孝传》:"丙寅,督学使葛公寅亮拔第一,食饩。"

葛寅亮,字冰鉴,号屺瞻,钱塘(今浙江杭州)人。理学家,万历二十九年(1601 年)辛丑科进士。授南京礼部主事,升郎中。先后任江西右参议、按察使司副使、布政使司参政、湖广提学副使。因得罪权贵遭到弹劾,以丁忧去官。天启二年(1622 年),再起用为福建按察使司佥事,升湖广参议,转福建提学参议(督学)。崇祯七年(1634年),升任左通政。弘光朝时,先后任太常寺卿、大理寺卿、户部侍郎。隆武朝,任工部侍郎、工部尚书。隆武二年(1646 年)十月,隆武政权灭亡,葛寅亮绝食殉国。

《槐台公志》:

> 忆余少就童子试,及屡战闽闱,仲轺携囊与偕。余止之,仲

曰:"吾身弗竟儒业,子弟是望,不觉趾欲前耳。"

【时事】

正月,努尔哈赤率军攻宁远,袁崇焕固守,后金军不克而归。八月,努尔哈赤病故,八子皇太极继位。

张瑞图迁礼部侍郎。是年秋,与平湖施凤来同以礼部尚书入阁,晋建极殿大学士,加少师。

明天启七年丁卯(1627年),35岁

【谱主活动】

八月,参加省试,以《诗经》中举人,戴震雷榜第40名。该科共录取举人95人。

王忠孝《自状》:

丁卯,领贤书,出楚中阮公维岳房。阮,楚名士也,以广文聘入闱。撤棘,语余曰:"子入彀奇甚! 方首场分卷时,得三十卷,子卷束在前。余阅而喜之,辄青黄焉,心谓闽称多才,首一卷,便快人意乃尔。再阅廿九卷,无足当者,心讶之。闻闽中大力者,嘱分卷诸胥,以僻府州县诸卷同进,莫非此弊耶? 次场至,余将诸卷焚香手翻而后阅,子卷仍居前,心奇之。十五日中秋,主试促各房呈卷,各拔一隽,然后钦宴。余以三卷进,主试击节子卷,填入格不移矣! 三场,余如前手翻,子卷又居前,心益奇之。以语主试王公觉斯,亦称异,谓此子后当有所表竖也。"乃填榜折号。按台详余卷经题四稿,短甚,字亦潦草。语阮师曰:"是卷固应入彀,但经稿不成篇,如部驳何?"议易卷。阮师坚不易,求援于主试王公曰:"是十五日阅定三翻,而卷居前者耶,何可易?"遂向按台缓颊,谓稿短无碍功令,脱有异同,试官任之。按台唯唯。乃知向之三翻无异者,正谓填榜时也。功名信有数哉!

《周礼·地官·乡大夫》:"乡老及乡大夫、群吏献贤能之书于王。"后世因称乡试考中为登贤书。

洪旭《王忠孝传》："丁卯,领乡荐。"

乡试中式为领乡荐。

《槐台公志》:

> 丁卯,余挟侄汝烈省试,仲始不就视。是年,余幸售去,再捷南,仲辗然色喜,而处之恬然,但以父兄不及见为恨!

王忠孝在《自状》中特别记载了同考官阮维岳所言有关他中举的三奇事:第一奇,同考官阮维岳在阅卷的过程中,在三场都不约而同地被分到王忠孝的试卷外,即使在阅卷前还特地焚香祝祷,将试卷次序弄乱,但王忠孝的试卷仍然被荐为优等。第二奇,第二场阅卷后,将三位考生的试卷呈给主考官王铎评选,主试直接录取王忠孝的试卷。第三奇,第三场阅卷时,虽有人提出"经题四稿短甚,字亦潦草"的疑义,但主考官王铎仍力排异议,择录王忠孝。面对如此三奇之事,王忠孝也不禁感叹道:"乃知向之三翻无异者,正谓填榜时也,功各信有数哉。"或许如此地详细地陈述中举奇事,也是他对于父亲"功名有数,勿作热也"一语心有戚戚焉的表示。

阮维岳,湖北黄冈人,荆楚名士,曾官知府、粮储同知,天启七年(1627年)丁卯福建乡试同考官。

清徐国相、王新命等《湖广通志》卷三十五《选举志·举人》:

> 万历四十六年戊午乡试榜……阮维岳(黄冈人,知府)。

《中国明朝档案总汇》第21本:

> 粮储同知阮维岳为目击时艰,谨拟强兵富国之策,仰候采择事奏本,崇祯九年三月十九日。

主试王公觉斯,即王铎(1592—1652年),字觉斯,一字觉之,号嵩樵、十樵、小樵、石樵、痴庵、东皋长、痴庵道人、雪山道人、二室山人、白雪道人、云岩漫士、嵩淙道人、雷塘渔隐、兰台外史、烟潭渔叟、痴仙道人等。河南孟津籍,山西平阳府洪洞县人。明天启进士,累官礼部尚书、东阁大学士。明清大书法家、画家、诗人。

黄元亨(1601—1629年),字幼嘉,号二易。泉州府惠安县北忠恕乡六都前黄(今泉港区前黄镇前黄村)人。天启七年(1627年)举人,授四川重庆府合州(今重庆合川)知州,惜尚未上任病殁。

戴震雷，字徲默，号悟留，仙游县连江里（今枫亭）人。授归化教谕，秩满升江西崇仁知县，后以丁外艰归，遂隐不仕。

同榜的还有同安陈鼎（陈永华之父）、惠安张正声、仙游林兰友等。

是年底，王忠孝与同乡黄文惠、黄元亨进京，拟参加会试、殿试。

黄文惠（1573—1634年），原名廷锡，字仲晋，号朋五，今泉港区前黄镇前黄村人。万历四十年（1612年）举人，四川重庆府合州（今重庆合川市）知州兼督金使（监督淘金沙、铸金子的地方官吏），良吏。

王忠孝《黄文惠墓志铭》：

> 初余为诸生时，读朋五先生闱墨，及所著文字，景仰久之，而未获亲炙。丁卯，与公之从子元亨君同举于乡。公同从子上公车，余因得附骥尾，领尘教益，叹公之学问高深，非薄植浅尝者所可同也。

【时事】

七月，帝朱由校患病甚重。八月十一日，明熹宗驾崩于乾清宫，遗诏以皇五弟信王朱由检嗣皇帝位。二十四日，朱由检登基，以明年为崇祯元年（1628年）。十一月，籍没宦官魏忠贤及熹宗乳母客氏，安置专权宦官魏忠贤于凤阳，随后缢死。裁撤各处监军太监，并禁太监擅自出京，干预政务。

明思宗崇祯元年戊辰(1628年),36岁

【谱主活动】

《崇祯长编》卷五“崇祯元年春正月丙戌”：礼部言会试分考“为十五房，校阅不备”，故奏准“仍复二十房之旧”。同时奏准“《春秋》、《礼记》当遴选专经，以服士心”。于是会试设同考官由15人升为20人。

《国榷》卷八九“崇祯元年二月乙未”：正主考官为左柱国（正一品）少师兼太子太师吏部尚书中极殿大学士（阁臣）施凤来，副主考官为左柱国（正一品）少师兼太子太师吏部尚书中极殿大学士（阁臣）张

瑞图,蒋德璟任会试同考官。

施凤来(1563—1642 年),字羽王,号存梅,浙江平湖人。明万历三十五年(1607 年)丁未科获会试第一名,廷试榜眼。授编修,积官少詹事兼礼部侍郎,以礼部尚书入阁。

张瑞图(1570—1644 年),字长公、无画,号二水、果亭山人、芥子、白毫庵主、白毫庵主道人、平等居士等,泉州府晋江县二十七都下行乡(福建省晋江市青阳下行乡)人。万历三十五年(1607 年)廷试探花,授翰林院编修。后以礼部尚书入阁,晋建极殿大学士,加少师。崇祯三年(1630 年),因魏忠贤生祠碑文多其手书,被定为阉党,获罪罢归。明代四大书法家之一,与董其昌、邢侗、米万钟齐名,有"南张北董"之号。

《明史》卷三〇六《列传·阉党》载:"施凤来,平湖人。张瑞图,晋江人。皆万历三十五年进士。凤来殿试第二,瑞图第三,同授编修,同积官少詹事兼礼部侍郎,同以礼部尚书入阁。"

蒋德璟(1593—1646 年),字申葆,一字若椰,号八公,泉州府晋江福全人,天启二年(1622 年)进士,选庶吉士,进入翰林院学习,散馆后授翰林院编修,升翰林院侍读迁任詹事府少詹事,升任礼部右侍郎,最后官至礼部尚书兼东阁大学士。蒋德璟《蒋氏敬日抄》十二卷、《外集》十二卷,崇祯刻,隆武元年(1645 年)续刻本,现藏国家图书馆。卷七《礼闱小记》,是蒋德璟对他在崇祯元年(1628 年)任会试同考官的二十三天内的见闻记载。闱指试院。明清时代,科举考试的会试由礼部主持,故称礼闱。

王忠孝参加礼部举行的会试,中第 138 名。二月二十五日,会试填榜,地点在聚奎堂。据《崇祯长编》及《烈皇小识》卷一载该科:"戊午,礼部奏会试天下举人,取中式举人曹勋等三百五十名。"会元曹勋,字允大,号峨雪,晚号东干钓叟,松江华亭人。廷试时置于二甲,由庶常历官翰林学士、礼部右侍郎。

举人会试中式就获得了参加殿试的资格,因殿试不黜落,所以会试中式实际意味着考中了进士,只不过还必须通过殿试予以确认并分出甲次名第而已。进士出身成功为通向清贵显要的必要条件。在明代完备的功名体系中,进士属于高级功名,是专门用来递补高级和重要官缺的人选,但在明代官职体系中,这种官缺又是十分有限的。因此,会试录取数是极为有限的。

参加殿试,"再捷南宫"联捷登进士,总录取新科进士353人。王忠孝中第35名,居第二甲第32名,赐进士出身。据《碑录》《钦定续通考》《国榷》《崇祯长编》《钦定国子监志》载作350名(人),误。

该榜进士有不少人在明末清初的政治舞台上叱咤风云,不少人与王忠孝来往密切,共同投身抗清复明。如状元刘若宰,反清复明志士史可法、郭之奇、诸葛羲、吴甘来、辜朝荐、金铉等。《王忠孝公集》颇有记载其人事往来。

《明清进士题名碑录索引》(台湾华文书局1969年12月版)之《历科进士题名录》载录:

崇祯元年(1628年)戊辰科

第一甲三名

刘若宰　　何瑞征　　管绍宁

第二甲六十七名

庄应会	曹 勋	解胤樾	诸葛羲	方拱乾
陈于鼎	金 声	蔡邦俊	张 星	万户侯
傅启光	蒋范化	黄起有	石公胤	胡 珵
黎元宽	雷一凤	吴起龙	胡钟麟	李自滋
周昌儒	刘庆蕃	周六一	徐胤昇	黄图昌
李缙征	宋之普	刁化神	潘龙鳞	关引之
周凤翔	王忠孝	戚 伸	王国宾	张昌胤
朱大受	朱家仕	叶重华	陈象明	李梦辰
叶绍京	程世培	熊士达	应喜臣	高斗枢
周 镳	李恢先	包凤起	胡之竑	冯元飏
孙从度	路文范	顾燕诒	汪全智	曹 荃
谭贞默	许 捷	周维新	吴 澧	白士麟
路 进	张奇柱	林徽初	刘梦桂	沈胤芳
潘永图	李国球			

第三甲二百八十三名

张罗彦	吴甘来	田用坤	史可镜	林铭几
陈美发	梁招孟	冒起宗	范淑泰	王文企
王际昌	褚德培	郭九鼎	洪启遵	胡守恒
张克佳	李仙凤	姚思孝	刘承棠	李献明
鲁元宠	房之骐	颜俊彦	刘正宗	郑光昌
史可法	黄端伯	蔡宸恩	阮元声	陈应运
李华	郭永泰	张孙振	张明熙	杨义
叶初春	程子铎	薛所蕴	吴逢翔	张采
杨鼎熙	叶高标	王懋仁	徐行忠	丁圣时
韩源	马兆羲	荆祚永	陈昌胤	葛逢夏
韩法愈	洪恩照	宋学显	陈正中	秦熙
刘含辉	吴载鳌	杨一俊	岳宗恒	杜廷琏
王养正	朱锡元	马士骅	高鸣凤	程近信
田见龙	张弘道	林增志	毛文炳	朱统铈
王宫臻	吴允初	周纯修	李经世	宋继发
严鉴	陈昺虞	王廷宾	郑尔说	罗国华
刘日俊	谢宗	金光辰	高三重	宋企郊
吕弼周	王用予	陈天明	张宗孟	阎嗣科
贺王盛	汤维新	郭文灿	黄鼎臣	周一敬
傅元初	蒋煜	吴承烓	商周初	陈其赤
蒋灿	李献廷	吴鼎泰	胡开文	徐开禧
傅钟秀	甘惟燦	刘其德	吴廷简	周文斗
巫三祝	刘之纶	许成楚	施承绪	徐耀
雷应干	柯彦	魏士章	杨四重	郑洪猷
陈六輪	姜应甲	李日登	杨观光	朱天麟
郝晋	郭景昌	李拯	陈从教	宋运昌
詹承祉	张久征	李沾	金铉	李正春
张文光	赵江	赵林翘	李希沆	赵珽
王志举	徐汧	梁衍泗	解学尹	荆尔植

杨四知	王 骥	郭之奇	魏呈润	王正志
邓 谦	陈于阶	王之桢	相大成	荆廷钰
李景廉	郑 滂	杨 灼	陈 璲	秦廷奏
梁云构	张元始	欧起鸣	钱启忠	余自怡
雍鸣鸾	宋兆禴	孙曰绍	杨任斯	张 煊
萧 誉	张问行	龚 彝	皮应举	吴宇英
刘开文	李 鉴	范文淑	原毓宗	梁兆阳
葛征奇	林铭球	葛含馨	许 璟	赖 垓
阎性圣	张育葵	童思圣	辜朝荐	李汝璨
王与胤	张国士	蔡鹏霄	李奇玉	戴 绅
秦世英	庄元祯	杨云梯	张美含	胡麒生
韩一光	冯 韬	柳似杞	江孔燧	谢龙文
徐汝骅	陈朱图	刘士名	杨镇原	过周谋
靳圣居	李寅宾	宋 琮	闵及申	张希夏
刘 伸	胡士昌	李经世	韩国植	张国臣
刘起沛	李化龙	程 铎	陈起龙	余 爵
郭凝鼎	郭之祥	李崇一	张焜芳	韦明杰
王心纯	喻大为	王龙震	徐 泽	刘作霖
杨楚龙	许应弦	尹民兴	黄奇遇	杨于楷
徐可期	胡献来	艾郢胤	梁应龙	黎玉田
王 章	汪 伟	潘世奇	吉星灿	程九万
任明道	熊 经	江愈敏	李士淳	虞国镇
赵见图	李嗣京	李九华	王 选	王应华
张文灿	龚士骧	王邦柱	胡遇春	邵传一
张作楫	陈所献	孙 谦	余 骈	吕大器
陈鸣珂	胡世安	胡 江	冯晋卿	徐一范
张缵曾	王 芳	田起凤	吕化舜	黄 襄
罗志儒	王聚奎	荆可栋		

该榜进士福建籍 39 人，其中泉州籍 16 人。

晋江：诸葛羲、蔡邦俊、林徽初、陈应运、吴逢翔、傅元初、蔡鹏霄，李拯、吴载鳌。

南安：傅启光、吴澧、洪启遵、王龙震。

惠安：王忠孝、许成楚。

德化：赖垓。

王忠孝从童子试至登科，屡屡落榜也抱持应试之心，其间虽有违制应考之情事，但也可看出王忠孝的积极进取心。

洪旭《王忠孝传》：

> 戊辰，第进士，授户部河南清吏司主事。

刘若宰（1595—1640 年），字胤平，一作颖平，号退斋，怀宁（今安徽安庆市石牌区）人，状元、书画家。

何瑞征，河南汝宁信阳人。授翰林院编修，历任国子监祭酒。李自成攻入北京后，担任弘文馆学士。清军入关后，顺治元年（1644年）任礼部右侍郎，随后致仕归乡。

管绍宁（1583—1645 年），字幼承，一字谥如，号诚斋，江苏武进人。授翰林院编修，升任少詹事，后任南京国子监司业。福王拜礼部尚书。清兵攻破南都，以拒不剃发降清，遂斩之。

王忠孝初为大理寺观政。次年六月，为族人王光前、王光英的父亲"我伟公"《明处士我伟公墓志铭》书丹，署"赐进士出身、大理寺观政，假归侄"。

明代进士前几名直入翰林院、承敕监为庶吉士、中书舍人者不历观政，剩下的留部分经历、观政的考验。命进士观政，然后遴选任官，其目的就是要让他们明达政体，扩充见闻，历练经验。进士观政制度是明代中央政府培养行政人才的重要举措，也受到朝野的普遍重视。

《明宪宗实录》成化八年（1472 年）三月丙辰载：

> 礼科给事中黄麟言：国家旧制，进士必办事于六部、都察院、大理寺、通政司，然后从吏部选用。正欲其遍观政事，识达治体，以扩充其见闻。初非谓观礼、乐、钱、谷之政者，不必晓兵刑；观兵刑之政者，不必知礼、乐、钱、谷也。夫何近年进士因内外兼除，在刑部大理寺者，则干免？所司题称，谙晓刑名，专于本衙门任用。是不过徇用己私、曲顺人情，而不知其启奔竞之端，坏祖

宗之成法也。夫刑部、大理寺官必欲拘原办事之进士于本衙门任用,然南京刑部大理寺之选,惟依常例,亦未闻其有用刑差错者也。乞命吏部,今后进士悉照甲第先后,以次取选各衙门,不得紊乱选法,假公道以树私恩。

《万历野获编》卷九载:

> 观政期满,未授官者曰某部办事进士,盖俱以政务所自出也。

进士观政的时限有三个月、半年两种。

作《与同房王心纯书》。

作《复同年鲁元宠书》。诸版本多作曾元宠,误。

鲁元宠,字君世,号青海。绍兴会稽人,万历四十六年(1618年)举人。崇祯元年(1628年)寄籍宛平考中进士,授徽州司理。擢翰林院编修,因忤权宦,出为广东按察副使,分巡兵备惠、潮。躬讯发奸,威惠并施。在任两载,民风大变。民感其德,崇祀潮州名宦祠。甲申之后,鲁王诏以都察院右副都御史,不赴。正值母病,遂入空门,皈依云门寺,奉养老母以终。

叶初春,江西湖口人,戊辰进士,元年来任惠安知县。力政勤敏,性尤善记,簿书寓目,终身不忘。造次旅接阶前对簿之人,沓至错出,皆能举其姓名,稔其履历,未尝或爽也。擢御史,总曹都察院。

与王忠孝家族一向关系密切的蔡鹏霄,字子搏,号培自,晋江县莲塘人。授嘉善令,擢四州道御史,相国黄东崖称其:"清操敏手,铁面冰心,为一时秋宪领袖。"升太仆寺少卿。乾隆《泉州府志》卷五十《明·循绩》称其"威惠并施,调度有方"。后因病告归,杜门十四年,"不接宾客,不谒官府,惟观书史永日,年七十六卒"。从弟蔡肱明,字子起,号靖公,崇祯十三年(1640年)进士,殿试二甲第一名(传胪),任四川威茂道,死节,谥忠愍。

【时事】

七月,召对袁崇焕于平台,袁崇焕提出5年复辽。

九月,郑芝龙接受福建巡抚熊文灿招抚,率部降明。

十一月,会推阁臣,温体仁、周延儒同东林党人发生激烈冲突。

是年陕西等地大灾,此后灾害频仍,出现全国性大饥馑。陕西爆发大规模农民起义。自崇祯元年(1628年)起,中国北方大旱,赤地千里,寸草不生。《汉南续郡志》记,"崇祯元年,全陕天赤如血。五年大饥,六年大水,七年秋蝗、大饥。八年九月西乡旱,略阳水涝,民舍全没。九年旱蝗,十年秋禾全无,十一年夏飞蝗蔽天……十三年大旱……十四年旱"。崇祯朝以来,陕西年年有大旱,百姓多流离失所。

明崇祯二年己巳(1629年),37岁

【谱主活动】

六月,为族亲王光前、王光英的父亲"我伟公"《明处士我伟公墓志铭》书丹,署"赐进士出身、大理寺观政,假归侄"。"赐同进士出身、文林郎浙江金华府义乌县年通家眷弟许成楚撰文,赐进士出身工部观政假归侄龙震篆额"。

假满回京,等待吏部的任命。

《镜山全集》卷十七何乔远《别王愧两赴京谒选》诗曰:

颓坻似末俗,百挽不能振。

追逐膻腥中,浇漓丧其淳。

有伟七尺躯,甘心后古人。

晚得王氏子,挺然东海滨。

杜嚣朗寂光,回昏开灵辰。

观其所命名,一心在君亲。

缅怀思邃初,我岂让先氓。

圣主方当阳,加怀得臣邻。

何当尧与舜,独无禹益臻。

吾子万里初,方领厕冠绅。

结主必有素,契合在精神。

非待行崇巍,方谋斧藻身。

与子臭味合,临岐吐殷勤。

探水当渤澥,登山期嶙峋。

更有缟带言,归诚洙泗滨。

何乔远(1557—1631 年),字稚孝,号匪莪,晋江县人,明末著名史志学家。父何炯,著名学者,著有《清源文献》。万历十四年(1586年)中进士,历任刑部云南司主事、礼部精膳司员外郎、仪制司郎中、广西布政司经历、光禄卿并典试江西、太仆少卿。《明史·何乔远传》:"进光禄卿、通政使。五疏引疾,以户部右侍郎致仕。"崇祯二年(1629 年),朝廷又起用为南京工部右侍郎。明思宗称赞"老成体国",命其兼署户、工二部。后见弊政无可救治,便主动引退。临行,又请开海禁,称"弭盗安民,莫先此举"。里居二十余年,著述除《闽书》154 卷外,还有《名山藏》《武荣全集》《皇明文征》等书行世。崇祯四年(1631 年)病卒,思宗赐祭葬,并赠工部尚书。

十月,授户部河南清吏司主事。

明制,六部均分司办事。官署名,明清时户部属官。明初,户部下属有民部、度支、金部和仓部四司。后改为十三清吏司,分管各省赋税,每司下隶民、度、金、仓四科,分别管理土地、户口、物产、会计,渔盐、税课,两税起运及仓库。主事,正六品。王恕《王端毅奏议》卷七载:"依照旧例,进士登科之后,自本年至第三年,第二甲进士内则选主事等官,外则选知州;第三甲进士内则选评事、行人等官,外则选推官、知县。至第四年,不分二甲、三甲,俱选主事等项京职,以其办事年久故也。"

王忠孝登科进士之后,职务派任情形记载如下:

乾隆《泉州府志》卷四十五《明列传四·王忠孝》:

授户部主事。时北事亟,朝议欲尽输津通外,储以实京师。忠孝督运大通桥,设法催攒,日运米三万石。屡奉温旨,大司农重之一。一日,诇事者获盗粮及窝主以闻;有旨"经营官所司何事"? 大司农怵,忠孝曰:"明主可以理夺。"述谓:"臣所司者,运耳。运之不前,臣之罪也。剌奸缉盗,自有司存。米在号房,运官自应照管,臣不能分身代守,亦不能分身缉捕也。"帝复是之。

嘉庆《惠安县志》卷二十三《卓绩·王忠孝》:

户部主事时,输津通外,储实京师。忠孝督大通桥催运米,日三万石。词事者获盗粮及窝主以闻。奉严旨,大司农怵甚。忠孝疏谓:运之不前,臣罪。刺奸缉盗,有司之者。臣不能分身代守,又不能分身代缉。上是之。部题督蓟储。

修纂者又评述:"愧两公之督蓟饷也,核酌新旧二兵,本折支省金运米,只就运船对兑饷银,依原鞘分发,漕督以管、葛目之。"

《厦门志》列传八《寓贤》:

> 授户部主事司,转蓟州饷内监。

《台湾府志》卷八《人物志·寓贤》:

> 初授户部主事,以抽分密云……

《台湾通志》列传《寓贤》:

> 官户部主事,都苏州仓储……

《台湾通史》卷二十:

> 以户部主事权关。

《台湾县志》卷八《人物志·寓贤》:

> 以户部主事抽分。会蓟督贻书户部,谓"边储重任,安得廉慎明决可共事者"? 大司农曰:"此无逾王主事矣。"遂题督蓟储。

从以上各传记可以发现,王忠孝于登科仕进之后,首任的实际职位为"户部河南清吏司主事"。

"甫数日,值北方警讯",即己巳之变。

十二月己巳之变时被派守正阳门外永定门。

己巳之变又称后金攻明京畿之战,是崇祯二年(1629 年)己巳十月至次年正月,后金大汗皇太极率军突袭北京以及明军阻击后金军的历史事件。皇太极率军号称十余万,避开宁远、锦州,分兵三路从龙井关、洪山口、大安口突入关内,攻占河北遵化,直逼京师。明廷急令各地兵马驰援,袁崇焕统领诸路援军,阻后金军于广渠、德胜等门外。皇太极进攻受挫,遂施反间计,中伤袁崇焕。援军军心动摇,总兵祖大寿还师宁远。皇太极乘机夜袭卢沟桥,斩明军约 7000 人,继而击败明援军 4 万于永定门外,明总兵满桂、孙祖寿战死。次年初,皇太极东进,连克数城,分兵驻守河北遵化、滦州、永平、迁安,自率主力返回都城沈阳。

皇太极率领数万精兵由大安口、龙井关入塞,围蓟州。十一月,围遵化,兵锋直逼北京,京师告急,各路军队均涌入救援,此时王忠孝负责该门外援军的兵粮。由于涌入的军队人数过于庞大,一时之间,粮饷发放不及,喧嚣声四起。幸赖王忠孝协调其他官员,调配就近之粮仓以救急,及时解决了永定门外军队鼓噪军粮的事件。

王忠孝督守正阳门外永定门。此处为敌兵必攻,援兵必集之地。正阳门、永定门在京郊,为通衢要隘,属京城的重要门户,是敌兵进攻京城的关键地点。当时敌兵已攻取山海关,直逼京师,王忠孝恪尽职守,极力运筹,使守城官兵的粮草充足,让官兵们无后顾之忧。他还顾全大局,把自己负责的粮草运送给援军救急,较好地处理了突发事件。王忠孝负责守垛兵粮,责任重大,昼夜登埤,风雪矢石,无不备尝。在镇守城门的过程中,他"晓夜风雪坐卧,睥睨间四阅月",直至敌铁骑退去为止。从永定门呼粮事件中可以看到,王忠孝即使在面临"大帅咆哮,将呼阍"这样的突发情况时,不曾因自己官小势弱而退缩,相反,他以明快果断的态度将事件妥为解决。为此,王忠孝获得户部尚书(大司农)的赏识,转派他至大通桥监督运粮重任。

王忠孝《自状》:

> 己巳十月调诠,授户部河南司主事。冬十二月,虏薄都城。诸司分管各门兵粮,人多择便。余初以书生进部,百任自然。题守正阳外永定门,则北骑必冲,援兵必集之地也。余管守垛兵粮,他同舍三人,管前三门援兵粮。适城下援兵骤至,呼草料不及办,大帅咆哮,将呼阍。余语同官,此间近天坛,饲牲草料可移用,猝应之,军始不讻。大农闻甚喜,知出余协力,误谓余可理盘错,辄难事相诿矣。

洪旭《王忠孝传》:

> 己巳冬,虏警急,各司分九门,公守永定门。门即勤王师营屯,尝卒索乌豆军装,咆哮无时,动欲以军兴法入告。公因时制宜,接应无懈,晓夜风雪坐卧,睥睨间四阅月。

《王氏谱系》:

题守正阳永定门，应变合宜，奉旨纪录。

作《己巳冬题守正阳永定二门》《障门有感》二诗。

《己巳冬题守正阳永定二门》：

> 天作神京奠帝基，丑夷何敢问郊圻。
>
> 枢中谋略范韩媲，阃外韬钤李郭奇。
>
> 霜肃剑锋胡马凛，月悬城阙斾旌迟。
>
> 应知圣主声灵赫，指日燕山勒胜碑。

神京，北京。范、韩，指宋代名臣范仲淹和韩琦。李、郭，指唐代名将李光弼和郭子仪。

《障门有感》：

> 貔貅百万列城隅，孱弱书生混伍符。
>
> 谁使至尊忧社稷，堪怜当轴缓衣襦。
>
> 养痈讳疾谈前辙，见兔亡羊怯后图。
>
> 伫盼壮猷元老者，折冲尊俎奚难奴？

诰赠承德郎户部河南清吏司主事王忠孝父母敕等。

《诰赠承德郎户部河南清吏司主事滨泉公敕》：

诰命

奉天承运，皇帝敕曰：昔称阴德，有如耳鸣不言阳言。阴者，潜修暗照无求多于造物之心，乃尤为造物所厚，繁颁肃郁，岂有华责可悦哉！用以羞神明而昭忠信，端必由之。尔王瀚乃户部河南清吏司主事王忠孝之父，瑾瑜在握，恫愊不雕，即其生平内行之修，居然三代有道之直。家徒四壁，躬洗腆以奉晨昏。诺可千金，辄倒囊而周缓急拟之，古为力田孝弟，其在今先亦先进典型矣。桃李成蹊在尔心，何期责报。江河善下，盖地道本自流，谦是用，赠尔为承德郎户部河南清吏司主事，载焕龙章，祗酬燕翼。

诰命之宝

崇祯二年十二月　日敕

《诰赠滨泉公元配孙安人敕》：

奉天承运，皇帝诏曰：子能念亲，何必属毛里哉！闻其母范而忔然思思之,若或见之矣。朕揆之先河后海之意,疏恩上逮,虽音容未亲,以慰孺慕均也。尔孙氏,乃户部河南清吏司主事王忠孝之前母,毓自素闺。傧于征士,殷勤持户,克供宾祭之虔,潆髓承欢,最以姑嫜之誉,而棘心未长,兰馥先凋;朱绂方来,何意玄扃之已夜。春晖莫报,只留彤管,以如彩梁。既逝而笥犹存,树欲静而风不止,赠尔为安人。业已荣施于身,后何异亲,出其怀中。

　　崇祯□年敕　　敕命之宝

《诰赠滨泉公继配洪安人敕》:

　　奉天承运,皇帝诏曰:玉记方流珠,溯员折明有本也。其或器使方新而禄养弗逮,则万钟三釜之憾,有怆然而生者矣。朕所为恤其意,而增荣之,凡以为劳臣劝。尔洪氏,乃户部河南清吏司主事王忠孝之母,柔嘉维则,淑慎其仪,琴瑟嗣徽弋雁,表宜家之范,衿肇习训鸣鸠同如结之心。若乃县悬胆以课儿书不难,解佩璜而供岁脯洵哉!教兼外搏(傅),家有严君者矣。伊持筹之绩方新,慨画获之风已杳,宜颁宝苐式慰,兹椿是用。赠尔为安人,明纶与雨露并春,幽德暨松楸生色。

　　崇祯□年敕　　敕命之宝

《敕封承德郎户部河南清吏司主事愧两公敕书》:

　　奉天承运,皇帝敕曰:宋臣张咏有云,曰:"事君者,廉不言贫,勤不言苦,忠不言己效,公不言已能。"今虽允蹈斯语者尽若人,朕岂忧宵肝哉!乃有起家方始,志行皎然,服在版曹,尤为千百人中而始一见。尔户部河南清吏司主事王忠孝,学识优长,风期静远方。子大夫擢第未几,遇我国家多垒之时,戈甲云屯,既千万骑之猝至,军麾两急,左右画而难工,而能输挽独勤,饱腾攸赖。顾名思义,知乎日许国之心,急病让信王臣匪躬之节,即今京仓之余蓄,又尔司膺之所留是用。覃恩授尔阶承德郎,赐之敕命。稽昔之为郎者,赤管之笔,隃麋之墨,握兰舍香雅称胜事。而尔至路求一日之暇,不可得抑其为人也。多暇日,其出人不远矣。朕方核综功能节均劳勚,必不使偕偕之士子独有朝夕从事之,嗟徐之其尚国所以酬尔。

崇祯二年十二月　日　诰命之宝

《敕封陈安人敕书》:

奉天承运,皇帝敕曰:人臣夙夜在公不辞,盘错亦分,因应而有如悄焉。内顾曰此莫非王事,我独贤劳也。室谪因是起矣,况由塞而通之际,尤人情所罕能自持者乎。尔户部河南清吏司主事王忠孝妻陈氏,毓质华楣,丽英儒壸,自早岁即娴孝敬以名媛而解诗、书。尔其喻豹窥,绚兰佐洁,在昔心甘茶习蓼,举案已见齐者。即今衣儒巾,蓦从宦,不矜耀首粉署之声,称籍甚兰闺之翊赞,昭然可靳。王章以光女史是用,封尔为安人,尚欣翟茀辉煌之宠,无忘牛衣涕泣之时。

崇祯二年十二月　日　诰命之宝

【时事】

内珰邓希诏(?—1639年)劾罢怀来兵备副使冯师孔。

施凤来、张瑞图被罢免。三月十九日,朱由检以谕旨的形式公布"钦定逆案"名单。张瑞图列入"交结近侍又次等论,徒三年,输赎为民者"。五月,正式议裁陕北驿站,驿站兵士李自成失业。

明崇祯三年庚午(1630年),38岁

【谱主活动】

二月,北警解除,作《解严》诗:

奴慑天威自逐边,清风鏖战莫如前。

九重侧席求良帅,二府缓追尾丑鞭。

遗遍郊原横地膋,焚余庐舍满空烟。

虽然喜得都城吉,极目近畿涕泗涟。

崇祯帝阅城守有功人员,王忠孝列在"地险时久"之条,奉旨加俸一年,荣锡诰命褒奖"勤劳独瘁",覃恩授承德郎,封赠父母并妻。可谓是无上的荣耀。以上诰赠承德郎户部河南清吏司主事王忠孝父母

敕等均署日期为崇祯二年十二月。(见《王氏谱系》,本谱以上述《墓志铭》记述为准)

王忠孝《自状》:

> 解严后,上阅城守单,余列在地险时久之条。加俸一年,荣锡诰命褒奖"勤劳独瘁"。

户部尚书推荐王忠孝督运大通桥。

《王忠孝传》:

> 庚午二月解严,大司农题荐督运大通桥,奉旨有"勤劳独瘁"褒语,覃恩授承德郎,封赠父母并妻。

《王氏谱系》:

> 庚午督理大通桥,日运三万石。奉旨有"勤劳独瘁"褒语。覃恩授承德郎,封赠父母并妻。

大通桥乃列入世界遗产名录的京杭大运河的终点,漕运所送至米粮,之后仍须靠着陆运的方式送抵朝阳门外,而王忠孝所负责的就是这段陆路运输。在嘉庆《惠安县志》、乾隆《泉州府志》以及《王忠孝全集》的《王忠孝传》和《王氏谱系》中,都有提及王忠孝"日运三万石"一事,可见此事应该为王忠孝任内颇为重要的功绩。

在崇祯二年(1629年)时,因为皇太极带兵进逼之故,使得漕运全部被迫中断,再加上为了应付前来援助的各路军队,让当时的京仓陷入空虚无粮之窘境。因此当围城的状况解除后,京师粮仓急需储粮,无奈运户短缺,情况艰辛,据《自状》所言:

> 而上急在储糈,旧冻催完,新粮不许守冻,则是年,半之粗骈作一年,视前人劳逸不侔矣。明旨严切,违者军法从事,堂官惴惴焉。救过不暇,然其苦犹在官也。运必需车骡,运户大半居廓外,去冬为虏焚杀殆尽。新旧粮骈集,车骡价高,运价不足,每户日赔二三金,困累极矣!余力请仓场尚书孙公居相,题增运价,上辄俞允。运役稍稍苏困,然终不免赔累也。

运粮入京任务紧迫,运户不足且运价高,王忠孝却能"题增运价,裁其陋规,匀其劳役",让漕运一日达三万石,因此《王忠孝传》和《王氏谱系》、《蟹谷王氏族谱》等均有敕命褒奖之语"奉旨'勤劳独瘁'褒语",以及文官推封"覃恩授承德郎,封赠父母并妻"的记载。

王忠孝以应变接济军粮有功,被大司农荐为责任重大的京畿漕运官,督运大通桥。这是京杭大运河到达京畿,连接天津、通州的通衢要津。京畿漕运是个肥缺,以往此任多由朝廷要员担任,现破格交由王忠孝负责,足见朝廷对他的重视程度。时朝廷官员贪渎盛行,京畿漕运的官吏亦挖空心思,以各种名目从中捞取好处。王忠孝在督办漕运任内,日运粮三万石,崇祯帝下旨"王忠孝心长力短,著策励供职"。清正廉洁,他认真调查漕运事务,见"漕运宽弛,盗窃稽迟,宿弊滋甚","悉心平核,宿弊一清"。他正直无私,设法改革,则得罪了权贵阉党。

洪旭《王忠孝传》:

> 万历以来,漕政宽弛,盗窃稽迟,宿弊滋甚。公设法更革,数承温旨。运粮必资车骡,岁以百二十户领之。虏警急,富者跳之。厂卫咸畹所余,畜弊轴折,犹占名部籍。公力请仓书,题增运价,裁其陋规,匀其劳役,民咸便之。然权贵阉阉,亦以是多侧目公。

王忠孝作《大通桥督运》诗:

> 一行作吏置河干,晓唱漕筹夜未阑。
> 羽檄方驰西北顾,征输谁念东南艰?
> 城头日落铙声动,岸畔霜融墙影寒。
> 极目时艰惭报称,盟心白水倚栏看。

【时事】

陕西又大饥,陕西巡按马懋才在《备陈大饥疏》上说百姓争食山中的蓬草,蓬草吃完,剥树皮吃。树皮吃完,只能吃观音土,最后腹胀而死。

八月,抗(后)金名将、蓟辽督师袁崇焕被朱由检认为与后金有密约而遭凌迟处死,家人被流徙三千里。

十二月,加派辽饷 153 万余两,合原加派辽饷共计 680 万余两。

东林党人同反对派为争夺权力纷争不已,东林派辅臣韩爌等相继罢去,钱龙锡被逮治,后遣戍。

荷兰殖民者又侵占澎湖,不时进犯漳州、泉州、厦门。

明崇祯四年辛未(1631 年),39 岁

【谱主活动】

六月初二日,王忠孝改授蓟西密云粮储,兼理屯田。崇祯五年(1632 年)作《第一次辩疏》内言:"六月初二日受事密镇,本折俱欠两月粮,今折色骎骎按月矣。镇城附近各军,如奇兵振武诸营,本色已给至七月矣。五、六月主兵,年例京运不继,而忠孝且挪借节存,全镇俱给。又班军盐菜所费不赀,东省协剿孔有德,援兵行月二粮,计近三万余金,内部向无札发。忠孝多方措给,又为之核漕羡,开铸局,佐军兴甲马之费。"

八月初六日,王忠孝正式管理密云粮储。

《锦衣卫王世盛研鞫回奏疏》:

> (王忠孝)于崇祯四年八月初六日管理密云粮储,每月饷银照原鞫兑发,米豆依京斛支收。

王忠孝对于督运粮饷是克尽职责的。在督运职务的任期也不过短短两年余,在这期间曾因劳苦功高,二次获得朝廷褒奖,但也连续三次遭到厂卫的纠举,而且前两次的举发都是发生在他督运大通桥之时。

依照《自状》所述,王忠孝第一次遭到举发是因有一次所收冻粮米色不佳。当时有数艘船上的米粮已遭浸湿,但王忠孝认为"米既抵桥,安有倒回之理,分六仓晒晾,可也",故将其起运。可是厂卫于抽查时,认为米色不佳而上报。

王忠孝将运米湿烂一事,首先归咎于气候所迫:崇祯二年(1629年)时,(后)金兵进逼京城,漕运被迫中断,米粮被迫储存地窖而浸湿,此为人力之不可掌握;隔年漕运复通时,却又遭逢大雨,此也非人力所能预测。王忠孝又以天津、通州管理漕运官员的处理方式作为佐证,认为他们对于这批湿米,也从未认定是米色不佳而将其扣留。

观其所言,确实是言之有理,米湿既是人力不可掌握,米色又通过其他运诸司审核,所以此次事件的纠举最后并未成立。

对于此次的纠举,王忠孝认为是厂卫向他们索贿不成,才会借此挟怨报复。不久厂卫又以漕米被盗一事纠举王忠孝。

王忠孝自知在管理上是有所疏失,但他却不满厂卫将此次盗米事件的责任都归咎于他。为此,王忠孝上疏力辩,认为官吏各有其所司,他所负责的是运送之事,主要职责就是要在运期内将米粮顺利地送抵京仓。至于管理号房存米,实属运官之责,米粮被窃,追捕盗贼则当属于兵马司的管辖范围。

依照明代律法,仓库米粮遭盗就是犯了"损坏仓库财物罪",但经查核后,如属意外事件,监临者并不会遭受到惩罚。但从《自状》"漕米被盗,该司官亦难辞责,故罚俸一年,独速偿漕运,以赎前过"可知,最后朝廷仍然认为王忠孝须负起督导不周的"连带责任"。虽然盗窃粮米一案,最后朝廷是以罚俸一年惩处了王忠孝,但他自始至终认为会有如此的劫难,全是导因于厂卫为虐所致。因此即便两遭珰害,但自认"是余两遭珰害,而皆徼圣恩,人咸为余志喜。而余私自反,不贪不欺,何惧焉!"

王忠孝《自状》云:

> 未几,而漕运题差,大农复以余应,未尝一闻知也。故事,京漕四百余万石,每年三四月开运,十月竣运。神庙末年,漕政宽弛,乃有守冻阁天津者。次年,冰泮续运,谓之冻粮。一年之粮,分作两番攒运,于制有碍。运户陆续支应,则宽甚也!殆四月乃运新粮,而守冻如故。

> 任兹差者不甚瘁,而以其同游河燕乐,题署榜曰:"握兰吏隐。"旁有漕台公署,曰"仓院"。仓院者,以六仓诸役,或玩法勒索,经纪运役,桥司不便拘摄,仓院得以宪法绳之。桥司坐享不怒之威,而仓役知所畏,祖制良具深意。乃其挂号总书,每船得一金,实船万艘,计万金。达于天听,遂革仓院差,似因噎而废食也!

> 诸役去其忌,余欲有所创,当贴书同官,或详堂上。情面亦

难尽破，且有行不去处，添一段掣肘矣。而上急在储糈，旧冻催完，新粮不许守冻，则是年，半之粗骈作一年，视前人劳逸不侔矣。明旨严切，违者军法从事，堂官惴惴焉。救过不暇，然其苦犹在官也。运必需车骡，运户大半居廊外，去冬为虏焚杀殆尽。新旧粮骈集，车骡价高，运价不足，每户日赔二三金，困累极矣！余力请仓场尚书孙公居相，题增运价，上辄俞允。运役稍稍苏困，然终不免赔累也。

一官之设，必有一官之费。是差以在京不设公费，衙门置在河干，以运户百二十人，人办三日供官。日费及杂事，咸于值日取给。余以时艰，力裁供亿，亦不敢尽裁为后人地。其他一切杂费尽洗，惟芦席撒米，为修理号房之费。载在通桥事宜者，余亦仍前。盖上可以报君父，下可以示运役，不肯为矫也。

漕运日三万石，三日一报闻。偶雨泥泞，稍缩额，辄遭诘问。余据实回覆，谓雨余途泪，轮蹄作苦，非敢溺职。上亦亮余苦，奉有"王忠孝心长力短，着策励供职"之旨，私自慰也。

顾上且知我，而是时厂卫纵役缉伺各衙门过失，会冻粮运到，数艘泡甚。余闻之大农，则谓米既抵桥，安有退回之理？分六仓晒晾，可也。余乃起运，而厂役向桥胥索赂不遂，辄以米色上闻。忽传中旨云："闻运米糟粮，湿烂不堪，经管司官，循隐不言，是何缘故？着将回话。"大农毕公呼余至，惶甚。余答曰："是有其故，明主易辨。盖此粮系虏迫通州时，运官将米藏地窖，受湿多时，解冻方取出。遭雨而泡，天时也，人事莫如何也！幸可摊晒。通津起运诸司，尚徼宽政，况桥上接运乎？"大农鞭然曰："吾虑累该司。如此镇定，当为据实以闻。"疏上，果荷圣慈。

后复以漕米被运役偷盗，滑吏为之窝藏，厂卫捉获以闻。奉旨"号房失米，经管官所司何事"，着回话。余冒死披陈，谓："臣所司，运米耳。运之不前，臣之罪也。若巡缉，则有五城兵马司。米在号房，运官应自看管，臣安能分身代巡缉乎？但运役犯科，总属运中事也，安敢辞罪？惟席藁以待斧钺。"旨云："漕米被盗，该司官亦难辞责。念运务正剧，姑罚俸一年，着速攒漕运，以赎前过。"是余两遭珰害，而皆徼圣恩，人咸为余志喜。而余私自反，不贪不欺，何惧焉？幸而差竣。仓场尚书钱公春语余曰："欲留子再任，而劳瘁既甚，不敢启齿。"其见信如此。

运役有贫甚者，年终应佥换。余从公编审，质之同甲，去留无私。应换者，列名详仓场，勿付兵马司题行。大兴、宛平两县，照资产佥应，坊官不得上下其手，人咸称便。白粮，皆三吴大姓输运。其至也，恐留滞耗损，京朝贵持柬争先。余预定规程，以到之先后为序，序定迟速，不必挽越。是年竟无一束到桥者。大抵虚心从事，人多相亮，故余才虽拙，迭经险阻，而幸无咎。

堂官考核，有"一年之差，几作两年之运，劳瘁备至"等语，仅回部供职而已。部闲三阅月，以城守转漕，皆独劳，俸亦居前。故事：榷关差出，十三司会议，题先应及者，边差多以司榷回部者题推，亦劳逸相兼意也。

仓场尚书（总督仓场，又称仓场总督、总督仓场侍郎，全称总督仓场户部侍郎，由户部官员管理全国粮仓的职位。其官员往往由户部尚书、户部侍郎头衔兼署，故又称仓场尚书、仓场侍郎等）孙居相在任，"（王忠孝）力请仓场尚书孙公居相，题增运价，上辄俞允"。仓场尚书钱春在任，"语余曰：'欲留子再任，而劳瘁既甚，不敢启齿。'其见信如此"。"大农毕公"，即户部尚书（堂官）毕自严。"堂官考核，有'一年之差，几作两年之运，劳瘁备至'等语，仅回部供职而已。部闲三阅月，以城守转漕，皆独劳，俸亦居前"。

《崇祯长编》卷之二十九，崇祯二年十二月载：

以钱春为户部左侍郎督理边饷，曹珍、康新民为户部右侍郎督理钱法。

□督师袁崇焕、总兵满桂、黑云龙等锦衣卫堂官召对，逮督师尚书袁崇焕于狱，令总兵满桂、总理关宁兵马与祖大寿、黑云龙会同马世龙、施洪谟等立功。

癸丑，以孙居相为户部尚书，总督仓场。

洪旭《王忠孝传》：

大司农复题总督蓟西粮储，公至镇，悉心平核，宿弊一清。

条悉抵光,岁省五万金,而兵民欣忺,请以为例。经略曹文衡抚掌曰:"此何异管葛耶!"时朝廷颇不右文史,寄眷内珰。蓟监视珰希诏者,张甚,奴视监司第,惮公名,未敢干,佯为款洽。

经略曹文衡赞誉王忠孝为"管葛",指管仲、诸葛亮。

【时事】

正月,朝廷赈济陕西灾民,议定对农民军实行以抚为主的政策。

夏,调王志道为大理寺少卿,升左副都御史。复遣太监出京监军,并以太监张彝宪总理户、工两部钱粮。邓希诏监军西协。

八月,(后)金军围攻辽东前线重镇大凌河,十月城降。

九月,杨鹤以招抚不效被逮治,招抚政策失败,陕西、山西农民起义更炽。

闽南大旱,饥民甚众。郑芝龙在熊文灿支持下,召集漳、泉灾民数万人,"人给银三两,三人给牛一头",用海船运到台湾垦荒定居,在台湾历史上,郑芝龙是组织大规模移民的第一人。

明崇祯五年壬申(1632 年),40 岁

【谱主活动】

王忠孝转任密镇饷差。

据《惠安县志》、《泉州府志》、《厦门志》和《台湾通志》中所载,王忠孝于崇祯四年(1631 年)又再度转任至蓟州,总督粮储。不过在《台湾通史》、《自状》和《王氏谱系》中却又言其是管理密云粮储,两者之间有何差异?据《明史》卷四十《地理志一》,密云和蓟州虽然都属顺天府,但密云是昌平州下所辖的一县,而蓟州则是和昌平州同属顺天府的管辖州,且一在顺天府北面,一在东面,可见其所在地不同。《大明会典》卷二十一《两直隶府州县都司卫仓》所载密云县、蓟州的粮仓如下:

密云县:镇边城隆庆仓、墙子岭广盈仓、古北口仓、石匣仓、白马关广储仓、曹家寨有仓、石塘岭广丰仓、大水谷广积仓。

蓟州:本州仓、三屯营仓、预备仓、五重安仓、洪山口仓、大安口仓、罗文谷仓、青山营仓、黄崖口仓、汉儿庄仓、太平寨仓。

由此可见,蓟州与密云因在行政区域等级上有所不同,故各有其分属的粮仓。既然行政等级、分属各有所不同,在官职的记载上又为何会有密云、蓟州同时混用的情况?因为明代的边防,在凡天下要害之地均设镇戍守,而蓟州镇乃是其中之一。依照《大明会典》卷一百二十六《镇戍》中所载,密云在蓟州镇的管辖范围内,除此之外,密云粮仓中的墙子岭、曹家寨、古北口、石塘岭,其实也是属于明代边防蓟州镇中的西路。因此,若是从户部卫仓的角度而言,王忠孝是担任"密云粮储"无误。但是若从兵部镇戍的角度来看,言其"蓟州(镇)粮储"是更为恰当的说法。《惠安县志》、《厦门志》和《台湾通志》之王忠孝传略中所写之"蓟州"并非行政区域上的蓟州,而是边防戍守的"蓟州镇"。

九江关报缺。众人及王忠孝均以为会由王忠孝补缺。可是事情起变化,王忠孝却是受命出任密镇饷差。他也是兢兢业业,勤绩皆优。

王忠孝《自状》云:

是时,九江关报缺,人人谓余应及,而余不自言。亡何,密镇饷差出,竣榷回部者三人,惴惴恐其及也。适经略张公凤翼,贻书堂翁,谓此差繁苦丛弊,须择人而任。诸司榷回及图榷者,各依墙壁,向大农缓颊,遂以借才为名,题余密镇。改三年为一年,不会十三司。疏上,而余始闻。盖自入部三差,皆先题而后知,拙者之效如此。

余谒堂官,颇形不平之语。堂官亦自知情面所迫,婉语劝勉曰:"贤者为其难耳。"

边饷新、旧二条,及召买屯铸,头绪纷沓。吏胥多积年奸猾,清核良艰。最苦在北人窥边,饷稍稽期,军辄呼庚癸。司饷者,或以操守干吏议,是所自取,即贤者亦多不免。

余初至,携三十万金而行,补前欠两阅月,悉照京鞓兑发,刻日散给。仓米照铁斛收支,各管镇俱诵公平。而于新旧诸条目,细心稽核,凡两阅月,凤弊一清。

张凤翼(? —1636年),代州人。万历四十一年(1613年)进士,授户部主事。历广宁兵备副使、右参政,饬遵化兵备、右金都御史、巡抚保定、右都御史兼兵部右侍郎、总督蓟、辽、保定军务。进太子少保、兵部尚书。

孙居相(1560—1634年),字伯辅,又字拱阳,山西沁水人。明万历十六年(1588年)举人,万历二十年(1592年)进士,任山东恩县知县、南京御史、光禄寺少卿、太仆寺少卿、右金都御史,兵部右侍郎。天启四年(1624年),因魏忠贤排斥异己,专权干政,当年冬天称病隐归。两年后,起任户部右侍郎,户部尚书总督仓场。崇祯七年(1634年),孙居相被革职,九月四日去世。

王忠孝才转任密云饷差不久,隔年就遭到时任西协监军的内监邓希诏所纠举,不久之后便遭到革职而下狱。这次的事件让王忠孝的政治生涯就此断送,直到崇祯覆亡,都不曾再度入仕。

内监邓希诏告发王忠孝"压米未发,湿米充数"罪行一事,是终结他政治生涯的关键。

同治《福建通志》卷二〇五《明列传·王忠孝》:

> 时方输天津、通州外储实京师,忠孝督大通桥,催运米日三万石。诇事者获盗粮及窝主以闻,严旨责户部尚书,尚书怵甚。忠孝疏言:运之不前,臣当其罪。刺奸缉盗,有司之责,臣不能分身代守,又安能分身代缉?帝是之。继督蓟州仓储,内珰邓希诏欲自置兵饷,忠孝不许。希诏曰:"饷官能保无额外征乎?"忠孝正色曰:"吾戴吾头来,岂以升斗易哉!"会正旦朝贺,希诏与蓟督争班次,忠孝折之,遂摭兑湿米入奏。时相阿珰意,逮治。锦衣王世盛素闻忠孝名,令校无受金,俾忠孝具舆从就狱。蓟督疏白其冤,希诏贿部胥,以蓟储脚费千两抵忠孝罪致死。忠孝曰:"粮储密云库,铢两可按也。"都御史王忠道言:"忠孝廉,内外共知,奈何治非其罪!"帝意稍解,改系刑部拟戍。逾年,希诏以罪诛,忠孝释归。

嘉庆《惠安县志》卷二十三《卓绩·王忠孝》:

内珰邓希诏欲自置兵饷,忠孝不许。希诏曰:"饷官能保无额处征乎?"忠孝正色曰:"无戴吾头来,岂以千金易哉!"坚拒之。正旦朝贺,希诏与蓟督争班次,忠孝折之,遂摭未兑湿米,入奏大相。希珰意拟旨逮治,帅王世盛素闻忠孝名,择校之愿者,至蓟祠数日,皆誉忠孝而愤希诏。见忠孝则不能具一餐,鞶署中不能备十金。帅不受一钱,而令忠孝具舆从以行,入狱置对。蓟督疏白其冤,希诏赂部胥,以蓟储脚费千两,抵忠孝罪致死。忠孝曰:"粮储密云库,铢两可按也。"都御史王志道言:"忠孝廉洁,内外共知,奈何治非其罪!"上意稍解,改系邢部拟戍。越年,希诏有罪逮诛,事寝。忠孝释归。

乾隆《泉州府志》卷四十五《人物列传·明列传十二·王忠孝》:

是时不右文治,新寄礜内珰。蓟监视太监邓希诏张甚,数以难事相窘,忠孝不为动。希诏欲自置兵饷,庚索耗羡,忠孝曰:"升斗皆官,安得耗羡!"希诏曰:"饷司能保无额外之升斗耶?"忠孝正色曰:"吾戴吾头来也,岂以头易升斗哉!"希诏语塞。希诏初至蓟,蓟督往拜,坐上座。而督署为徐中山王旧莅,上有高帝敕谕。蓟督谋相见礼,忠孝曰:"邓监视,奴也,决无上坐之理!惟正告之,而别设一屏风。"已有泄之者。正旦朝贺,希诏争班次,语侵蓟督。忠孝徐折之,益衔刺骨,遂摭拾其未兑湿米,疏上御览。……上意稍解,遂得改刑部系,拟戍。其明年,希诏所谓不法事,验皆有据。内大珰恐为外廷所借口,参逮诏狱,论斩。而忠孝亦遂登启事。

道光《厦门志》列传八《寓贤》:

邓希诏欲自设兵置饷,忠孝谓升斗皆官物,安得饷?希诏曰:"饷司能无额外征耶?"忠孝正色曰:"吾戴吾头来,岂以头易升斗哉!"希诏衔之刺骨,遂摭其未兑湿米,疏论之,缇骑逮治。故事:缇骑所至,不厌其欲,则楚毒随之。忠孝不能具一餐,索署中不能满十金,校以其廉且免之,京师相传为怪事。入狱,抗词无挠,廷杖拟戍。督察院王志道疏救,得释。

《台湾府志》卷八《人物志·流寓》:

疏劾宦奸,忤旨,廷杖下狱。后戍边,士卒千余赴都门泣留者三年,乃免。及奉谪家居,杜门不出。

《台湾通志》列传《寓贤》:

缘事系刑部,拟戍。

《台湾通史》卷二十九《列传·诸老》:

劾太监,忤旨,廷杖下狱。复戍边,士卒千余赴都送留。三年免。

《台湾县志》卷八《人物志·寓贤》:

劾宦监,忤旨廷杖,奉谪家居。

《蟹谷王氏族谱》中王梦源《王氏族谱大纲记》:

兄兵部前都御史愧两公讳忠孝,负耿直忤奸党,急流勇退,中外叹服。当鼎革之际,矢志不屈,侣鱼虾以观时变,慨然慕有宋文山、叠山二公。今观公之节义凛凛,盖在伯仲之间无疑也。

"宋文山、叠山二公"指南宋江西的文山、叠山,时人称"二山"。文山即文天祥,叠山即谢枋得。

以上各传叙述,虽然所载情事大致上相去不远,但仍有歧异之处:一是在招致邓希诏怀恨的原因上就有朝廷争班次、蓟督拜见礼数、邓希诏自置兵饷三种说法;二是在王忠孝革职入狱的原因方面,则又出现了"劾太监,忤旨,廷杖下狱"以及"未兑湿米"两种说法;三是刑罚方面,有拟戍,戍边或复戍边的各种说法。

此次纠举事件对于王忠孝的政治生涯来说是个十分重要的转折点,而且从事件的发展过程中,忠孝刚强不屈、敢言直谏的性格更是表露无遗。

王忠孝之所以会被邓希诏纠举,实乃两发嫌隙已久所致。王忠孝对于邓希诏与蓟督争班次,以及时任监军西协却欲自置兵饷这两件事感到颇不以为然。乾隆《泉州府志》则又另外述及王忠孝对于蓟督以拜见礼接待邓希诏之事感到不妥。

然就拜见礼和争班次二事来看,依照《明史》记载,崇祯四年(1631年)时,内监邓希诏被派任监军西协,管理蓟督兵粮,而当时的蓟辽总督曹文衡就传出与其不睦,甚至还互相攻讦。御史高倬(?—

1645 年），字枝楼，重庆忠县人，明天启五年（1625 年）进士。崇祯四年（1631 年），授河南道御史，弘光时由刑部左侍郎升任刑部尚书，加太子太保。《明史·高倬》记述：

> 蓟辽总督曹文衡与总监邓希诏相讦奏。……倬乃上疏言："文衡肮脏成性，必不能仰鼻息于中官；希诏睚眦未忘，何能化戈予为同气。……"

高倬因直言上疏，指责蓟辽总督曹文衡"肮脏成性"，总监邓希诏不忘旧怨，缺少胸襟肚量，而被贬官一级。虽然此为崇祯四年（1631年）的记事，但由其叙述可以窥知，曹、邓两人之间水火不容的情况是由来已久的。然而王忠孝时任密云饷差，再加上当时许多朝廷官员，对于皇帝宠任内监所造成违法乱政的状况也是极为不齿。因此，对性格刚直的王忠孝而言，会以礼法规范针对争班次、相见礼数之事二度挫邓希诏之锋芒。

《王忠孝传》记述邓希诏欲自置兵饷一事：

> 时朝廷颇不右文史，寄赘内珰。蓟监视珰希诏者，张甚，奴视监司第，惮公名，未敢干，佯为款洽。未几，希诏议设标兵，就部司措饷。蓟督下公议，实委也。公曰："内臣备边，观军容也。有事则诸镇兵，皆得同督抚调发。若自置兵设饷，当请上旨。"希诏曰："庚不有耗羡耶！"公正色曰："耗羡皆编正额。若额外升斗，是横征矣。吾戴吾头来也，岂以升斗易吾头哉？"

其实邓希诏利用标兵之名目向朝廷申索额外的兵饷而中饱私囊。为此，王忠孝以军备粮饷的申索和军队的调配，当为守边将帅或督都巡抚的权限加以严正地拒绝。恼羞成怒的邓希诏，竟以"庚有不耗羡耶"讥讽王忠孝，这让一向自诩廉洁正直的王忠孝大为动怒："吾戴吾头来也，岂以升斗易吾头哉！"

洪旭《王忠孝传》：

> 希诏又欲新其廨宇，欲动支折环，公不许。正旦朝贺，文武毕集，希诏争位次，语侵蓟督。公徐起以敕书折之，希诏大沮，恨公刺骨，遂密疏陷公。大相希珰意，拟旨下锦衣卫缇骑逮之。缇帅王世盛，以事干考究，择大手校之谨原者，密嘱至镇，详诇以

报。校居外数日,所见皆愤珰虐而誉公。

　　入见,公拜命毕,曰:"吾久迟诸君来也。行矣,第主人不能具一饭,奈何?"校曰:"公居官良苦,下走辈已不辨作衣食计。"公事终白,乃尽去其银铛,得具舆幔。故事,缇骑所至,视千百如草芥。稍不厌,则楚毒随之。公解银带赠之,校曰:"以代吾辈橐饘可也。"京师相传,以为异事。

民国《福建通志》总卷三十四《福建列传》卷三十《明十四》:

　　邓希诏要自置兵饷,忠孝不许。邓希诏说:"饷官能保无额外征乎?"忠孝正色道:"吾戴吾头来,岂以升斗易哉!"

　　此举自然得罪了奸阉邓希诏,于是邓多次借机陷害王忠孝,必欲置之死地而后快。

　　邓希诏又与蓟督曹文衡争位次,王忠孝折之。

　　秋,因得罪邓希诏等权贵昏阉入狱。

　　据《崇祯长编》卷之六十三《崇祯五年九月》载有《太监邓希诏疏参西协饷臣王忠孝贪秽请旨严究》、《户部尚书毕自严以题差密云饷司赵秉衡请宥前差被逮孙止孝、孙士髦、王忠孝诸臣,并请改三年差为一年,以图饷务责成,使人情鼓舞思奋,政事必可改观矣》等。

　　邓希诏多次借机陷落,诬告王忠孝有"忤旨病民而又欺君之罪"。朝廷听信逸言,派锦衣缇骑逮治。按照惯例,如果不能满足这些缇骑的贪欲,便会"楚毒随之"。可是王忠孝尽其所有"不能具一餐",官差翻箱倒箧,"罄署中不能备十金",锦衣缇骑为其廉洁所感动。王忠孝被押解入京后,受廷杖之刑,被装在麻袋中以乱棍击打,但他"犹挺闽人气质,抗不服罪"。邓希诏乃以重金贿赂部里胥吏,另求可罗织此狱的人,又密谋上疏诬他贪污官仓搬运工价银两,欲以此治他死罪。审讯时,他毫无惧色地驳斥说:虽然工价无开销,但这是朝廷的财物,我怎敢私吞? 这笔钱全储存在密云库,有据可查。其间,王忠孝在狱中两次上辨疏,申明其冤。

　　初拟配。发配即充军,古代的一种刑罚,指把死刑减等的罪犯或其他重犯押解到边远的地方去服役。

　　洪旭《王忠孝传》:

大司农毕自严、经略曹文衡、兵备冯师孔，皆疏救。希诏又疏，诬公受差役翁九进馈送，赃私万计。再诋诬在镇诸臣，共相掩饰，以欺君父。经略曹复疏辩，兵备道冯遂疏列不法十余事。而兵科吴甘来、挂印都督祖大寿、尤世威，及蓟镇各总兵，合疏论救。南京刑部曹荃，以入贺陈甚激烈。上虽不听，亦不深罪也。同籍中，诸葛羲为具资斧，护其妻子归；刘若宰、刘梦桂、梁云构、姜应甲、张□□等，为筹画橐饘，藉以无困。

希诏谇运官陈述职，使诬证赃，五毒备下，锻炼万方。述职濒死，终无所抵承。希诏密贿之曰："第指数事，不惟脱辜，且得厚赏。否则，立死矣！"述职曰："吾非不知天地鬼神在，不可诬也！"于是希诏亦窘。

乃行金部胥别求罅隙，有可以罗织此狱者，皆曰："王公，铁瓮城也！"使者求不已，有一老猾吏曰："容吾思之。"数日，曰："能与我百金，虽铁瓮城，破之必矣！"如数与之，老猾吏曰："仓有脚价，为收放搬运之用。余为公费，不入奏销册。蓟镇储三百万，脚价千余两，今折依京鞧对兑，本就运官支领，则脚价可无所用矣。彼虽一尘不染，此项万无存留，事关钱粮，十金以上皆赃，况千百乎！足以死矣！"

回报，希诏大喜，补疏如猾吏教。缇帅私忧曰："王先生败矣！此不可为矣！"及对簿，公曰："脚价旧无开销，然丝毫皆朝廷物，某何敢私？除用过详堂在案，存六百余金密云库，令希诏自到库察存可也！"缇帅抚几叹曰："公廉洁至此耶，吾亦何惜一官？"遂白于庭，有旨切责，镌二秩。缇帅曰："吾上不负朝廷，下无得罪士大夫，镌秩幸矣！"

吴甘来（1599—1644年），字和受，浙江新昌人。崇祯元年（1628年）戊辰进士，授中书舍人。崇祯五年（1632年），擢刑科给事中。忧归。服阕，起吏科。进兵科右给事中，乞假归。崇祯十五年（1642年）起历户科都给事中。

祖大寿（1579—1656年），字复宇，辽东宁远（今辽宁兴城）人，吴三桂的舅舅。崇祯元年（1628年），镇守宁远，获得"宁远大捷"，升任前锋总兵官,驻守锦州,跟随袁崇焕入关,保卫京师。崇祯四年(1631年),参加大凌河之战。崇祯十四年(1641年),参加松锦大战。恶战之后,随着洪承畴兵败投降,率部投降清军,授汉军正黄旗总兵,跟随清军入关。

尤世威(？—1643年),榆林卫(今陕西榆林)人。天启年间,累官建昌营参将,守墙子路。崇祯二年(1629年)擢总兵官,镇守居庸、昌平。崇祯二年(1629年),袁崇焕入蓟州,以关宁兵布防蓟州西部各地,并令昌镇总兵尤世威回昌平、保定总督刘策回密云协防。崇祯八年(1635年),尤世威统兵防守潼关等隘口。累官至左都督。崇祯十六年(1643年)十月,李自成陷西安,尤世威与之决战七昼夜,榆林城破,被俘杀。

曹荃,字元宰,常州府无锡人。崇祯元年(1628年)进士。除南京刑部主事。崇祯六年(1633年),疏陈时政缺失,思宗不悦,谪詹事府录事。稍迁大理寺寺副,累迁福建副使。

同籍中,诸葛羲为具资斧,护其妻子归。

刘梦桂,字九畹,号云岭,湖北谷城人。天启七年(1627年)举人,崇祯元年(1628年)进士,由粮储道升大同巡抚。在李自成攻陷北京前夕战死。《崇祯长编》卷二记崇祯十七年(1644年)甲申"赐刘梦桂祭一坛,减半造葬"。

梁云构(1584—1649年),原名治麟,字匠先、振趾,号眉居,河南兰阳县(今河南兰考县)人。词人,著有《豹陵集》。崇祯元年(1628年)进士,初授行人,考选江西道御史,曾任两淮巡按、两浙巡监、兵部侍郎等职。顺治二年(1645年)授通政司参议,迁大理寺卿,授户部侍郎,赠都察院右都御史。顺治六年(1649年)卒于官,遣官予祭葬,赐谥康僖。

姜应甲,字聃翁,家于盘上,自号盘上先生,浙江金华人。崇祯元年(1628年)进士,官给事中。著有《名山四藏》等。

王忠孝《自状》:

> 经略曹公文衡,性苛刻,见余实心慎谨,每事见信。一日,苦边帑空虚,向余商所以节省者。余答曰:"饷有定额,出入有定

数,无所谓节省,但勿冒破耳。"曹公曰:"良是。"又问曰:"仓米,旧何以有余? 今何以不足?"余曰:"旧兵粮薄,多本色;新兵粮厚,多折色。人多纂入新籍,旧者缺额,米因有余。前制府张公通融挪借,乃旧饷米三斗,折银二钱,配给新兵。是时米价,每石定七钱,以本作折,适相当也。后司礼王应朝巡边,旧兵纷折粮薄。应朝疏请,每兵加饷六钱,视新兵相去不远矣。新兵恒主战,旧兵恒主守。人畏战苦,粮不相远,复多就旧兵者,而旧额遂不缺。本色不足,乃以召买补之,价每石一两或九钱不等。始以三斗折二钱,后复以三钱买三斗,则每兵月费一钱,岁费一两二钱,每万兵岁费万二千矣。今议新旧不相借,新兵月仍找给折色二钱,旧兵免行召买,每兵岁省一两二钱,每万兵岁省万二千,而又省召买追比之费,不亦可乎? 又旧兵向以粮薄,冬月另给布花八钱,恤其苦也。今月加六钱,岁共加七两二钱,而再给布花,得无过厚? 且恐新兵援例,何以为继? 曾与各镇管面议,谓此项不敢请给,恐部堂驳查新加,或议裁减,不如勿请便。各营俱心折,面谕各兵,亦咸唯唯。每万兵岁又省八千矣。大抵饷不可擅减,亦不可漫加,求其当而已。"经略深以为然。

余遂详大农题行,大农批牍末云:"据详二款,该司踌躇剖析,方觉前人之疏于计也。"疏上即允。

漕米入仓,原有斗脚等役,岁给工食,载在大仓。考边仓,司饷不得躬亲。设有别驾管理,又有佐额分委各役,每需索官旗仍领工食。旧密云令尹公同皋,建议抚役,时每石各秤银八两,备漕运公费,方许充役。渠既出费,需索有名,是教猱升木也。

余详革秤价,约束各役,不得分外勒索,运旗称便。

又:漕厂在城外,离仓约二里许,驮脚每石给米三升。先时,仓有三年之积,势当入新出陈。近仓庾告匮,本年粮至便发,不必尽数入仓,余即以河干发兑。旧例:晒扬三天,余谕各兵听于粮船自拣,每石加晒扬二升。兵与运旗欢欣听命,省运费不赀,而收亦捷。但仓役无从需求,颇有怨望,余不恤也。

余虽庶僚,苦心饷务,不至浮冒,亦不肯深刻,大抵愿学吾夫子委吏会计当意也。

时有扬州卫指挥陈述职者,运粮万余石,干洁无欠。仅以三百石遭湿,不以入仓,晒扬如法,顿于米厂。盖怜其远运艰辛,此米又皆可用,俟发粮时,酌量搭配,此本意也。乃七月初旬,偶余病衄血,杜门给假,委官经历运曹、墙二路月粮,多搭数十石。曹路雄镇百余里,墙路离镇八十里,轮挽极艰,中途遭雨,此米遂成蒸湿。监视邓希诏向与余相左,行边适遇湿米,遂以此米封一小袋,驰呈御览。

夫自镇运边,自边至京,计程数百里,而又遭雨,虽干米亦变,况先经湿而晒,安得不色变也?然仅数十石耳。仓米四十万,安可含糊文致,不核实上闻乎?疏至,首揆希珰意,拟缇骑逮问,详在蓟储罪案中,系诏狱二十八月。盖为司农、经略、宪臣、刑曹俱有救疏,卫官不敢枉,又惧忤中官,故迟而不结。幸科催注销,旨限三日具奏,始得移西曹谳结。

如上所述:"疏至,首揆希珰意,拟缇骑逮问,详在蓟储罪案中,系诏狱二十八月。盖为司农、经略、宪臣、刑曹俱有救疏,卫官不敢枉,又惧忤中官,故迟而不结。幸科催注销,旨限三日具奏,始得移西曹谳结。"

王忠孝两次自疏自救。

王忠孝被捕后,在等待缇帅王世盛调查的同时,曾先后上疏两次:在第一次的上疏中,王忠孝从题守正阳门"昼夜登陴,风雪矢石,无不备景"、督运大通桥"催攒不遗余力",说到受事密镇时筹措经费,开源节流,将粮务艰辛困苦之实况、自我叙功褒奖之记录,条条陈述于前。接着再分别以天雨路远、任内无欠来驳内监湿米烂恶、压欠粮饷的纠举,后再痛斥内监编派谎言,掩盖真相的劣行,且看王忠孝在《第一次辩疏》中所言。

《王忠孝公集》卷之第三疏奏类《第一次辩疏》:

原任户部贵州清吏司主事,管理密云粮储,今革职逮问,王忠孝谨奏。

为司饷积劳有据,遇祸沉冤莫伸,谨缕述颠末,伏乞圣明洞

鉴勘查,以昭公道事:

忠孝生平砥砺,不敢后人。自戊辰登第,备员户曹。甫数日,即值北警。堂官题忠孝管理,外城兵饷,昼夜登陴,风雪矢石,无不备尝。城守甫竣,又题大通桥督运。时奴踞遵、永间,新旧漕粮毕集,转运良艰。忠孝摧趱,不遗余力。是年漕规初后,寅有微劳,堂官报疏可按也。及考核回部,值密云差出,俸序所不应及。堂官命忠孝莅其事,谊不敢辞。受命以来,矢心天日,期不负任使。饷粮则照原鞘兑发,米豆则依京斛支收。凡一铢一粒,备报清核,合营官军可问。至四路离镇窎远,忠孝虑目不及视,各委或致剥削,即行各营中军,会同监放,委官守支管,持公平兑放,取其实收,即监视移忠孝原本,亦以为持平善计,无异词者。今司饷年余矣,所追补积欠米豆数千余石,所节存饷银计数万余金,兵不哗,而饷无冒。屡经堂官叙功纪录,科院荐剡,则供职之梗概已睹矣。

忽闻内臣邓希诏具奏,奉旨提勘。忠孝未见全抄,不敢渎辩。姑就米色不堪压欠妄极者而剖之。

忠孝去年六月初二日受事密镇,本折俱欠两月粮,今折色骎骎按月矣。镇城附近各军,如奇兵振武诸营,本色已给至七月矣。五、六月主兵,年例京运不继,而忠孝且挪借节存,全镇俱给。又班军盐菜所费不赀,东省协剿孔有德,援兵行月二粮,计近三万余金,内部向无札发。忠孝多方措给,又为之核漕羡,开铸局,佐军兴甲马之费。此皆实实拮据,督道诸臣所目击者。臣何负于封疆哉?计内臣所过绳者,指曹、墙二路本色压欠,及遭湿耳。墙路离镇九十里,曹路离镇一百四十里,山峻溪多,每担石辄三四日往还。臣莅任时,前饷臣二路原欠两月本色,臣为代补。今二路仍欠两月,前后通算,臣任内无欠也。所以不能按月全补者,非难于发而难于运也。迩来班兵、客兵骈集,路商口运,疲顿已甚。忠孝且谕别路之商协运矣。惟是弥月淋雨,口运不前,即运者未免遭湿。明系天时,非臣之压而不放,湿而滥收也。至新漕收受,委官司其事而董其成。臣每严饬委官晒扬,管粮通判查验。臣每亲至仓厂稽掣，临清卫米色不堪，已经呈详部堂、总督移会监视外，其头运及二运，平山高邮之米，在仓者粒粒干洁。内臣向经亲验，原移中有"头运俱系干洁"等语。今内臣初疏陈漕弊，辄曰"头运少口干洁"，又曰"平山高邮之米，俱属不堪"，抑何前后矛盾至此？夫米现在仓可验也。墙路所宄米石，查六月二十四五等日，忠孝偶患衄血，向督臣请假调理。委官冒雨催运，数不满四百石，遭湿或有之。内臣借题疏参，正在此时。但内臣受皇上重寄，奏报自应据实。两营本色之压欠，指为臣罪；全镇折色之预给，曷不指为臣功？抑欠有不同：有旧欠，有新欠；有全镇之欠，有一路之欠。安得以两路之旧欠，而指全镇皆欠？三百余石之雨湿，而指全仓皆湿哉？若谓三军怨极，臣被逮时，军民相率远送，无不挥涕称冤。缇绮列校，可取而问。则臣之罪状，与希诏之妆砌诬害，固不以辨而明矣。

总之，臣赋性跌落，不贪不欺，不能达时。其致是者，未敢缕举，以犯齿马之嫌。只就事清辨其冤诬有若斯耳。

伏乞圣明，敕下部科督按诸臣公勘。使忠孝果毫有溺职，立膏斧钺，所不辞也。

臣无任激切待命之至！

奉圣旨：王忠孝正在究问，不得渎陈。

崇祯　年　月　日

邓希诏于上疏时，故意夸大王忠孝的过失，言其查收米粮时怠忽职守，让仓库充满湿米；派发粮饷时则是故意拖延，压欠全镇军饷。如此恶意中伤，令王忠孝倍感屈辱，从"曷不指为臣功"、"安得以两路之旧欠"和"而指全仓皆湿哉"三个问句中，可以看出王忠孝的怒气。不过王忠孝的辩疏，最后换来的只有"奉圣旨：王忠孝正在究问，不得渎陈"。

不久，邓希诏在蓟辽总督曹文衡上疏后，开始攻讦曹文衡包庇王忠孝，实有"护贼"之罪，期一网打尽。王忠孝闻之，只好再度陈言辩疏。

王忠孝《第二次辩疏》：

原衔云云。王忠孝谨奏,为内臣诬参,愈幻愈毒。微臣罪状,愈久愈明。伏乞圣明,速行勘结,以豁沉冤事:

臣被郑希诏参害革职,锦衣卫提问,又蒙着督抚道将回话。是欲遍质舆论,不肯偏听内臣,皇上之明并日月矣。

按希诏初疏,不过谓曹、墙二路本色未放,又以湿米充数。其诬臣者只此二事,未尝指臣藏私也。臣疏辨曹、墙二路,臣到任时原欠两月粮,现代前人补足。今只欠两月,臣任内无欠。至湿米,则是路中因驮运遭雨致湿,不过三百余石,非全仓皆湿也。前疏已蒙圣览,迨督道回疏,与臣无异。督臣谓三十七营俱按月支放,惟二路因雨致欠。道臣谓方幸士马饱腾,可以敌忾,非私臣也。公论在人,是非难枉。仰听圣明处分而已。

乃希诏自虑其说谎,必欲求胜,遂以漕美陋规,本折侵扣,诬臣藏累累巨万。彼谓臣钱谷吏,经手百余万,百喙难辨,而不知臣原易辨也。

夫臣所司者饷银漕米,银照京鞘兑发,米听运官对支。即希诏入告前疏,亦云在仓之弊既已尽除,其移原文,有"委官会各营中军对领此真持平善计"等语,印揭现在可据。微论臣不甘自污,人亦难污臣也。

试问希诏,有一兵一将前来指臣扣克乎?即指挥陈述职,受希诏百般拷讯,欲其诬臣。述职呼天抢地,甘受严刑,不肯枉诬私藏也。奉旨在七月初四日,疏中言"头运收米,稍稍干洁",则米已非滥恶。阅初十日,遂以收受滥恶闻矣。又言该卫之米,皆经旗船户串通所致,委役虚应晒扬,未尝言臣之私庇官旗也。阅四十余日,始以陋规过付续参矣。一事而叠增罪状,他可知也。人之贪廉,各有本末,忠孝自司饷以来,所节存饷银数万余金,耗米余豆数千余石。所请追积欠米豆及樽省改支运价新漕脚米,计万余金,历历可查,不敢自以为功。即堂官毕自严司饷已成危局一疏,有云"闻本官领到月饷,照京鞘兑发,漕米就厂对支。人方推其有清望"等语,皆珰参之后见实情,岂漫为忠孝饰罪地耶?乃硬以追比为索贿,指节存为侵冒。种种妆砌,又何愈幻而愈毒也！最可异者，希诏回疏中，力诋一时外臣皆是说谎欺君，共相掩饰。三疏又为武臣称苦，谓不敢直言文臣之短，是欲以只手障天，开遏公论。将督抚之查奏，与道将之回话，俱不足凭，惟监视偏词，便足定臣罪案耶？至其信口诟詈君父之前，藐无所忌，明旨泪其引比欠当，盖已洞照无遗矣。

噫！一希诏耳，督臣以闲住去矣，前道臣削矣。臣因之被逮拘幽矣，督臣曹文衡辨疏云："虑人发其奸欺，而故以虚浮说哄，为先发制人之术。"近密云兵道冯师孔疏列其罪，谓"石、古、曹、墙四路，怨气冲天，怨声载道"，则希诏之气横手辣，昭昭耳目，而臣之冤诬，可立剖也。

谨再疏陈剖，伏乞皇上迅发法司会鞠，臣不胜呼吁待命之至！

在第二次的辩疏中，除了再度重申所压欠、湿米的缘由以及希诏随意罗织罪状，蒙蔽实情外，又为了极力反驳群臣为其文过饰非的指控，指出邓希诏于监军西协时，为己私利，恣意而行，使军民怨气冲天，怨声载道，如今又"信口诟詈君父"，构陷群臣庇贼护短，实为奸佞之辈。

王忠孝因案被缇帅逮捕讯问后，朝中有数位大臣上疏辩救。

《惠安王忠孝公全集》可见到的疏救回奏本有：户部尚书毕自严的《大司农毕自严述》，总督蓟辽经略曹文衡的《总督部院曹文衡回奏疏》、《总督部院曹文衡回奏辩疏》两篇，兵备道冯师孔《密云道冯师孔回奏疏》，锦衣卫王世盛《锦衣卫王世盛研鞠回奏疏》。都宪王志道也积极论救，卫官不敢枉。

户部尚书毕自严。

毕自严（1569—1638年），字景曾，山东淄川（今山东淄博市境内）人，万历二十年（1592年）进士。历任松江推官、刑部主事、工部员外郎中、淮徐道参议、河东副使、洮岷兵备参政，以按察使徙治榆林西路，以户部侍郎兼右金都御史出督辽饷、右都御史兼户部左侍郎兼领天津巡抚事，以右都御史掌南京都察院。崇祯元年（1628年）召拜户部尚书，以财政困难，曾多方整顿，所提方案，崇祯帝皆允行。第二年加太子少保，再进太子太保。后遭弹劾下狱，不久乃释。崇祯八年（1635年）致仕，崇祯十一年（1638年）卒。著有《石隐园诗文藏稿》、《抚津督饷抚留宪留计共疏草》和《度支奏议堂稿》等。《明史》有传。

在户部尚书毕自严的《大司农辩冤疏》中，他对于纠举事件的看法如下：

太子太保户部尚书毕自严谨奏：今为"饷差已成危地，委任宜图更辙"，伏乞圣明矜恤已往，鼓舞将来事。

崇祯五年八月十一日，该臣部题为粮米万分不堪等事，题差密云新任饷司赵秉衡缘由，奉圣旨，吏部知道。该镇饷司，旧例既系三年，不得纷更。钦此、钦遵。

夫旧例相沿，三年一差，臣部岂不图久任责成，何苦更代之为烦也，奈人情至此，郁苦之极。每一议差，光景不堪听闻，诚有不得不为改弦者。臣请得而备言之。

密云饷司，钱谷冗繁，自昔称劳。迨奴发难，军兴旁午，则危矣！迨综核搜剔，见影疑形，则更危矣！盖饷司，一出纳吏耳。一应军饷，始之营册，稽之道号，饷司按而给之。衡头稍有低昂，即冠裳一大不肖。若隐冒侵渔，则势所不能，亦所不敢者也。近日饷司，缧囚相继，覆辙相寻，岂人尽剖腹截指之愚，悍然触网无忌哉？何置之安地则自全，置之危地则不免也！无亦富事摘发熟肠，不觉已甚；过无巨细，悉从深入。白简之下，未免无冤。非罚及无罪，即罚浮于罪矣。如密云先后饷司孙止孝、孙士髦，以营册参差，射覆暧昧。夫营册之混，自有营将王靖东、杨国威任之。至监军之孙止孝，则隔一层矣。至饷司之孙士髦，则又隔一层矣。在该道磨核之锱铢，在饷司稽核之无目，均坐侵克，恐止孝不服，士髦更不服也。二臣拮据，傚□倥偬之际，均有微劳，而皆不免于就逮，论者惜焉。

王忠孝以粮米压欠烂恶充数，吹索之下，诚难辞罪。但压欠亦区别矣，有未补之前欠，有未放之新欠；有一镇之全欠，有一路之偏欠。推情而论，饷司不乐稽迟也。漕米涉行千里，淋雨数旬，不免□烂。自是临清卫官陈述职经管，已经监视查，未能执法驳惩，稍从宽假，亦姑息之过也。放米短少，自有守支监放等官。种种多手，饷司心目所不到之处，则诚有之，扣克则莫须有也。臣闻忠孝领到月饷，原鞘兑发，漕米就厂兑支，耗米一概节省。人方许其清望，何一旦狼狈至此？惜昔注差之时，已虑有今日。噫！果然矣！不怨以监视之差逮，而怨以臣部之差逮也。无怪乎迄今奉差者，视之如汤火。即顺序相加，解甘任受，退恐规避之蒙谴，进恐法网之不测。不止司属以此差为危途，臣部亦以此为怨府矣。

然此只碍人情，无碍政事，臣部甘任怨而不辞。夫人情励志于局难，则乱丝可治，盘错可解；灰心于冒险，则首尾益荧，丛挫益滋。故捷予一息肩之期，曲引一驱策之路，与久任责成者，另一机括也。不然，人沿一人，日沿一日，将边储为逮击之地，未任而精神意气已阻丧无余。贤者垂首于旦夕莫必，不肖者反借口于泾渭不分。饷累人，人亦累饷，究竟何益于饱腾之效哉？故臣前请将密云饷司改三年为一年，非为人情规便，乃为饷务图成也。伏乞圣慈矜允，将已逮者宏开三面，续差者改差一年，庶几感激鼓舞之下，人情竞奋，而政事必有改观矣。

毕自严认为王忠孝在压欠二路粮米、以烂恶湿米充数粮饷，以及对于临清卫仓米色不佳却未严惩的这三件事上，他是难辞其咎的。但他也不讳言地提出，在粮米的运送上确实是有其困难之处，甚至在压欠粮饷一事上，他也是赞成王忠孝前欠、新欠与全欠、偏欠的论调，除此之外，也还严正驳斥了王忠孝贪污公款之事。

毕自严虽然对于忠孝职务上的过失是有所批评的，但基本上仍然是支持王忠孝的。这是毕自严站在户部的角度来看待此次的纠举，身为户部尚书的他，其实是深知当时漕运的困难，因为无论是在环境上的阻难，或是在人事上的纷杂，如此总总都是造成今日王忠孝被纠举的原因，即便他在职务上是有姑息之失，但也是情有可原，责任不应全归咎于王忠孝。

兵备副使冯师孔。

冯师孔（？—1643年），《明史》卷一百五十一《列传·冯师孔》载：

冯师孔，字景鲁，原武人，万历四十四年（1616年）进士。授刑部主事，历员外郎、郎中。恤刑陕西，释疑狱百八十人。天启初，出为真定知府，迁井陉兵备副使，忧归。崇祯二年（1629年），起临巩兵备，改固原，再以忧归。服阕，起怀来兵备副使，移密云。忤镇守中官邓希诏，希诏摭他事劾之，下吏，削籍归。十五年（1642年），诏举边才，用荐起故官，监通州军。……擢右佥都御史，代蔡官治巡抚陕西，调兵食，趣总督孙传庭出关。……传庭闻之，令师孔率四川、甘肃兵驻商、雒为掎角，而师孔趣战。无何，我师败绩于南阳，贼遂乘胜破潼关，大队长驱，势如破竹。师孔整众守西安，人或咎师孔趣师致败也。贼至，守将王根子开门入之。十月十一日，城陷，师孔投井死……

七月二十八日，密云道冯师孔《密云道回奏疏》：

整饬通州古北四路、驻扎密云山东副使冯师孔谨奏，为遵旨回奏事：

本年七月二十八日准本部札付云云，钦奉明旨查照原题内事理速行回奏等因到职。微职跽读明纶，仰见皇上重封疆而恤军士，且不即褫革职，着职回话。大天地而明日月，职感悚无地，谨据实为皇上陈之：

职谬劣无状，蠖伏里门，蒙圣恩，起补怀隆备兵。竭蹶三阅月，调任密云，五月二十七日任事。适总督曹文衡巡查边隘，循例赴古北路司马台边口相见。六月初六日回密云，初七日各营路抬验五月粮银。职思饷银，军兵之大命。侵克成习，凤切痛恨，破却情面，逐封兑验。振武短一两八钱，驳令补足；后劲营多四两，勒令交还。私窃幸士马饱腾，可以敌忾。迨查各营本色有已放者，边路本色有未放者。窃思折色容有不敷，仓廒充溢，何至所欠如此？旋向饷司主事王忠孝面催，以霪雨连绵，边口兊运艰辛为词。苦催赶运间，而张口之警报至矣。伊时职奔驰黄崖口、冯家口等处，亲督将士修补城垣，挑浚河堑，布置主客之兵马器械，心到身到，昼夜拮据，遂不暇稽查米色，匪敢自暇逸也。

谨席藁待罪，据实回话。

职师孔不胜惶悚战栗之至！

总督蓟辽曹文衡。

曹文衡，字镜玉，号薇垣，河南省南阳唐河县人。万历乙卯科中举人，万历丙辰科进士。历任大理寺评事、东昌知府、兖州知府、东兖兵备副使、山东按察使、江西布政使、江南巡抚兼任都察院右副都御史。崇祯四年（1631 年）升任为兵部右侍郎，七月二十二日为蓟辽总督，并授尚方宝剑，行京外天子之权。曹任蓟辽总督时，太监邓希诏当监军。前任总督对监军出城迎接，设宴款待，而曹不效仿。当曹的下属劝其照老规矩办时，曹面带怒色说："在魏忠贤那样专横的太监面前我就不屈服，我能惧怕他个邓希诏吗？"由此邓希诏对曹产生怨恨，进而相互上奏章达 50 疏指控对方。曹参邓犯有"五罪""九奸""十六怒"，甚感出恶气，而邓希诏越发恼恨。曹于崇祯五年（1632年）十月辞官还乡。

曹文衡先后上疏两次。

第一次上疏《总督部院回奏疏》：

总督蓟辽经略曹文衡谨奏，为遵旨回话事：

七月二十九日，准户部咨"为粮米万分不堪，官军万分怨极，恳敕重惩，以弭隐祸事"。该监视西协太监邓希诏题前事奉圣旨"瞻军全藉月粮，据奏墙路等处，压月不放，又以烂恶充数，军丁枵腹悲啼，何以鼓励战守，该管官好生可恨。王忠孝着革了职，锦衣卫差的当官旗拿解来京究问，核饷已有屡旨。这等事情，如何道将不行申报，督抚绝无查参，都着回将话来。钦此、钦遵"。

备咨到。臣恭诵宸纶，不觉寸心冰栗，浃背汗惶。圣度如天，不立加谴斥，犹着臣回话。仰戴皇仁，感悚交集，敢据实陈于皇上之前。

臣以慧骨短材，蒙恩特简，朝夕渊兢，天日为鉴。凡有弊必革，有闻必告，待罪已阅一年。将茶于边备，沥血于兵戎，不顾身家，不避劳苦，刬粮饷为三军命脉，肯不直纠。臣御下颇严，即饷司系计部之属，冷面相待，毫无宽徇。六月二十二日，闻夷酋离宣而来,分发镇城各营兵,移住石古曹墙适中之所及昌平近地,便于就近援剿。檄行饷司各给一月粮饷。臣于密云城外,同道臣冯师孔,面嘱原任饷臣王忠孝,为日立发,以资饱腾。密镇与四路主客兵班兵,共三十七营,俱按月支放。惟曹墙二路,本色有压欠。因念仓米尽盈,何故不散?原饷臣王忠孝以大雨连绵,挖运艰辛,镇城离路有远百里外者,雨中驮运,恐浥湿糜烂为词。臣方严催问,而奴酋东行之报压欠。六月廿九、三十两日,臣正擐甲策焉,奔疲于古北口外,督修雨淋冲蹋之遗墙濠堑品玩等项。监视内臣邓希诏六月二十八日自密镇起行,前由墙子路至曹家路,正值其运米之时,驰疏上闻。道将原无申报,亦无一兵赴诉于臣,非明知之而敢隐纵也。谨蒯蒉待罪,遵旨回话,伏乞圣慈俯垂宽宥,早赐罢斥。顶感生成,誓衔结于奕世矣。

邓希诏(参)"三月粮压欠",经略疏中称"三十七营俱按月支放";希诏参"粮米湿烂",经略疏中称"大雨连绵,恐致靡烂"。是时珰炎方张,经略虑有庇护之嫌,虽不明与争辩,而言外是非自明。迨监视再疏,诬经略通信护赃,因而再辩。合前后两疏阅之,忠孝之冤诬自见矣,而希诏之气横手辣亦暴露矣。

总督曹文衡在奏疏中,言自己对于边防戍守之职"沥血于兵戎,不顾身家,不避劳苦",自己深知运粮之事是边防军务中极为重要的一环,所以在得知二路粮饷未发之时,本想严厉谴责王忠孝,无奈此时边防兵戎兴起,也就无暇再过问了。文末,曹文衡再言自己对于邓希诏上疏之事更是一无所知,所以遑论能替王忠孝隐瞒罪行。

后来曹文衡见邓希诏于奏疏中攻讦他与狱中的王忠孝私下通信,有"护贼"之行。曹文衡愤恨难平,故再度上疏,替自己辩护,其言道:

曹文衡第二次上疏《总督部院回奏辩疏》:

蓟辽经略曹文衡谨奏,为邸报各处相沿,未尝嘱令探旨。通信饷司何据,明指乃得真情。谨再控陈,恳乞圣鉴,严敕穷究事:

八月二十一日,监视移会印信手本于臣,云"暗通信息,私护饷部赃银夜逃"等语,旋闻提塘陈大斌厂卫究问矣。大斌为通信之人,着重尤在通信于饷司之人。大斌之通信有无嘱令,而通信于饷司必究指实。敢再控于皇上之前。

凡在京内外大小文武各衙门,皆有抄送邸报员役。提塘陈大斌,保密镇从前原管报务。非臣创起,臣止知其抄报送报,未尝有一言一字嘱令大斌预探旨意,更未尝有一言一字嘱令大斌探听关于王忠孝旨意。臣若有一言一字嘱令探旨,即以大斌之罪坐之于臣。大斌现在厂卫可讯者。

臣六月二十七日自密镇起马,移镇古北路,复巡阅曹墙二路,至八月初九日方回镇,在边月日可查。忠孝被参被逮,在七月内住密云。臣住边口,离镇百余里,臣差何人为之通信?差人岂无姓名?传递岂无踪迹?臣若差一人传一字,即以忠孝之罪坐之于臣,忠孝在卫狱可讯。

从来狱情有造意,有下手。大斌一案,究其先,但有嘱令探旨意,即是造意之人。而须审果否嘱令?究其后,但有递送之者,即是下手之人。而须审谁为递送?臣在边,距密百余里,距京二百余里,臣有化身之法乎?臣无化身之法,而或口传,或字迹,岂无证据之人乎?通信者不先通于自京至密百里之近,而待其通于臣住边口二百里之远,始迂回而由边口递于密云,缇骑不已先至乎?锦衣百户胡楠至密,臣方以在边闻信之迟,无由缩地候读为惧,反能预通信息耶?赃银岂令人知,岂待人护毋论,臣生平硁硁,人非至不肖,嫌疑宜远,何私于忠孝,反为护赃而逃?既云护,则有护之人;既云逃,则有逃之地;既云护而逃,则尤有贮赃之人,贮赃之地。所为护赃之人,贮赃之人,逃赃之地,令希诏一一指陈,未有能终隐者矣。

总之,监视积怒于臣,不纽入忠孝一团,不足以倾臣。恐人发其奸欺,而反累累以虚浮欺哄,笔舌巧饰等语,钳人之舌,属先发制人之术。不思人实有口,争须庶实?臣始终未嘱令大斌探旨,臣始终未与忠孝差一人,通一字,谅皇上睿哲虚照,决不敢以毒谋之罗织,成不白之盆冤也。伏祈皇上将臣先行褫革,敕下严勘,以明心迹。是浩荡之皇仁也。或监视别有诬蔑,情罪深重,臣请自入诏狱,以听鞫讯,免大辱特召之典。臣仰荷异数,死有余歉,可胜惶悚涕泣待命之至!

提塘即提塘官之简称。古称邸吏、邸官,视军事需要而设置,专事军事情报的传递。

这篇奏疏如同上篇一样,也是通篇都在替自己辩诬,而两者的差别只不过在于上次是为了自己是否有进到督导之责而辩,同时也反驳了邓希诏诬陷他与王忠孝私下互通信息的指控。至于密云道冯师孔上疏的内容,则和曹文衡的大同小异,都是以自己忙于边防军务而无暇顾及运粮的说辞来替自己辩驳。

缇帅王世盛。

作为皇帝侍卫的军事机构,锦衣卫主要职能为"掌直驾侍卫,巡查缉捕",从事侦察、逮捕、审问等活动。锦衣卫指挥使,一般由皇帝的亲信武将担任,直接向皇帝负责。可以逮捕任何人,包括皇亲国戚,并进行不公开的审讯。

《明史》卷三〇八列传第一百九十六《奸臣·周延儒》载:

(崇祯)五年……而监视中官邓希诏与总督曹文衡相讦奏,语侵延儒。给事中李春旺亦论延儒当去。延儒数上疏辩,帝虽慰留,心不能无动。已而延儒令于泰陈时政四事,宣府太监王坤承体仁指,直劾延儒庇于泰。给事中傅朝佑言中官不当劾首揆,轻朝廷,疑有邪人交构,副都御史王志道亦言之。帝怒,削志道籍,延儒不能救。……锦衣卫帅王世盛拷掠元功无所承。狱上,镌世盛五级,令穷治其事。

在《惠安县志》、《厦门志》和《泉州府志》中都有提到锦衣卫掌卫事王世盛素闻王忠孝的廉名,因此特别挑选谨善者进行调查。至于调查的结果,在《锦衣卫王世盛研鞫回奏疏》中有翔实的记录。

《锦衣卫王世盛研鞫回奏疏》:

提督东司房官旗办事锦衣卫事太子太师左都督王世盛谨题为粮米万分不堪云云,前事奉圣旨云云,钦此。臣遵奉明旨,质据参疏备究:

问得王忠孝,供年三十岁,系福建泉府人,中戊辰科进士,任户部贵州清吏司主事。于崇祯四年八月初六日管理密云粮储，每月饷银照原鞘兑发，米豆依京斛支收。至新漕收受晒扬，就场对支。惟四路离镇窎远，王忠孝难分身照管。自去年八月受事，六七两月之粮，皆系忠孝经手补放。现登奏报二一路压欠，非自今日。忠孝任内未尝压欠，五六月全镇俱给。奇兵振武、附城诸营，有放至七月者。独、墙二路欠米，实为久雨所阻，势所不能收受漕粮。忠孝每日至河厂严饬委官晒扬，亲自查验。除二运临清陈述职米色不堪已经呈详参治，其头运及二运平山高邮之米，粒粒干洁，见在厂者可验。墙子路离镇九十里，曹路离镇一百四十里，山峻溪多，每担石辄三四日往返。弥月淋雨，口不前，运米未免遭湿，放米短少。路粮押运有决手、有商人，守支有官攒，监放有委官，有该营中军。实因路远，不无亏蚀，未有四五升之多。臣复再三研鞫，压欠两月。借口非任内事，既受事经年，何不及时补足？

御前发下墙、曹二路样米二袋，乃四月运米，臭味难堪。非有情弊，何以烂恶若此？镇城放米，若一斛止短一升半升；远在路者，一斛便短三四升、四五升。斛米短至四五升，情弊更甚。王忠孝借口淋雨运米，未免遭湿，米之烂恶可知。押运路粮，不无亏蚀，米之短少立见，然犹哓哓置辩。在厫米俱干洁，盛放尚有多官。据此看得出镇何地，军储何事？谁司饷务，敢尔诪张？烂恶任其充数，月粮尤自愆期。虚朝廷赡军之恩，来营伍枵腹之怨，其何以鼓励战守哉？王忠孝罪无所逃矣。

伏乞敕下各该地方内外诸臣，备查六、七月粮是否旧欠。平山高邮在米粮，若不干洁，文饰罪更难辞。路中短少米数，面质经营各官，情弊必有的据，一一详确回奏。合将王忠孝并墙、曹二路样米并送法司查验，究拟候圣裁施行。从此三军腾饱，四夷胆寒，伸挞伐以张国威，边径谧如矣。

从王世盛的调查报告来看，其以为就压欠军粮、以湿米充数的罪行来看，王忠孝是要负责任的。

奏疏既言王忠孝有遵职守。"每月饷银照原鞘兑发，米豆依京斛支收……惟四路离镇窎远,王忠孝难分身照管""自去年八月受事,六七两月之粮,皆系忠孝经手补放。现登奏报二一路压欠,非自今日。忠孝任内未尝压欠。五六月全镇俱给。奇兵振武、附城诸营,有放至七月者。独、墙二路欠米,实为久雨所阻,势所不能收受漕粮。忠孝每日至河厂严饬委官晒扬,亲自查验",又言有一些责任,所以"王忠孝罪无所逃矣"。还建议"合将王忠孝并墙、曹二路样米并送法司查验,究拟候圣裁施行。从此三军腾饱,四夷胆寒,伸挞伐以张国威,边径谧如矣"。

《泉州府志》与《王忠孝传》中记载缇帅疏救一事。事件起因于邓希诏为了罗织罪状,故再次上疏纠举王忠孝贪污脚价一事。然而王世盛一刑审之后,却深深感佩王忠孝廉洁的品格,故将实情上奏,无奈却遭降职。

乾隆《泉州府志》卷四十五《人物列传·明列传十二·王忠孝》:

> 及鞫,忠孝曰:"脚价以无开销,然铢两皆朝廷物,某何敢私!银概贮密云库,可问也。"缇帅抚几废然者久之;曰:"公廉洁如此,吾亦何爱一官!"遂传轻牍具上。有旨切责,镌二秩。

王世盛"遂传轻牍具上",可惜所传轻牍并未记载。结果是遭到"有旨切责,镌二秩"。

督察院左副都御史王志道全力营救。

王志道(1574—1646年),字而宏,号东里,漳州府漳浦县人。万历四十一年(1613年)进士,初授镇江府丹徒知县。天启元年(1621年)升礼科给事中,隔年,改兵科给事中。因议论宫廷"梃击"、"红丸"、"移宫"三大疑案时,与东林党人高攀龙等的看法不同,受到驳斥。天启三年(1623年),以父亲年老,乞请归家养亲。天启四年,宦官魏忠贤当权,排斥东林党人,屡次以高官征志道,适遇父丧,在家丁忧,不赴任。崇祯元年(1628年),以原任左通政召用,但朝议以他当时虽升职,却未赴任,应补原官左给事中职务,王志道即请病假,获准养病。崇祯四年(1631年)夏,调为大理寺少卿,升左副都御史。崇祯六年(1633年)二月,因疏斥太监王坤,激怒崇祯皇帝,被削职回乡。明亡后,南明王朝征召为户部侍郎、吏部侍郎,终以吏部左侍郎致仕。清顺治三年(1646年)卒于家中。著作有《易解》《六十四卦名》《千续韦编》《诗经疏》《如江集》《阴符解》《老子首篇解》《松关书义》《礼垣、兵垣、天卿、兰台四疏草》等。

《明史·职官志》记载:都察院设左、右都御史,正二品;左、右副都御史,正三品;左、右佥都御史,正四品。下设十三道监察御史,共一百余人,均为正七品。都御史职专纠劾百司,辩明冤枉,提督各道,为天子耳目风纪之司。凡大臣奸邪、小人构党、作威福乱政者,劾。凡百官猥茸贪冒坏官纪者,劾。凡学术不正、上书陈言变乱成宪、希进用者,劾。遇朝觐、考察,同吏部司贤否陟黜。大狱重囚会鞫于外朝,偕刑部、大理寺谳平之。其奉敕内地,拊循外地,各专其敕行事。十三道监察御史主察纠内外百司之官邪,或露章面劾,或封章奏劾。在内两京刷卷,巡视京营,监临乡、会试及武举,巡视光禄,巡视仓场,巡视内库、皇城、五城,轮值登闻鼓。

虽然有关王志道奏疏的全文目前并不可见,但仍能从各列传的记载中窥知一二。

嘉庆《惠安县志》卷二十三:

> 都御史王志道言:"忠孝廉洁,内外共知,奈何治非其罪!"上意稍解,改系刑部拟戍。越年,希诏有罪逮诛,事寝。忠孝释归。

乾隆《泉州府志》卷四十五《人物列传·明列传十二·王忠孝》:

> 督察院王志道疏言:"王某被逮之日,不能具一餐、一镮。"上怒。明白,召对,面质曰:"王某不能具一餐、一镮,汝何得知?"志道曰:"内外臣僚皆知之,京师百万口能言之,不独臣也。"上意稍解,遂得改刑部系,拟戍。

《王氏谱系》载同上,最终"改系刑部狱三载",拘禁达二十八个月。

《王忠孝公集》卷之第十二传志类王孔仁《王氏谱系》:

> 观大理寺政,即授户部河南清吏司主事,题守正阳永定门。应变合宜,奉旨纪录。庚午督理大通桥,日运三万石。奉旨有"勤劳独瘁"褒语。覃恩授承德郎,封赠父母并妻。旋改授总理密云粮储,任最烦剧。时奸珰邓希诏以司礼监视三协,炎张甚!

81

王忠孝年谱

公用敕书，平行不少屈。适指挥陈述职运粮到，湿三百石，例应斩。公怜之，分配各营晒曝。希诏侦知，遂诬奏逮系诏狱。时论救者：总制曹文衡、户尚毕自严、都宪王志道、缇帅王世盛等，俱被革职。密云兵民，群投柜赴京诉冤，改系刑部狱三载。

其间，王忠孝资二兄的儿子上京探监。见《槐台公圹志》：

> 而余戆不善宦，任计曹郎，方满考，忤巨珰，系诏狱经年。仲命侄汝烈携资斧，走燕都视余。邀恩放归，兄弟握手，喜倍初第时。嗣后屡登荐牍，仲不为喜；环召犹稽，亦不为愠。间语余曰："季暗时宜，官不做亦罢，莫如向时惊杀我也。"余笑而佩服云。

依照《锦衣卫王世盛研鞫回奏疏》中所述，王忠孝所犯下的罪行并不轻，假如其中贪污脚价的罪名成立，最严重的将会被论斩。不过根据各列传的记载，本来可能论斩的死罪在都御史王志道上疏之后，被改判系于刑部监狱二十八个月，后拟成。

《蟹谷王氏族谱》手抄本载：

> （王忠孝）与黄道周、王仑初、王思任、马思理等人同系一狱，时号"六君子"。

关于"六君子"略考：

王忠孝因忤宦官与黄道周、王仑初、王思任、马思理、（马士英）等人同系一狱，时号"六君子"。此为王忠孝的后人和研究者所津津乐道。然笔者认真查找各种历史资料，却又发现历史上仅有此处有载黄道周、王忠孝等号称"六君子"的说法，也未见黄道周与王忠孝曾经"同系一狱"。

1. 查不到黄道周在崇祯五年（1632年）左右有因事入狱的记载。

崇祯三年（1630年）十二月，宰相钱龙锡受袁崇焕案牵连，论死罪，改长系。崇祯四年（1631年）正月，黄道周三上疏论救钱龙锡，钱得免死，戍定海卫，黄道周为此受降调的处分。崇祯五年（1632年）正月，黄道周正在候补官职，怨恨道周的科臣搜集浙江乡试中的流言蜚语上奏朝廷。而黄道周也因病请求归休，获准，将离京时，他又上疏指出："小人柄用，怀干命之心。"以致"士庶离心，寇攘四起，天下骚然，不复乐生"，建议崇祯帝"退小人，任贤士"，并举荐一批有才有志之士。疏上，获"滥举逞臆"之罪，削籍为民，逐出都门。崇祯九年（1636年），召复原官，迁左谕德，擢詹事府少詹事，兼翰林侍读学士，充经筵日讲官。崇祯十一年（1638年），黄道周因指斥大臣杨嗣昌等私下妄自议和，"与嗣昌争辩上前，犯颜谏争，不少退，观者莫不战栗"。黄道周被连贬六级，调任江西按察司照磨。崇祯十三年（1640年），江西巡抚解学龙以"忠孝"为由，向朝廷举荐黄道周。崇祯一听大怒，下令逮捕二人入狱，以"伪学欺世"之罪重治。由于几位大臣力谏，改为廷杖八十，永远充军广西。此番杖谪，使黄道周声名愈重，"天下称直谏者，必曰黄石斋"。

2.王仑初，不知为何许人也，也不知道其是否有于此间入狱。

3.王思任因此间为阉党诿魏忠贤诗卷一事，被按问。

王思任（1574—1646年），字季重，号谑庵，又号遂东，山阴（今浙江绍兴）人，明末文学家。崇祯二年（1629年），钱谦益与温体仁角逐大学士缺，其党人伪为阉党诿魏忠贤诗卷，列温体仁、王思任之名，故亦被按问。事白，补松江府学教授。升国子助教，五年晋屯田郎中，备兵九江。清兵破南京后，鲁王监国，以王思任为礼部右侍郎，进尚书。顺治三年（1646年），绍兴为清兵所破，绝食而死。

4.马思理有此间入狱的记载。

《惠安王忠孝公全集》录有《与通政马还初书》。

马思理（1579—1648年），字达生，号还初，福州府长乐（今长乐市）人。天启壬戌（1622年）进士，先后任浙江乌程知县、兵科给事中、六科给事中。崇祯初，奉旨巡视太仓，他不谋私利，清钱粮数十万贯，升，为此得罪了权贵。后来因草厂失火落职下狱。平反后不久复职，官拜尚宝少卿，晋太仆少卿，转右通政司。不料因救黄道周再次入狱，被流放到云南，很久才被赦放。唐王隆武时，为通政使。后晋升为礼部侍郎、礼部尚书。鲁王监国，进东阁大学士。以国难蹈海死。

《福建通志·列传》卷二十七《王志远（弟志道）》：

> 崇祯二年，召为大理右少卿，再迁左副都御史。修撰陈于泰疏随时弊，宣府监视中官王坤力诋之，语侵首辅周延儒。……今

建言者与被言者至下法司、下诏狱,如马思理、高倬、王忠孝、孙肇基等,实无不赦之罪,而有可原之情。

历工科左右给事中,巡草厂。适巨珰张彝宪总理户、工二部钱粮,自尚书以下尽接以属官礼,思理独不为屈。触珰怒,以草场失火下刑部狱落职。

王忠孝《回启鲁王》:

职与阁臣马思理患难知交,畴昔行径相符。

5.上述记载仅有五人,另有一人应是马士英(马贵阳)。此间因动用公款馈遗朝贵而入狱。

马士英(约 1591—1646 年),字瑶草,贵州贵阳人,官至内阁首辅。万历四十七年(1619 年)己未成进士,历任南京户部主事、郎中,历知严州、河南、大同三府。崇祯三年(1630 年),迁山西阳和道副使。崇祯五年(1632 年),擢右金都御史,巡抚宣府。到官甫一月,檄取公帑数千金,馈遗朝贵,为镇守太监王坤所发,坐遣戍。马士英后来流寓南京,时阮大铖名挂魏忠贤逆案,失职久废,以避流贼至,与马士英相结甚欢。

王忠孝《自状》:

时揆地为马贵阳,曾同余诏狱,称患难交。贵阳据要津,余不敢通一刺,心讶焉。若以余为自求补外者,遂遣中贵选中宫于嘉、绍两郡,知余向忤中人,今复以珰炎相迫也。而余早投劾去,非薄二千石,不得行其志耳。

洪旭《王忠孝传》:

弘光立,阁部史可法特疏首举,以忤马士英。调绍兴守,复遣珰选中宫于嘉、绍二郡。以公向忤珰,欲复以珰迫公,公入浙界,即以疾归。

明崇祯六年癸酉(1633年),41岁

【谱主活动】

在北京狱中。

王志道被遣回籍。《惠安王忠孝公全集》收入王忠孝给王志道书信八封。

【时事】

七月初七日,新任荷兰台湾长官普特曼斯率领13艘荷兰战舰,突然袭击南澳。七月十二日,荷兰舰队来到厦门,当时厦门港内停泊着几十艘明廷和郑芝龙军的待修船只。荷兰舰队进行偷袭,一举烧毁和击沉了中国方面的15艘舰船,并登岸"大掠"。偷袭得手后,荷兰人封锁了厦门湾,强迫金、厦附近的村庄向荷兰人进贡猪牛等物,并威胁中国方面开放贸易。十月十二日,福建巡抚邹维琏檄调诸将,大集舟师,以郑芝龙为先锋。十月二十二日,爆发料罗湾大战。明军主力部队全采用了荷兰人在欧洲战场从未见过的打法——火海战术。料罗湾大战是荷兰人在远东空前的惨败,邹维琏在战后的奏捷书中写道:"闽粤自来红夷以来,数十年间,此举创闻。"

"全陕旱蝗,耀州、澄城县一带,百姓死亡过半。"十一月,农民军大批渡过黄河,进入河南地区。

明崇祯七年甲戌(1634年),42岁

【谱主活动】

系狱戍边。

依照缇帅王世盛的调查结果,王忠孝所犯罪行大概如下:收受临清卫湿米是"出纳官物有违",压欠米粮未发是"揽纳税粮",再加上所欠为军事边防重镇之粮,若有延误军机,是"失误军机"。运送粮米而遭湿,是"转解官物致有损失",再加上若如判定有贪脚价或税粮,则

就以"监守自盗"论。以上刑罚,轻则被判黜职、杖刑、徒刑或流刑,重则将会论斩。

王忠孝最后并未被论斩,而是被判戍至建阳卫。

王忠孝《自状》:

> 初拟配,中贵再疏侵问官,始拟戍附近建阳卫。余至建,而解官百户段均病故,着任文书,无可回缴,姑遣仆自赍投部。而百户之妻疏究夫命,奉旨抚按行建安瓯宁取结回报。计自壬申秋至乙亥夏,靡日不在患难鞣鞳中。至是明察,而始得安意编管也。

由以上自述可以知道,王忠孝的确被判流刑至建阳卫戍边。再者,依照明代的制度,籍贯为福建者,当发配到云南、四川的属卫充军,但王忠孝却只发配到福建的建阳卫,可见在群臣的疏救下多少有酌量减刑。

按照《自状》所记,王忠孝系于刑部的时间是自壬申秋至乙亥夏,也就是崇祯五年(1632 年)秋至崇祯八年(1635 年)夏,共系二十八个月。他抵达建阳卫的时间,最迟应该在崇祯九年之前。

作《诏狱再经长至答檀云共事诸公》:

> 相逢马首各踌躇,人事无端我独罹。
>
> 两度吹葭回北谷,隔年画地诵南箕。
>
> 雪深应识主恩重,扃滞漫嗟臣罪伊。
>
> 多谢故人频寄访,圣明何日照湘累。

长至,今属北京朝阳区。

《王忠孝公集》卷之第十二传志类王孔仁《王氏谱系》:

> 甲戌谪戍建阳驿,回籍,旋部举。

晤翰林林垐。

林垐,字子野,福州府福清县人。崇祯十六年(1643 年)进士。授海宁知县。杭州失守,林垐以孤城不能存,引去。唐王立,为御史,改文选员外郎。募兵福宁,闻唐王被杀,大恸,走匿山中。及鲁王航海至长垣,福清乡兵请林垐为主,与林汝翥共攻城,败殁于阵。

家住河南的前兵部尚书吕维祺上书朝廷:"盖数年来,臣乡无岁不苦荒,无月不苦兵,无日不苦挽输。庚午旱,辛未旱,壬申大旱,野无青草,十室九空。……村无吠犬,尚敲催征之门;树有啼鹃,尽洒鞭扑之血。黄埃赤地,乡乡几断人烟;白骨青磷,夜夜似闻鬼哭。欲使穷民之不化为盗,不可得也。"旱灾又引起蝗灾,使得灾情更加扩大。

七月,后金军第二次入塞,蹂躏宣府、大同一带。

八月,撤内监监军、监部。此后旋撤旋复。

十一月,洪承畴任五省总督。

明崇祯八年乙亥(1635 年),43 岁

【谱主活动】

夏,抵建阳卫。

作《谪戍》:

> 几回就庭讯,当道存昭雪。
>
> 幽系虽经年,禁地稍宏阔。
>
> 不疑诬盗嫂,无兄谤未脱。
>
> 曾参告杀人,贤母杼为夺。
>
> 何况钱谷吏,阴翳岂易拨?
>
> 圣朝刑称平,解网畀我活。
>
> 编管置建州,稽首辞丹阙。
>
> 臣罪实当诛,北望悬日月。
>
> 致身心未死,其肯自陨越。

王忠孝《自状》:

> 余至建,而解官百户段均病故,着任文书,无可回缴,姑遣仆自赍投部。而百户之妻疏究夫命,奉旨抚按行建安瓯宁取结回报。计自壬申秋至乙亥夏,靡日不在患难轇轕中。至是明察,而始得安意编管也。

崇祯帝特命旨吏部,将遣戍各官开得罪缘由,请选郎吴羽文分别以闻。吴羽文内疏荐王忠孝等十余人,"帝以积疑吏部有私,选郎十一人遣黜大半,迁者三人而已"。

《自状》和《王忠孝传》都有记载吏部考功文选郎中吴羽文录废案一事。

王忠孝《自状》:

> 是年,上特旨下吏部,内有"遣戍各官,各开得罪缘由,详列来看",意在使过也。而选司吴公羽文急于怜才,就开列中另荐二十余人,余与焉。上怒其市恩沽名,吴竟下狱论戍去,而录废案中寝。嗣后选经启事,奉旨该部确核,余只字不入都,亦无有为余填补者。

洪旭《王忠孝传》:

> 是年,上特旨下吏部,遣戍各官俱将得罪缘由,详列来看。选郎吴羽文就开列中荐二十余人,公居首。上怒其市恩,吴下狱论戍去。其后部举清恬,公复与焉。然终以不通京贵人,事竟寝。

依照上面所述,吴羽文是因在录废案中,在原本的名单中又多荐二十余人而遭祸。然而对照《明史》卷二百三十五的记载,其时有录废一案,当是崇祯八年(1635 年)时,黄巾乱贼攻陷凤阳,毁坏皇陵之时,崇祯皇帝下诏赦免。然而吴羽文因为议起钱龙锡、李邦华等人,故遭他人诬陷有收受这两人的贿赂,而这也是吴羽文下狱论戍去的主要原因。在录废案中,也许不像《王忠孝传》中所言的"公居首",也不是造成吴羽文下狱的主因,但就王忠孝是吴羽文起废中的一员这点,应该是毋庸置疑的,只可惜事与愿违,王忠孝仍继续戴罪戍边。

《明史》卷二百三十五列传第一百二十三《邹维琏(吴羽文)》:"吴羽文,字长卿,南昌人。万历四十一年(1613 年)进士,擢吏部,因事乞归。崇祯六年(1633 年)始复出,历考功文选郎中,时帝疑吏部有私,选郎十一人,遣黜大半,迁者仅三人。羽文因痛绝诸弊,数与温体仁抵牾。贼毁皇陵,有诏肆赦体仁,令刑部尚书冯英以逆案入诏内,羽文执止之。而议起钱龙锡、李邦华等,侦事者诬羽文纳二人赇,下狱。羽文用高凤翔为大名知府,凤翔尝坐小事,言者复谓其徇私,坐谪戍。侍郎吴甡等交荐,复官未赴,卒。"

王忠孝作《录废》诗:

> 使过轸时艰,怜才命所司。
> 只缘启事急,遂致赐环迟。
> 圣意岂中止,主恩不下居。
> 凤怒犹未渫,添入一爱书。

【时事】

农民军克凤阳,掘皇陵。明廷调集各省精兵7万余在中原进行会剿,皇太极改女真族名为满洲,崇祯帝下诏罪己。

郑芝龙在广东沿海击败刘香老海上武装集团。至此,海上各股武装集团均为郑芝龙所统一。

明崇祯九年丙子(1636年),44岁

【谱主活动】

王忠孝遭谴之后,"靡岁不在苦海浮沉,精力消耗,疾病缠绵"(《与浙江李按院书》)。

浙江李按院,指同科进士李沾。此年来任惠安知县。《康熙惠安县志续补》:"李沾,松江华亭人。以慈溪襄阳知县补任,(崇祯)六年(1633年)擢给事中。为治英断,人不敢欺。质心直意,皦然共见。特祠北郭外,碑'东里遗风',今废。"

【时事】

年初,农民军主力高迎祥等部纵横于豫、皖、川、陕各省。三月,工部侍郎刘宗周上《痛愤时艰疏》,对崇祯帝治国政策进行系统批判。四月,皇太极即皇帝位,建国号大清,改元崇德。七月,清军第三次入塞,攻掠京畿地区。九月返回。高迎祥在陕西作战失利,被俘。

崇祯九年(1636年)至十六年(1643年),榆林府和延安府属县相

继发生大疫。如崇祯十年（1637 年）"大瘟……米脂城中死者枕藉。十三年夏，又大疫。十五年……大疫。十六年，稔，七月郡城瘟疫大作"。

明崇祯十年丁丑（1637 年），45 岁

【谱主活动】

王忠孝回到故乡，数年间不受外界诱惑，躬耕田亩，还构筑了新居，与家人过着低调、悠闲的生活。屡受冤屈的王忠孝身为谪臣，虽里居家乡，却仍对大明王朝忠心不已，时刻关注着国家的危亡。时有研究、创作。

张正声《惠风·惠风姓氏》：

　　……得谴归家，食贫晏如。

王宪章《祖母林孺人圹志》：

　　至王父起家计部，视漕督储，厥织懋哉！而性忠鲠，忤权珰，邓希诏诬逮系，遣戍归，名震当世。孺人偕先府君承欢膝下，虽菽水，亦堪娱也。

《蟹谷王氏族谱》总督福建等处地方军务兼理饷都察院右副都御使熊文灿为"户部清吏司主事王忠孝"题"清时麟凤"。

有诗《沙堤新居》：

　　　　鹪鹩营一枝，卜筑水之湄。

　　　　木石费从简，月风惠及时。

　　　　檐低鸟雀噪，庭窄车马稀。

　　　　眺望江山外，乾坤亦蘧庐。

《午睡》：

　　　　清斋睡起日将低，稚子敲门报晚犁。

　　　　自是主人生计拙，闲看流水过桥西。

作年不详，寄此。

三月,杨嗣昌出任兵部尚书,提出对农民军的"十面张网"作战计划。闰四月,加派"剿饷"280万两。以熊文灿为兵部尚书兼右副都御史,代王家桢总理南畿、河南、山西、陕西、湖广、四川军务。后杨嗣昌建言"四正六隅、十面张网"之策,增兵饷大半,围剿农民军,"随贼所向,专任剿杀"。初期此举颇见成效。熊文灿督主军务后,明军连打胜仗,农民起义陷入低潮。

明崇祯十一年戊寅(1638年),46岁

【谱主活动】

赋闲在家。

【时事】

右佥都御史赵光巡抚密云,揭发邓希诏奸谋。帝召还,令分守中官孙茂霖核实。孙茂霖力为排解,赵光被充军广东。

王铎任礼部右侍郎兼翰林院侍读学士、经筵讲官、教习馆员等职。

五月,熊文灿仍行前策招抚张献忠、刘国能投降,而张献忠名义上是归顺明朝,实际是向熊文灿催索饷银,屯兵数万于谷城,伺机而动。六月,以程国祥、杨嗣昌等5人入阁,杨嗣昌仍兼兵部尚书。七月,召对,理学大师黄道周同崇祯帝亢直辩论。复社诸公发表《留都防乱公揭》,讨伐阉党分子阮大铖。九月,清军第四次入塞,扫荡畿南、山东。卢象升于十二月战死。

是年,农民军张献忠等部相继受抚,李自成部在陕西接连失利,此后潜伏于川、陕、楚交界山区。

明崇祯十二年己卯(1639年),47 岁

【谱主活动】

赋闲在家。

在隔海相望的仙游县枫亭晤吴孔见。

同科进士吴甘来受命主闽闱,作《与年兄吴甘来书》。

六月,郑芝龙在沙格村外洋湄洲湾打败荷兰殖民者的船队。荷兰人又派朗必即里哥率大型战舰9艘骚扰中国沿海,多次击败中国水师的小型船队,但最终又被郑芝龙遣人携带盛满火药的竹筒泅水攻击,一连被焚毁5艘,朗必即里哥大败而回。荷兰人从此在海上不敢与明军对垒二十余年,也再不敢提垄断中国对外贸易这件事了。明郑船队最终夺取了从日本海到南海的全部东亚制海权,当时凡航行在东亚地区的船只,都必须花钱购买明郑的令旗。就连在台湾的荷兰人都不得不偷偷地以日本船的名义购买令旗,这对只习惯给别国开通行证的荷兰人来讲,真可说是空前绝后的事情了。

【时事】

正月,清军克济南,掳德王。三月,清军班师。明廷以"五大法案"杀各级失事官员36人。五月,张献忠在谷城、房县再度起义。熊文灿因此次抚局失败而被捕入狱,次年被斩。六月,加派"练饷"730多万两。七月,农民军在罗猴山大败明军左良玉等部。八月,以杨嗣昌为督师,主持围剿农民军。邓希诏等以连失七十余城,与文武官三十多人同被斩首。

十月,王铎任翰林院学士职。

嘉庆《惠安县志》卷三十五《祥异·明》:"(崇祯)十二年八月十七日,大风。"

明崇祯十三年庚辰(1640年),48岁

【谱主活动】

王忠孝得以免罪,赋闲在家。

邓希诏因罪被论斩后,《王忠孝传》载:

> 希诏贼私狼藉,大珰恐为外庭所藉口,疏参逮诏狱论斩,而公名亦遂登启事。

《自状》中也有记:

> 嗣后迭经启事,奉旨该部确窍……

《孤臣强项录》指王忠孝在崇祯十三年(1640年)才得以免罪。此后,王忠孝谪居在家,直至南明弘光时才又再度出仕。

四月十三日,刘若宰因积劳成疾辞世。死后追赠"詹事",赐祭葬,荫子,后加赠太仆寺卿。

《惠安王忠孝公全集》载刘若宰作有《赠愧翁老年兄》、《王忠孝传》,均当作于刘若宰去世之前。刘若宰出身于书香门第,擅长书画,楷、行、草书均精绝。他常向朝廷举荐智勇忠贞的人才,名将史可法由安池道监军升为安徽巡抚,就是因为他的举荐。历翰林院侍讲、修撰,右谕德兼起居注六曹,文华殿召封宣读,晋阶奉训大夫,曾给崇祯帝当过讲官。

《蟹谷王氏谱》(义部)载刘若宰拜句《写与愧翁老年兄》:

> 自与风霜气独骄,寒花历历叶萧萧。
>
> 东篱况有南山看,莫谓先生懒折腰。

《王忠孝公集》载录刘若宰作《愧翁老年兄像赞》:

> 清真之品,廉约其身。
>
> 粮储总理,褒奖独勤。
>
> 不避权贵,朝野共钦。
>
> 力扶帝室,民族称英。
>
> 孤忠亮节,耀等日星。

【时事】

九月,王铎受命为南京礼部尚书。

顺德府、河间府和大名府均有大疫,并且是烈性传染病的流行,"瘟疫传染,人死八九"。秋,张献忠、罗汝才部进入四川,攻克大批州、县。

明崇祯十四年辛巳(1641年),49岁

【谱主活动】

赋闲在家。

【时事】

河南于崇祯十年(1637年)至十三年皆有蝗旱,"人相食,草木俱尽,土寇并起",饥民多从"闯王"李自成。崇祯十三、十四年,"南北俱大荒……死人弃孩,盈河塞路"。崇祯十四年(1641年),疫情进一步发展。在大名府,"春无雨,蝗蝻食麦尽。瘟疫大行,人死十之五六,岁大凶"。广平、顺德、真定等府,类似的记载相当多。左懋第督催漕运,道中驰疏言:"臣自静海抵临清,见人民饥死者三,疫死者三,为盗者四。米石银二十四两,人死取以食。惟圣明垂念。"华北各省又疫疾大起,朝发夕死。"至一夜之内,百姓惊逃,城为之空"。七月,疫疾从河北地区传染至北京,病名叫"疙瘩病","夏秋大疫,人偶生一赘肉隆起,数刻立死,谓之疙瘩瘟。都人患此者十四五。至春间又有呕血者,或一家数人并死"。

正月,李自成部复振,攻克洛阳,杀福王。二月,李自成部围攻开封。张献忠部出川,二月克襄阳,杀襄王。

春,清军对锦州实行包围,明廷调集13万大军出山海关救援。八月,明清"松锦决战",明军大败,主力部队大部被歼,兵部尚书兼蓟辽总督洪承畴等被迫困守于松山、锦州等4城中。

九月,李自成部于项城聚歼明军数万人,杀陕西总督傅宗龙。十

二月,李自成部再围开封。

是年周延儒主持阁务,东林势力复兴。

明崇祯十五年壬午(1642年),50岁

【谱主活动】

赋闲在家,并经营父亲的墓葬。

《明赠承德郎户部主事滨泉王公暨配赠安人孙氏洪氏合葬墓志铭》:

> 长孺偕仲兄,将以今冬腊月之吉,奉承德公、二安人,葬于上林山之阳,距家二里许。穴坐坤向艮,与礼轩、景严二祖茔相望。卜从近地,雷雨可守。

王志道、林兰友、张正声等为之作《明赠承德郎户部主事滨泉王公暨配赠安人孙氏、洪氏合葬墓志铭》(赐同进士出身、都察院协理院事左副都御史、前通政使司左右通政、大理太常两寺少卿、礼兵二科给事中、侍经筵以两疏召对为民、通家眷生王志道顿首拜撰文,赐进士出身、文林郎、南京湖广道试监察御史、年家眷侄林兰友顿首拜篆额,赐进士出身、北京兵部职方清吏司员外郎、督捕京城内外察理军工、前工部都水司主事、年家眷侄张正声顿首拜书丹)。

从以下几个方面来看,应可知此墓志铭是此后补撰的。

1.《墓志铭》"□□□□□壬□腊月庚申,不孝男国植、忠孝,承重孙汝照,同泣血勒石"。其中"壬□",笔者从该字残余笔画看中有一竖,综合天干地支及其墓志铭内容分析,疑为"壬午",则应为崇祯十五年(1642年)。

2.从墓志铭所署职务看,王志道撰文时所署的身份职务"赐同进士出身、都察院协理院事左副都御史、前通政使司左右通政、大理太常两寺少卿、礼兵二科给事中",查崇祯四年(1631年)夏,王志道调为大理寺少卿,后升左副都御史。崇祯六年(1633年)二月,因疏斥太监王坤,激怒崇祯皇帝,被削职回乡。直至明亡后,南明征召为户部侍郎、吏部侍郎,终以吏部左侍郎致仕。

林兰友篆额时所署的身份职务"赐进士出身、文林郎、南京湖广道试监察御史"。

林兰友(1594—1659年),字翰荃,号自芳,别号砥庵,福建兴化府仙游县连江里枫亭渔街(今福建省仙游县枫亭镇兰友社区)人。就读塔斗山会心书院。天启七年(1627年)中举,崇祯四年(1631年)登进士,任广西临桂县县令。崇祯十一年(1638年),擢南京湖广道监察御史,人称"铁面御史"。后任浙江按察司散员、浙江按察司散员、光禄丞、考功员外郎。唐王起用为太仆寺少卿、山西道监察御史,兼巡按督学江西,后擢升金都御史。鲁王连续擢升为兵部右侍郎、兵部尚书,兼右副都御史,总理抚讨军务粮饷,督师泉、漳,保家卫国,举兵复明。监国鲁王三年秋,携家眷先后寓居于厦门、南日、湄洲及平潭诸岛。

张正声书丹时所署的身份职务"赐进士出身、北京兵部职方清吏司员外郎、督捕京城内外察理军工、前工部都水司主事"。张正声初授江西抚州司理,移惠州。《四库全书》之《广东通志》卷二十七《职官志·惠州府推官》中记:"张正声,福建惠安人,进士,(崇祯)十年任。"后升工部都水清吏司主事,复改兵部武选清吏司主事,后升任礼部员外郎、礼部员外郎中、兵部职方司郎中。雍正《惠安县志》卷十四《古迹》载再补职方司郎中。《明史》卷二百七十五列传第一百六十三《解学龙》传中有其名:"其已奉旨录用者:兵部尚书张晋彦,给事中时敏,谕德卫胤文、韩四维,御史苏京,行取知县黄国琦、施凤仪,兵部郎中张正声,内阁中书舍人顾大成及姜荃林等十人也。"

由此亦可推出该墓志铭作于崇祯十五年(1642年)。

3.从墓志铭中关于王滨泉的称呼题为"明赠承德郎户部主事滨泉王公",墓志写及"崇祯己巳年,以首科覃恩赠承德郎、户部主事"看,崇祯二年(1629年)己巳,以王忠孝首科覃恩赠承德郎、户部主事。可知此墓志铭作于王滨泉去世、王忠孝任户部主事之后。

4.据《墓志铭》:"吾二臣者,先后放归田里。当时,吾二人尚未相识也!归田后,始胥命于海上禅寺间,相与问劳。"可知此墓志铭作于王忠孝和王志道两人在王滨泉去世之时未相识。

据《墓志铭》：

长孺之司饷渔阳也，米豆置对，一时外庭多言其囊无一缣者。不佞道遂采□入告，方召对，责急时，上复举无一钱，语"昔有欲疏救子瞻者，子瞻闻之吐舌，今之罪言亦尔"！幸遇圣明，吾二臣者，先后放归田里。当时，吾二人尚未相识也！归田后，始胥命于海上禅寺间，相与问劳："挂冠以来，意况如何？"长孺曰："勿任一障间。上无俾勋勣，下贻讥明哲，惟有自愧而已！无牢愁可叛。"余喜曰："子真尊酒篹贰，乃心君父，不作如山、如叶，意气向者，知君风格，今始入君腹。何所从学能得若是。"……曰："王氏之闻，始自光州。余读谱牒不详，何敢附汾阳之阡，抑向者与公不相识而相知，今岂同族氏？先生如有意，讲其世乎，请以先君子圹志为请。幸甚！幸甚！"余起拜手曰："闻君家世，乃知《孝经》《小学》自足学问。里巷阡陌，饶有隐君子行其间。若以此言也，考诸行事，虽琐毋轶，凡载笔者，得琐事轶事而写之，乃见天真。"于是长孺退，推此意具书之，遂为状。余据状书之，遂为志。

按：2021年新近发现的王忠孝《明迪功郎江西吉安府永新县县丞我恺王公暨配郑氏孺人合葬墓志铭》，可知王志道撰写的王父墓志铭作于此年。

【时事】

正月，以马绍愉为特使，同清朝进行谈判。二月，李自成部在襄城大败明军，杀陕西总督汪乔年。松山等城相继被清兵破，洪承畴被俘，降清。五月，李自成部三围开封。对清和谈机密泄露，兵部尚书陈新甲为此被杀，和谈彻底中断。九月，黄河堤溃，开封被水冲毁。十月，李自成在郏县大败陕西总督孙传庭部。十一月，清军第五次入塞，深入山东，俘获人口36万多。闰十一月，崇祯帝第二次下罪己诏。

蒋德璟晋礼部尚书兼东阁大学士。

十月，郑成功长子郑经出生，又名锦，字式天，号贤之。

明崇祯十六年癸未(1643年),51岁

【谱主活动】

赋闲在家。十月,兄嫂安葬,作《皇明明迪功郎江西吉安府永新县县丞我恺王公暨配郑氏孺人合葬墓志铭》:

壬午冬,忠孝偕仲氏,葬吾父承德公及吾母孙、洪二安人。既卒事,不胜怆然,以伯兄不及负草土为恨,曰:"使伯氏今日而在,寿仅逾稀,乃溘先谢去,且二十五年也。"

今年冬,汝焴将葬吾兄嫂,卜期矣。葬当有志,余图谒名公巨笔为吾兄不朽,汝焴肃然进曰:"焴不才,行能不出里闬,安所从名公巨笔而谒之,即谒必持叔氏状以请,何如吾叔之志之更为核而质也!"余唯唯,退而忆往事,历历犹目前,大都记艰贞十九,记安愉十一。虽不文,窃自以为核且质也。

兄讳国模,字世范,我恺其号,先承德滨泉公长子也。先世源流详在父志中,不具述。兄出自吾前母孙安人,甫十岁,孙母辄见背,是时吾父丁丧乱之后,家计旁午,兄稚景良苦。亡何,吾洪母来,抚如己出。兄朝夕承侍惟谨,忘其为靡恃也。比就外傅,稍长,习制举业,骎骎有成。屡试不售,辄舍去。厥后以文亡害起家,铨江右永新丞。当神庙时吏道近古,凡丞簿,南北都必两试及格方得补,兄试辄居首,咸称儒而椽。己酉,将之官,父诫之曰:"而以为丞格卑耶,邑有利病,丞得与闻。其廉慎、善事上官,勿妄自菲薄!"于是兄随牒往,罔敢逾越。令为武进薛公敷政,薛故清和君子也,特器重兄,事无大小,多咨决焉。尝语兄曰:"公起家萧曹,明习吏事,不足异顾,安得宅心醇厚,提躬洁慎如公者乎!"永有留漕,兄需次当管运,薛公挽输维艰,为贻书南中诸当道。漕至即登,不稍停压,所省舟车尖淋等费可数百金,皆薛公力也。兄归以美告且纳之公,薛公曰:"公真长者,是乃原思九百粟也,幸勿辞。"兄始拜受。其生平取与明介类如此。次年壬子,又委留漕,兄力辞弗克,一切恪共如前。时舟行遇飓风,

漂沉千余石，以闻漕使者，拟派征，猝不可备，兄慨然曰："吾向者挽漕，美金悉出望外，兹何从派穷黎？漕得之，漕失之，复何憾？"遂捐数百金以偿漕。使者啧啧称异行，所司议补，而不幸吾洪母谢世，兄葡匐奔讣，不复问前道。嗟嗟！今之掇巍科、司民牧者，金矢科赋，割锱铢以惠元元，必诡称贤者，然指艰多屈。兄丞也，而能洗橐捐数百金，急公完漕，则亦其夙所禀承者然耶！乙卯，服阕赴补。故事，临觐，丁艰次觐，不填殿最。会永有簿，当摘去，当事欲全簿，填兄作现任，易之丞。安得六年，淹遂迁蜀府典宝正。兄时道江右，闻报，驰归，途逢永父老，即向共挽漕者，咸怅嗟不已，共迟兄至永乡。荐绅以至士民，咸诣兄，慰劳若家人欢，仍呈请于官，立酿数百金以赠曰："酬夙逋耳，且为公寿！"噫！爱棠卧辙吏一方者，古今人多有之，半为媚耳。兄丞也，能使邑人系思，当失官而依依倍切，且酿金为赠，夫直道犹在人心哉！兄居永三年，俸外不敢受一钱。兹犹子所饘粥者，犹是永父老酿赠之遗也。

盖兄生平百凡见大意且识体要，与人交，然诺不苟。居身简重，处事明敏，诸批欲导窾悉中机宜，若使获一第，竟其志，所建立应倍可观，而惜其啬于运，阻于资格也。丙辰，里居凡四年，不问户外事，日从诸亲知闲谈今古优游，课耕读。余是时沉浮诸生间，郁郁不自得，兄每勖余曰："若兄愧不用儒术显吾家，自礼轩公而下，世有隐德，望后之人光大之，其在兹乎？"因为话向时艰贞状，迨余之幸售也，而兄不及见也。即余之幸售而跌，几濒于危也，而兄亦不及见也。回念畴昔，恍似埙篪诚语时耳。己未，寝疾。疾革，呼仲氏及余诀曰："疾且不起，他靡所恨，吾父桑榆暮景，无能侍菽水，罪滔天耳。身后事绝不拈及，殆若达于死生之故者。"然嫂郑孺人，勤俭善治家，性颇厉，然明于大义。当兄丞永时，衙斋如水，孺人绝无室谪态。兄殁后，持家计尤谨，课子峻切，诸藏获，畏匿莫敢前，独余及仲氏为一经纪，辄不复问曰："叔不吾欺也！"稍拂意，谯诃亦时及，然不沾絮。其明肃综理，殆闺阁丈夫也！

兄生嘉靖戊辰年六月初五日，卒万历己未年十月廿六日，享年五十有二；嫂生嘉靖戊辰年二月十四日，卒泰昌辛酉年七月十六日，享年五十有四。生男女各一，男汝炤，邑庠生，娶江西金溪县县丞丘公应璋长女，继娶连如松女。女一，适儒士郑启，夅天，今誓守。孙男四，壦，娉仙邑太学生林士熠女，女殇，未再议娉；坊，娉尚宾司卿张公迎孙庠生世祊女。填、均，俱未娉。孙女一，适大参张公峰曾孙太学生蕎子机。后方绳绳也。卜以是月初十日，奉吾兄及嫂合葬于涂岭上洞山之麓，穴负壬挹丙，外兼子午。圹成多年，迟于今者，父未葬不敢先也。为之铭。铭曰：

寿何必高，位何必崇。考公志行，古人之风。仕不苟禄，性不苟同。友恭狷谨，有傲令终。偕老斯丘，佳气郁葱。

维兹孙子，其尚念祖父前，修而以为贻毂无穷。

崇祯十六年岁在癸未冬十月上浣之吉，弟忠孝谨志

崇祯十六年癸未冬十月上浣之吉，不孝男汝炤泣血勒石

按：铭文28行1571字，额头"皇明"2字，计1573字。铭文字径0.8×0.8厘米，额头（皇明）字径4×4厘米。铭高72厘米，宽37厘米，厚3.2厘米。

薛敷政（1552—1628年），字以心，号纯台，江苏武进（今常州市区）人。年二十补弟子员，文誉益佳。万历三十五年（1607年）进士，初授江西吉安府永新知县，考选山东道监察御史。天启元年（1621年）改四川巡按御史，与布政使朱燮元一起平定"奢安之乱"。后以平蜀军功升太仆寺少卿，卒葬今江苏无锡玉祁。

作《与惠安县令赵玉成书》。

赵玉成，苏州吴江人，崇祯十年（1637年）丁丑进士。以长沙知县，崇祯十六年（1643年）补任惠安知县。建同善书院，开讲社论文。为人温雅和易，士民爱而亲之。《康熙惠安县志续补》载其该年在平山寺出家。

先后作《与惠安朱县令书》《复惠安朱县令书》。

朱由欟随后补任惠安知县。朱由欟，江西建昌举人。明亡，带印以殉。

王忠孝《自状》：

> 癸未冬，部举海内清恬，余复与焉。甫补金公铉、成公德，而闽变起矣。

金铉(1610—1644年)，字伯玉，北直隶大兴(今北京大兴)人，祖籍南直隶武进(今江苏武进)，天启丁卯解元，联捷戊辰进士。不习为吏，改扬州府教授。历国子博士、工部主事。十七年春，始起兵部主事。金铉闻崇祯帝殉国，跳金水河自尽。南明追赠太仆寺少卿，谥忠节。清朝赐谥忠洁。

成德(？—1644年)，字元升，霍州人，占籍怀柔。崇祯四年(1631年)进士，原名张成德，奉旨复姓。历任滋阳知县、兵部武库司主事，转车驾司员外郎。其直声震天下，受杖者三，下诏狱，谪戍榆阳。闻崇祯帝殉国，遂自缢死。

《明史》卷一百五十四有载吴甘来、成德、金铉等三人传。

【时事】

正月，李自成部克襄阳、荆州、德安、承天等府，张献忠部陷蕲州，明将左良玉逃至安徽池州。李自成在襄阳建立政权。五月，张献忠部克武昌，杀楚王，正式建立"大西"政权。六月，崇祯帝第三次下罪己诏。通州"七月大疫，名曰疙疸病，比屋传染，有阖家丧亡竟无收殓者"。在昌平州的记载中称为"疙疸病"，而且"见则死，至有灭门者"。河间府景县"大疫，病者吐血如西瓜水，立死"。八月，清太宗皇太极病故，幼子爱新觉罗·福临继位，改明年为顺治元年。九月，李自成再败明督师孙传庭于郏县。十月，李自成攻克潼关。农民军相继攻占西安及陕西全省。

蒋德璟改任户部尚书，晋太子少保、文渊阁大学士。

明崇祯十七年甲申(1644年)，52岁

【谱主活动】

赋闲在家。

正月初一日,李自成在西安称帝,建国号"大顺"。随即分兵两路向北京进军。崇祯帝以大学士李建泰为督师,出京抵御大顺军,行"遣将礼"。

崇祯帝第四次下罪己诏。

三月,蒋德璟与皇上做了一场辩论后,引罪去位。移寓北京外城至李自成破京,为崇祯帝扶灵发丧。

三月一日,大同失陷,北京危急。初四日,崇祯帝任吴三桂为平西伯,飞檄吴三桂入卫京师,起用吴襄提督京营。六日,李自成陷宣府。十五日,大学士李建泰投降,李自成部开始包围北京。十七日,农民起义军围攻京城。十八日,崇祯帝下罪己诏,下诏"亲征"。当夜在宫中屠杀妻妾、女儿。十九日凌晨,农民军从彰义门杀入北京城,崇祯帝自缢于禁苑煤山(景山)。这一天成为大明王朝的亡国祭日。南明弘光帝上谥号绍天绎道刚明恪俭揆文奋武敦仁懋孝烈皇帝,庙号思宗。顺治十六年(1659年)十一月,开始谥为怀宗,后以"兴朝谥前代之君,礼不称,数不称宗"为由,去怀宗庙号,改谥庄烈愍皇帝,清代史书多简称为"庄烈帝"。

王忠孝的诸好友,如同科进士户部给事中吴甘来获悉崇祯帝自缢景山后,遂投缳死。赠太常卿,谥忠节。清赐谥庄介。

右都御史曾樱因据实奏报失地败绩,被罢官下狱,而尽失地者却被提升。入狱十天,李自成攻占北京,释放狱犯,曾樱得以隐逃。

张正声被捕入狱,李自成败走之后才得以释放。林兰友也得以脱祸。

山海关总兵吴三桂降清,引清兵入关。

王忠孝在家乡闻此巨变,满腔悲愤。王忠孝沐浴更衣,面向北方,焚香叩首,放声痛哭经月,几乎失明。

清同治《福建通志》卷二〇五《明列传·王忠孝》:"甲申闻变,哭经月,几失明。"

作《甲申闻变》长诗以悼。

> 我皇新御极,微臣正登朝。魁柄手自执,邪氛指日消。
>
> 如何运会厄?丑夷犯边徼。养痈原自昔,战守应急调。

九重勤宵旰，群工口恍恍。备边屡开隙，枢督不相谋。
将相尽公侯，中珰衔命骄。安攘乏良策，流氛来飘摇。
初起秦晋间，贼势易扑撩。封疆无韩范，草贼任逍遥。
因而百千万，雍豫土先焦。闯献各分掠，督抚惟议招。
楚蜀旋糜烂，冀赵亦萧条。腹里防流贼，东方备蓟辽。
以兹民力竭，三军腹亦枵。拜相四十六，言语日哓哓。
不思图君父，门户争螳蜩。贼已破真保，举国不知怵。
都城三日破，守御早寥寥。至尊死社稷，只魄曜齐销。
有君叹无臣，误国在百僚。都民遭涂炭，九庙悉翘翘。
幸有念四公，殉节史册昭。臣民甫闻变，哭声恸九霄。
从古亡国主，吾君实神尧。

南京诸臣仓卒议立新君。五月十五日，凤阳总督马士英内结宦官韩赞周、勋臣诚意伯刘孔昭，以及御史祁彪佳等，外约总兵黄得功、刘良佐、高杰、刘泽清等，拥立万历帝的孙子福王朱由崧于南京，年号弘光。成立了第一个南明政权，即安宗朝廷或弘光朝。马士英、阮大铖等操实权。马士英任东阁大学士兼都察院右都御史，仍督凤阳等处军务。

王忠孝《自状》：

> 南都立君，搜举谪废，当时以部郎环录者，叶公廷秀、华公允诚、倪公嘉庆、万公元吉及余五六人而已。诸公补原官，不数月，辄列清华，而余乃出守。故事，边郎从无补郡，况在录废。询所以出麾之故，则同乡有借推毂行排挤者，谓余"才堪一面，暂拟监司，可膺节钺"等语。而留抚祁公彪佳，向曾于废籍中荐余，闻有外补之拟，遂咨部推补苏、松。刘公章周、章公正宸，见其咨，遂力请为绍守。盖从地方起见，意甚雅也。

> 时揆地为马贵阳，曾同余诏狱，称患难交。贵阳据要津，余不敢通一刺，心讶焉。若以余为自求补外者，遂遣中贵选中宫于嘉、绍两郡，知余向忤中人，今复以珰炎相迫也。而余早投劾去，非薄二千石，不得行其志耳。

洪旭《王忠孝传》：

甲申闻变,曰:"吾罪臣也! 其哭于野乎?"弘光立,阁部史可法特疏首举。以忤马士英,调绍兴守,复遣珰选中宫于嘉、绍二郡。以公向忤珰,欲复以珰迫公,公入浙界,即以疾归。

同科进士、阁部史可法特疏荐王忠孝。马士英曾与他同狱为患难交,但由于王忠孝向与阉党抗争,故再遭阉党余孽阮大铖等排挤。

清同治《福建通志》卷二〇五《明列传·王忠孝》:

福王立,督帅史可法疏荐之。时马、阮秉政,忠孝叹曰:"先皇帝英明过汉宣、唐宪,以举朝争持门户,置国计民生于不问,致流寇遍中原,卒至土崩瓦解。今乾坤再造,卧薪尝胆犹恐不济,乃当路者专与才能为冰炭,祖宗三百年天下岂容鼠辈再破坏耶?"坚卧不出。

六月初三日,王铎入阁,马士英为首辅,王铎为次辅,此是王铎在南明出仕为官。黄道周任吏部侍郎、礼部尚书,马士英起用阮大铖。

九月初,绍兴府名宦刘宗周、章正宸力请调王忠孝为绍兴知府。马士英、阮大铖却又遣中宫于嘉兴、绍兴二郡相迫。王忠孝入浙江界,不得行其志,以疾告归。

刘宗周(1578—1645 年),字起东,别号念台,浙江绍兴府山阴(今浙江绍兴)人,学者称蕺山先生。万历二十九年(1601 年)进士,天启元年(1621 年)为礼部主事,四年起右通政,参与东林党活动,曾因上疏弹劾魏忠贤而被削籍为民。崇祯时为顺天府尹、工部侍郎、吏部侍郎、左都御史,因上疏与朝廷意见不合再遭革职削籍。弘光朝,诏起复刘宗周左都御史。因与马士英、阮大铖不合而辞官归乡。闻清兵攻陷杭州,刘宗周绝食卒。黄宗羲、陈确、张履祥、陈洪绶、祁彪佳等均出其门下,世称"蕺山学派"。所著辑为《刘子全书》《刘子全书遗编》。

章正宸(1597—?),字羽侯,号格庵、晚号禹东饿夫,绍兴人。早年师从刘宗周,崇祯四年(1631 年)进士。任礼科给事中,因上疏弹劾王应熊,帝大怒,被逮下诏狱拷讯。崇祯九年(1636 年)召为户科给事中。相继弹劾首辅周延儒、兵部尚书陈新甲,谪戍均州。福王时,官至大理丞,见国事日非,弃官归里;鲁王时,守赭山(在浙江萧山县），招募赭山乡民组建赭山营。绍兴失陷，出家为僧。

作《与王先生书》《与王铎老师书》。

二月十九日，王忠孝在舟次接到老师王铎的来信，

《王忠孝公集》卷之五《与老师王铎书》：

二月十九日，舟次接老师手谕，所以教门生者，词严义正，敢不遵依！老师其真以忠孝为厌外求内耶？姚江五马不薄，兰亭风景不恶，保厘师帅，未易竟任使也，敢作厌想！

浙事至今日，亦渐多端。出处事大，冒昧而进，陨越可虞。重以频年轗轲，病骨支离，不得不求一去。老恩师身任补浴，手扶日月，岂忍十年公门手植桃李，遽坠岁寒之贞，而轻付霜侵雪剥耶？同则丧己，与则要能洁身，殷鉴不远，老师其念之。

疏稿字字血诚，郑、陈二门生能悉之，万乞允放。金华守王永吉、长沙守陈丹衷，俱以病去。引疾有例，速赐手援，亦易易耳。舟中不能多禀，并乞慈照。

《王忠孝公集》卷之八中王忠孝《与王老师书》曰：

自甲戌秋拜别吾师，荏苒十一载于兹矣。谴弃之后，贫病缠绵，百凡顿颠，惟硁硁念，未敢陨越。昕夕焚祝，愿吾师早登揆席，造斯世和平之福，奠宗社灵长之基而已。

天不隆庸，燕都奇变，一至于此。谁生厉阶，祸贻君父，令人痛愤欲绝！兹幸新主御极，欣睹中兴。枚卜声慎，老师首膺简任，益增忭跃。为世道喜，为社稷喜，非仅为渊源之私喜也。

方今南北之敌势方张，桓赴之德心未广，玄黄日争，兵食两悬，老师试和盘打算，何以居重驭轻？何以牖户缠绵？则今日急着，先在调和人心，剖破方隅。至团营之择将练兵，与夫长江之水师布置，尤宜速图。奴寇二著，未可并著。师以直为壮，奴借口代中朝报仇，先示酬犒，以观其变。迨侵轶横加，而后应之，坚壁勿战，壮气在我矣。

若叩阙灭贼之志，刻刻何可忘也。四镇分峙，驾驭难言。若得重臣，示以恩信，分剿闽献，此上策也。款奴结好，借刀扫除，则中策也。江北新复各地，须微辟才守双全之人，方称厥任。督

辅史相公之言,可力行也。但患真才难得,幸门易开,在当事另具只眼耳。

庙算既周,渐言恢复,进足战,而退足守,中兴其庶几乎!忠孝庸朽弃物,安可漫言天下事?老师之前,不觉吐其狂愚。有当与否,惟裁察,勿谓书生浪谭也。

作《将赴绍兴不果舟中作》《往绍兴不果归宿剑溪》等诗。

作《与林素庵书》。另外又作《复吏部林胤昌书》,时间不详。

林孕昌(1595—1657 年),又作允昌、胤昌,字为磐,号素庵,泉州新门外浮桥人,天启二年(1622 年)进士。任南京户部广东司主事、兵部职方司主事、吏部考功清吏司主事。崇祯元年(1628 年)去北京补吏部稽勋司主事、考功清吏司主事、文选清吏司员外郎、稽勋清吏司郎中,给假回家省亲,在笋江畔建在兹堂,在清源山南台舟峰建纶恩、雷荐二亭,重辟唐代林蕴、林藻的读书处。次年,在在兹堂讲学,与黄景昉在清源山南台建襕云、访贤二亭。崇祯七年(1634 年)在栖绿园增建讲坛,与蒋德璟大力倡导旦气学。兵备道曾樱、知府樊维成、按察使张应星也听他讲课,一时府城绅士毕集。组织笋堤学社。崇祯十三年(1640 年),与蒋德璟重建清源山偕乐亭。顺治八年(1651 年)重修西洞天、半岭岩的不易亭,购置福田作为清源山岁时香火。顺治十五年(1658 年),泉州绅士公议设特祠祭祀林孕昌。著有《茧草经史耨义》《论语耨义》《周易口占》《泉山小志》《春秋总论》《铨曹奏议》《在兹堂会语》等书。

并《复相国黄景昉书》,《全集》载《相国黄景昉来书》(作于此年或次年)。

《复相国黄景昉书》:

顷者嵩岳呈祥,某虔劾微忱,弗蒙赐纳,殊深悚歉。反辱翰贶,施及俗吏,荣感奕世矣。

礼,尊者之赐,百拜登嘉。惟是某此日出庵,行止未定,非敢矫托厌薄。以逖见邸报,中使新出督饷,两浙财富之邦,必有衔命至者。郡守钱谷往来,易开罪罟。伤徼之羽,色举非属过计,阁下以为然否?

侦彼中无大棘手,控而不得,当勉强奉檄。若牵掣多端,遁思决矣。凤荷嘘培,谨吐质诚,未易为旁人言也。

承示贵通家姓名,牢记胸臆,恐情事相违,无攀附声气耳。附复。

黄景昉(1596—1662 年),字太穉,号东崖,晋江县东石人。万历四十三年(1615 年)中举人,天启五年(1625 年)成进士。历任翰林院庶吉士、编修、庶子直日讲、詹事府少詹事、晋詹事,兼管翰林院。崇祯十五年(1642 年),与礼部尚书兼东阁大学士蒋德璟、吴甡同时入阁,并为辅臣。次年,加太子少保、户部尚书、文渊阁大学士。崇祯十六年(1643 年)九月离京返乡。隆武帝召景昉入直,未久告归。蛰居家中近 20 年,以著述为事。著有《馆阁旧事》《读史唯疑》《宦梦录》《东崖诗稿》《国史唯疑》《馆寮十志》《御览备边略》等十多种。

作《与总宪李毖轩书》《与浙江李按院书》。

李沾,号毖轩,崇祯九年(1636 年)任惠安知县。嘉庆《惠安县志》卷二十一载:"李沾,江南松江进士,明崇祯九年莅惠。"后李毖轩署尚宝司。都察院左都御史别称为总宪,左副都御史为副宪,御史台古称宪台。

作《与浙江抚军黄鸣俊书》《与张晦衷书》等。

黄鸣俊(1590—1646 年),字启甸,号跨千,莆田县荔城东里人。万历四十七年(1619 年)进士,历任诸暨知县、会稽知县、礼部主事、礼部员外郎、浙江督学佥事、杭严副使、南直粮储参议,官至浙江巡抚兼佥都御史。崇祯十七年(1644 年),命游击郑天鸿率 5000 人北上勤王,在镇江被马士英阻止。隆武时任兵部右侍郎、兵部尚书兼东阁大学士。清都统图赖大军压境,退入分水关。十一月,黄鸣俊败于仙霞关。唐王走汀州,从者仅朱继祚、黄鸣俊、何吾驺等数人。唐王为清兵所俘,并擒朱继祚、黄鸣俊。械至福州,隆武帝遇害。黄鸣俊许授五品官,以老疾辞,免。归里后,结五君会后降清。著有《静观庵诗集》。

族侄王钟鸣经上公举荐,游学于南安县,兼任私塾先生。

南明弘光元年乙酉(1645年),隆武元年,清顺治二年,53岁

【谱主活动】

祁彪佳《甲乙日记》:

(四月)初九日,王云岫书来,为予买楼屋数间。文载附至陈莲石乃翁及安荩卿、王愧两各书。

即《与祁世培书》。随后又致《与祁熊佳书》。

祁彪佳(1602—1645年),字虎子,一字幼文,又字宏吉,号世培,别号远山堂主人。政治家、戏曲理论家、藏书家,绍兴府山阴县人。天启二年(1622年)进士,历任福建兴化府推官、右金都御史、巡按苏松诸府。崇祯八年(1635年)辞官家居。弘光时擢任右金都御史,巡抚江南。福王政权覆亡,闰六月初六日,自沉于寓园池水中。唐王追赠少保、兵部尚书,谥忠敏。清乾隆四十一年(1776年),谥忠惠。

祁熊佳(1602—1673年),字文载,祁彪佳弟,领顺天乡荐,崇祯十三年(1640年)进士。福王政权覆亡,削发为僧。存世文集仅浙江图书馆藏抄本《小隐堂文稿》一卷。

作《将赴绍兴不果舟中作》:

谴谪徼恩余十秋,一麾出守复何求?

草堂春事枕中梦,越峤宦情渚上鸥。

行路有怀惊短发,匡时无策傍孤舟。

临流却步平生在,只恐移文笑浪游。

作《往绍兴不果归宿剑溪》:

朝发清溪夕剑陂,旋帆何迅去何迟。

春山带翠常疑雨,晓棹飞声好和诗。

舟楫于今劳梦寐,熊罴久已侣樵渔。

旁人问我归来意,岂为莼鲈负明时?

作《寄友人》:

夙昔同心侣,睽违几数年。

行藏云外意,肝胆月中天。

怀古凭书剑,定交指哲贤。

山阴久作兴,问渡恨无船。

作《旧都吟》诗(旧都,指南京):

金陵古帝畿,太祖龙兴地。

当年驱胡元,开创贻后裔。

王气三百年,贤圣迭述继。

今兹迎新君,犹是绳祖武。

故宫尚巍峨,九庙未榛芜。

师济满朝端,幅员存豫鲁。

大江作襟带,江南尽王土。

会须辇旧京,歼除寇与虏。

如何甘处堂,犹然角门户。

文武不同心,辅弼隔肺腑。

根本既如此,何遑销外侮?

濡首名利客,遁尾隐逸心。

几先非国福,聊作旧都吟。

《白下访友不遇》(白下,指南京):

过访为离群,孤舟击夕曛。

到门惟看竹,招隐莫移文。

夜雨青灯渺,秋风白雁分。

悬知良友意,春树起江云。

阮大铖与东林党人和依附东林的前齐党高弘图等多有争执。部分东林党人于是结交明军将领左良玉,发动"清君侧",而马士英等也以内战为优先考虑。春,双方大战。

五月,清豫亲王多铎率军南下,破扬州,入南京,史可法等人殉国。弘光帝被出卖,弘光朝乃亡。王铎和礼部尚书钱谦益等文武数百员出城受降,马士英南走浙江杭州、绍兴等地。

郑鸿逵、郑彩自京口退至杭州,迎唐王朱聿键入闽。闰六月十五日,明唐王朱聿键在明朝官员郑芝龙、郑鸿逵、黄道周、黄景昉、蒋德璟等的拥立下,在福建福州即帝位,建号隆武,改福州府为天兴府,福州称为福京。以黄道周、何楷、蒋德璟、黄景昉、路振飞、曾樱、陈洪谧、黄鸣俊、朱继祚等为大学士,张肯堂为吏部尚书,马思理为通政使。郑芝龙受封平虏侯,掌握军政大权,旋晋平国公。三弟郑鸿逵(原名郑芝彪)为定西侯,旋进定国公。四弟郑芝豹封澄济伯,侄儿郑彩亦封永胜伯。八月,隆武帝诏赐,晋平国公郑芝龙加太师。

王忠孝与上述诸人同事并多有书信往来,具体时间不详(见《王忠孝公集》)。

闰六月,萧武(1622—?),原名萧斌,字尚烈,号略基,惠安县北萧厝村人。率水师入福州之南台,入觐见隆武皇帝时,他是各地勤王之师最早到达福州的一支部队。隆武帝"龙颜大喜",颁下御书说,南北朝时刘宋佞臣有名萧斌者,而这一个萧斌是忠臣,着萧斌改名为萧武。礼部抄出,萧武入宫谢恩,隆武帝与太师、平国公郑芝龙,以及武英殿大学士黄道周等相讨后遂即委萧武以重任,命为行在参军,诏守闽浙交界的仙霞岭、大安岭等要关。

王忠孝与萧武后结为姻亲,"(曾孙)爵,娶惠安萧厝总戎萧厝萧武孙女""(曾孙)严(宪章),郡增生,娶总戎惠安萧厝萧武孙女"。

七月十八日,鲁王朱以海监国于绍兴。

七月,隆武帝发布亲征诏书:朕仰赖天地人之盛眷,故今大出二十万之雄兵。先钦差御营御左先锋定虏侯郑鸿逵统领大兵十万,内令前军都督府总兵官施天福道出广信;后军都督府总兵官黄光辉一军道出金、衢,该爵亲领右军都督府总兵官陈顺等及中军文武监纪推官等副参游等八十员,驰赴军前,适中调度。再钦差御营御右先锋永胜伯郑彩大兵五万,内令前军都督府总兵官陈秀、周之藩一军出汀州,直抵南昌;王秀奇、林习山一军出杉关,直抵建昌。该爵亲领都督副总兵洪旭督运及中军文武监纪推官等副参游等八十员,驰赴军前,适中调度。再差都督总兵官郑联、林察领兵一万,船三百号,由福宁直抵温、台。此水陆二支,俱听定虏侯节制。以上勋臣兵将,自七月二十八日,朕亲登台福祭授钺专征之后,务令星驰电发,齐至南京,速救涂炭。择定八月十八日,御营御中军平虏侯郑芝龙,总兵郑泰,武英殿大学士蒋德璟、黄道周及文武五府六部大小诸臣共一百四十六员，尽起福州三卫戎政五营共兵二十万，正天讨之亲征，为四路之后劲。再差都督府郑芝豹领兵一万，护送御用钱粮……（钱海岳《南明史》）

八月，隆武帝召见郑芝龙长子郑森，嘉其文武才略及爱国精神，赐姓朱，改名成功（朱成功），授御营中军都督，仪同驸马都尉。自此，世称其为"国姓爷"或"赐姓"。郑鸿逵之子郑肇基，亦受赐国姓。

隆武帝召王忠孝北上福州，擢王忠孝为广东岭东道参议（据下述墓志铭，应先后为"广东分巡岭东兵备道、按察司副使"）。王忠孝一再疏辞得请，改光禄寺少卿，覃恩诰赠父母及妻。又疏辞，不允，年底始入福州就职。

王忠孝《自状》：

> 乙酉，南都再变。闽中立帝，则乙酉夏五月事也。拥立者为郑家昆季。是时漳、泉二郡，出而华列近者，指不胜屈，余独迟迟。会荐牍多及，乃补广东岭东道。疏辞，得请矣。适有言余用违其才，奉旨促余抵粤，而粤督已先题就近推用。部覆乃改余光禄少卿，稍稍列禁近，则太宰张公肯堂，采舆论而见及也。余疏辞，不允。部催屡下，始入福京陛见，逼腊矣。上以次年初六日移跸，舟泊洪塘，未知余抵任也。

> 光禄卿林公铭鼎，莆人也，为郑姻亲。惮随征，乃于龙舟作老熊跌仆状，中官扶之起，因辞云："老臣不能扈侍，少卿王忠孝已到，可代臣也。"上命礼部传旨，着余随征。时阁臣曾公樱留守福京，特疏留余共事，上不允。而余随束装从驾矣，跸建宁。

洪旭《王忠孝传》：

> 隆武立，起岭东参议，改光禄寺少卿。时在廷，主亲征之议，公陛见，即有扈驾之命。上"慎用人，审布置，核额饷，汰将领，清言语，实图治"六事，上皆嘉纳之。

> 马金岭之失，首辅黄道周全军陷，定鲁侯郑鸿逵偕诸将退扼仙霞关。上命公巡察守关将，赐剑印，特敕便宜行事。公奏："臣巡关耳，将有不法者，回奏请旨逮治之。书生提剑入军门，恐陨越简书。"上然之，遂单骑所至，与其守将申款曲，严饬励，务使兵

民辑睦,联络救应。诸将皆唯唯。然后出仙霞关,晤定鲁侯,痛谈时事。公泣,郑亦泣。因教令商参失律将士,回奏称旨。

当公未旋时,上复遣辅臣骆振飞,欲就军中斩罪将黄光辉。至浦城遇公,出密敕相商。公曰:"今入人之军,呼其大将斩之,猝有他虞,不变生俄顷耶?公不如以功罪责大帅,生杀还朝廷,公进退绰绰矣!"定鲁侯果囚光辉诣行在,上亦卒赦之。凡所建言,皆切中时弊。久之,进太常卿。旋擢都察院协理院事左副都御史。

上锐意出赣,公力谏不可。疏留中不下,郑鸿逵亦切谏。上曰:"与廷臣议之。"时大学士蒋公、骆公、何公,少司农汤公暨行在诸公俱集。鸿逵指画关门险要,置烽增垒,星罗棋布,为"十可守,百不可出"之义。公与蒋公云:"所不与共心力者,有如此水。"乃共规派兵卫,参置文武。鸿逵与其侄赐国姓成功,分域严备,诸公则督饷督师。凡数日,颇有头绪。合奏,上意坚不可挽。鸿逵曰:"吾赴东海死耳!"遂削发缴印敕去。关门守御俱弛,而有输款清朝者矣。

清同治《福建通志》卷二〇五《明列传·王忠孝》:

逾年,唐王立于福州,起太常寺少卿。忠孝力请由江西、浙江出兵图复两京,不当保守一隅,坐而待毙。王题其言,而政操诸郑芝龙,不能行也。忠孝见事势不振,请假归。逾年,复以左副都御史召,而唐王已败。

《诰赠奉政大夫光禄寺少卿滨泉公敕命》:

奉天承运,皇帝制曰:昔王祐三槐之事肇子孙三公,后子旦为真宗时名宰相,实自祐防夫桥树于前,而梓随之隆义,方者道应尔也。赠承德郎户部主事王瀚,乃光禄寺少卿王忠孝之父,笃学醇儒。先民懿范克谐以孝,竭诚以事继萱。因心则友,分宅而居,犹子屡推宾席,恒圭旦评,平心率物,亦惟安橘奕之尝而积厚流光,固已拓弓冶之绪。在哦松已成廉吏,驯饱卿,蔚为名贤,盖名利勿热一语便足千秋。而股肱,竭贞九原,宁忘三锡。兹以覃恩,赠尔为奉政大夫光禄寺少卿。运属中兴,继述之升,闻未既庆流奕叶，纶綍之宠贵方新。钦哉。

隆武元年敕　敕命之宝

《封奉政大夫光禄寺少卿愧两公敕》：

奉天承运，皇帝制曰：人臣之事君也，才与诚合。不避屯蹇，斯有进乎？协能者，盖大节既树，则令名集焉。况文武为宪之勋，兹表见于宣谕，而持危济变之，具早遵养于衡门，所诏宝臣宁靳宠。赐尔光禄寺少卿王忠孝，神犹渊镜，器裕经纶。初筮仕于版曹，值国家多难，登陴身亲矢石。先朝垂地险时久之，褒管饷介凛冰霜，西蓟腾授醪挟纩之颂。至于首犯珰焰，百折不回。羁栖谤处，此已十三年，控辞新命者再三疏。凌霄之志甚厉，逐流之耻殊坚。朕即位闽南，先加蒲召难进之谊。既征兴复之猷，应抒所陈六事，宛然十思。单骑以临岩关，推诚而抚将士。其斯为社稷之干乎？兹以特恩，晋尔为奉政大夫，赐之诰命。方两都未复，图麟之业岂异人任袭，紫传鼋在此日也。尔懋钦哉，朕将有后命。

隆武元年敕　敕命之宝

《诰赠孙宜人敕书》：

奉天承运，皇帝诏曰：人子之贤者率归德于母，岂尽其所自出阴而鸷之于雇复均也。夫子既笃王臣之忠，而不归庸于其母可乎？尔赠安人孙氏乃光禄寺少卿王忠孝之前母，毓质名门，克称贤配，朱萼白华之洁；孝事重闱，缟衣茹蘦之风。俭敦素，尚齐眉未渝乎！敬戒鸡鸣，恒诚以翱翔，乃锵鸣之什，未历多时而燕婉之。求遽捐中道，陟屺推慕，则子贵宜膺宠也。今以覃恩，赠尔为宜人，式阐德之幽光，贲恩纶于奕世。

隆武元年敕　敕命之宝

《诰赠洪宜人敕书》：

奉天承运，皇帝制曰：家有严君焉，父母之谓也。而慈则推母，故反哺之义独详明乎？顾复之爱深，风人所为咏罔极也。夫臣报其母则君霈之恩，尔赠安人洪氏，乃光禄寺少卿王忠孝之母，淑以成慈温。而克俭备尝，瘁苦不减桓氏。名宗圆成天伦，允绍敬姜懿诲。虽骏发有子可酬和九搤臂之勤,而禄养弗逮。更深竹笋江鱼之痛,抑次寒寒靖共者,伊谁氏。子翟虽幽贲,驰若生沾矣。用以覃恩,赠尔为宜人,板舆之奉未伸,翟佩之荣可慰。

隆武元年敕　敕命之宝
《封宜人陈氏敕》:

皇帝制曰:子兴视夜,明星有烂,其交儆何至深也。而思齐之咏,百男造物,久必阴贶之。夫贶之潜者,天而贶之显者,君说其夫树节宣劳,而不为念其嘉耦乎?尔光禄寺少卿王忠孝妻封安人陈氏,推鹿高风,泳鸠懿德。妇道敬孝,备尽闺范。肃雍著闻,纺织其勤,每和在御之,琴瑟鸠桑均爱,不异同体之荆株。夫士人多名成于内助,而节坚于里。壮有负戴之操,而后可以共敝。佩尔真其人矣,兹以覃恩,封尔为宜人。昔日之荆钗,今为翟茀,他年之凤,诰弥永钦承。

隆武元年敕　敕命之宝

入福州就职前,为姻亲朱又焕之父朱和作《明敕封征仕郎户部给事中萃台朱公暨配累封孺人勤肃陈氏合葬墓志铭》书丹,题署"赐进士出身、奉政大夫、光禄寺少卿、前升广东分巡岭东兵备道、按察司副使、浙江绍兴府知府、北京户部河南贵州清吏司主事,奉敕督理蓟西粮储、姻家眷侄王忠孝顿首拜书丹"。

《明敕封征仕郎户科给事中萃台朱公暨配累封孺人勤肃陈氏合葬墓志铭》:

赐进士出身,资政大夫、礼部尚书兼东阁大学士知制诰,实录总裁经筵讲官,叔祖继祚顿首拜撰文

赐进士出身,中奉大夫、四川布政使司右布政使、前湖广提刑按察司副使、奉敕整节金衢兵备、浙江布政司参政兼按察司佥事分守岭西道、广东按察司副使兼布政司参议、贵州道监察御史、巡视东城厂库予告,起补江西道监察御史、巡按河南贵州,年通家姻已生张矿顿首拜篆额

赐进士出身,奉政大夫、光禄寺少卿、前升广东分巡岭东兵

备道、按察司副使、浙江绍兴府知府、北京户部河南、贵州清吏司主事，奉敕督理蓟西粮储，姻家眷侄王忠孝顿首拜书丹

余族侄萃台封翁盖有道君子也，翁讳和，字爰介，萃台盖其别号云。其先世与余同为光州固始人，唐末有古田令公讳玑者避地，徙家于莆黄石里，又同为莆黄石里，又同为莆之琳井人。至我明永乐年间，翁之四世祖曰铭爵公讳禄者，幼孤，随母嫁适郑比。长徙居主籍于惠安，为惠之后琳人，以适郑故，相沿数世冒郑姓，至万历中载始复。再传为赠宪副抱拙公讳昭，以文行者闻，载在邑乘。昭公生三子，长参藩公一龙，次寿宾公一麟，季文学公一凤，则翁又也。翁性至孝，跬步不敢忘。姑圯弱而母王孺人无闺阁，继母何入祖壶政，翁奉之如所自出，至送终。治事必诚必信，宗党莫不称为佶。恒事伯兄如父，凡户内事，悉躬为经理。伯氏性方介寡，翁调以怡婉，终其身为行无间言也。其性素嗜义若渴，慈仁有加，遇有绳瓮是若苦者，解衣推食，每忘其庚之整，而棠之洗也。居有家所之后，翁倾资为倡。迳用底绩，至生计日行，环睹萧然，终不介意。比耆年以给谏君贵，累膺封爵称大翁，益自卑牧恬淡，殊不以温饱牵怀。惟是与革施济之图吸吸图倦如重，新祠不费族子姓一钱。又如悯蔡头桥之病涉而倡义修砌成，驿坂桥之利济而勉力独肩，盖翁之为。德远矣！诸若里中悬罄之士，下逮闾左穷氓，待翁举火者指不胜属。尝有潘姓者逼于完赎，欲以其女赘金。翁如所请贷之，不索其券而还其女。翁卒之日，潘率女跪哭门外而去。其隐德多类此云。崇祯初年，海寇锺李辈扬波四沸，翁出资倡募义勇，犒练乡壮，御贼而歼之海岸，邑北壤藉以晏堵，至今桑梓间啧啧能言之！以尝佐邑令君缮南埒、葺东塘、廓西台，为邑百世城守计，邑人勒石颂。为翁器量宽厚，泾渭明于中，而不为城府。与人交无贤愚贵贱，见者皆煦然，如饮醇醪。其寿登人衰爵荷舟命德协日且庆衍孙，曾所得于天者不为不厚亦云宜哉！余与翁隔郡而居，不及时瞻杖屦。然翁尝至黄石旧里，修宗盟之谊。而余与先封考亦当览胜螺阳，与聚首谈欢。两封翁皓首应求同堂相对称咸阮，亦千载一时也。

于今德容虽邈风范犹新，余终敬慕弗衰，且愿翁之后人尚保世滋大尔。配陈孺人为孝廉璃东公长女，有女士风。其孝谨以奉舅姑，温懿以抚犹子，勤朴以综家计，严肃以课子孙，询与翁俪德云。翁生于嘉靖壬戌年十二月十四日巳时，卒于崇祯辛巳年八月初九日辰时，享年八十。陈孺人生于嘉靖壬戌年九月十六日子时，卒于崇祯庚辰年三月十七日申时，享年七十有九。子一，即给事君又焕，以天启壬戌科进士，累官户科右给事中、广东布政司参政。娶御史曾公承芳孙孔修公女。女三，一适尉王文江，一适刑部员外郎郭公珍曾孙诗，一适何如宣。孙男三，瑞骥、廪生，娶曾君孔遵女。瑞骎，娶傅公文龙女，今不幸蚤世。瑞駬，贡生，娶大方伯庄公应祯孙学博公毓序子、贡生元迪君女。孙女五，一适同乡李公慎曾孙太学生转森君男、庠生长芳，一适太学生田君乔烜男、庠生启基，一适御史大方伯张公镤男、庠生滈，一适海丰令张公锵孙、庠生祯，一适御史廉宪刘公曾孙贡生君芬男、贡生绳武。曾孙男昂万，聘户部主事、起光禄少卿王公忠孝子、庠生汝杰君女，中益聘文学张桢君女，中美、中善俱未聘。瑞骥出，以益嗣瑞骎出。曾孙女二，一许御史大方伯张公矿子、恩贡生君璇男棣，一许督孚宪副赠光禄卿骆公日升孙庠生忠胤君男其骝坝，瑞骥出，余未艾。今兹隆武元年乙酉十一月廿五日未时，合葬翁与孺人于张山之麓，负撰未，迳祖里，依祖茔，承翁志也。翁之冢孙瑞骥以余知翁最深，请志铭于余。余谊不护辞，卿志其行谊之大者，并谱系云初如此，为之铭曰：

畴树之劳而敦仁，慕义俾后昆。式款畴树隆之极，而纶命锡诸。其躬备膺五福，犹积庆之绳绳。今天畀佳城张山之麓，千龄永奠。今祖兆是依，沟有丘之为乐。

襄事承重孙瑞骥、瑞駬泣血勒石

郡人郭如珪镌

墓志铭载："（朱和）曾孙男昂万，聘户部主事、起光禄少卿王公忠孝子庠生汝杰君女。"

朱和，字爱介，号萃台，明惠安县北德音里六都后林（今属泉港区前黄镇三朱村)人。朱和嗜义不倦,仁慈乐行善事,重修朱氏祖祠。坝头蔡头桥沉没水底,往来者病涉,为邑东北乡民所苦。邑北大路及碣石桥(永济桥,俗名乞丐桥,在泉港涂岭驿坂)等损坏,乡民往来涉水之苦。朱和均挺身捐资修砌。又整葺城埋,施给贫乏,皆人之所难也。知县李沾延朱和建惠安县城东西二炮台,朱和不惮劳苦,独肩任之,刻期告竣。明末海寇屡警,募练乡兵捍御,一方赖之以安。故其居家恤睦,宗族奖励后进,邑里宗党咸戴而祝焉。及子朱又焕成进士,朱和居户垣益谦退温和,贵累封征仕郎、户科给事中。

朱又焕(1587—1644 年),字予文,号北泰,惠安县北德音里六都后林人。天启元年(1621 年)乡试举人,次年联捷文震孟榜进士。历任浙江金华推官,升户部给事中,官至浙江参政,任期未满,因父丧而"丁忧"回籍。两年后,朝廷再召他为广东参政,还未及赴任便病卒于家中。著有《户垣谏草》四卷。

作《复阁部蒋德璟书》《与阁部蒋德璟书》《与漳州王少宰书》(二封)《复绍兴秀才陈启书书》。均收录于《王忠孝公集》。

《复阁部蒋德璟书》:

客冬恭谒阁下,教诲饭食,铭镂靡谖。嗣后一麾绍兴,匆匆就道。旋以告疴抵里,蒿目时艰,自处疏庸,非敢言高蹈也。

每念颠覆之后,整顿匡扶,求旧是先。老揆台东山鼎望,经纶凤储。使再入纶扉,共襄补衮,中兴可几,而无如当轴之悠悠何?

今都下不堪言矣,路传不一,北遁非真。临安近闻,想亦聆之。东南小半壁,不知当何如支撑也。

某犬马之辰,缘值先慈讳日,从来不敢自问,况在兹时。忽辱台谕,重以腆锡,小子何修,克膺垂注!感谢达尊之赐,礼当百拜登嘉。其不获冒承者,计师相元善体物,亦能鉴某之非不恭也。

大刻拜领,瞻依在怀,嗣图展候,伏祈慈照。

《与阁部蒋德璟书》:

恭维老师相,调化诩谟,格心大学,无偏无党,正直可通于神明;为纬为经,表仪垂宪于文武。人伦斧藻,世道纲维,某后进末学,仰圄昃覆多年矣。

当老师相秉钧之日,谴伏子踶,未敢守楮求通。乃咳唾春风,时时嘘及。即迩日梓里追随,深荷缱注。鸿造不言,高厚之戴,何敢谖也!

某岭东之推,已经控休。奉旨严切,部限九月初旬抵任。分为臣子,敢不祗遵!然不得不踌躇者,某虚庸善病。而当兹潮方多事,贼聚众至数万,斗米五钱,民半饥死。无兵无将无饷,而推一老病书生应付,其何能焉?

路传前道经八月抵任,未卜真否?一署两官,深为未便。今潮役并无人至者,万一入粤,而上下都无照应,安所着面孔?不病亦病,况真病乎!老师相休容汪度,平心体物,当亦亮某之非矫饰也。

此日行径,退则规卸为嫌,进则趁热贻讥,甚或以为厌外觊内者。种种苦心,莫从遍控,惟有具呈乞休,永矢弗告而已。

若曰逢时多艰,谬冀待清。夫使中外诸君子僇力勖勤,以致太平,某乃徐出而图轩冕,亦可谓有胸无心者矣。老师其相信之乎?晤宰公乞为一言允放,赵父母亦有札恳,或可代致台意也。

揆地清严,不敢侑渎,计荷慈照。

八月,张正声作《〈惠风〉序》。其编著的《惠风》共十二卷,其中卷六《五言律》收入王忠孝《白下访友人不遇》(《王忠孝公集》未收入)及五言古风《感时》三首。诗后言"征诗于王愧两,久而不应,及应时,则五言古已刻就矣!此三首意调殊古,不载正选,殊有余恨,附之以志同心"。卷八《七言律》收入《将赴绍兴不果舟中作》。卷十二《七言绝》收入《秋日有怀》(《王忠孝公集》未收入)。

《秋日有怀》:

> 江浦白云拥赤霞,伊人宛在诵蒹葭。
> 相思欲觅乘风翼,横渡寒汀一两家。

【时事】

九月初六日,弘光帝朱由崧被执,送北京。九月十九日,黄道周募众数千人,马仅十余匹,另有一月粮草,出仙霞关,与清兵抗击。十月初抵达广信(今上饶),募得三个月兵粮,分兵三路,向清兵发起进攻,一路向西攻抚州(今临川),另两路北上分攻婺源、休宁,不久三路皆败。十一月初,隆武帝誓师西郊,以郑鸿逵为御营左先锋出浙江,郑彩为御营右先锋出江西。十二月初六日,隆武帝御驾亲征,发福京,唐王朱聿镈监国。十二月六日,黄道周率队向婺源出发,至童家坊,得知乐平已陷。二十四日,抵明堂里时遇伏,参将高万容逃队,于是全军崩溃。黄道周被徽州守将张天禄俘获,送至南京狱中。

南明隆武二年丙戌(1646 年),鲁监国元年,清顺治三年,54 岁

【谱主活动】

正月,隆武帝在建宁。马士英疏请入朝,不许。因郑鸿逵部将黄克辉从浙江省江山撤退回闽,隆武帝大怒,指责郑鸿逵"始则境内坐糜,今复信诇撤转,不但天下何观,抑且万世遗耻,未有不能守于关外而能守于关内者",下诏将郑鸿逵由太师降为少师。

隆武帝命礼部传旨,让王忠孝随征。随隆武帝北上抗清,驻跸建宁府。作《元宵宿建阳驿逢陈寅表侄自北去》诗。其非言官,可不言时政,但他仍奏呈《上唐王条陈六事疏》,全面分析了当时的形式及如何部署才能取胜,建议唐王主动出击,同时也指出军中大将的问题,建议慎择大帅。王忠孝的六事疏都切中时弊,颇具可行性,表达了他希望唐王能励精图治,实现明朝中兴大业的愿景。

《上唐王条陈六事疏》:

御营光禄寺少卿戴罪臣王忠孝谨奏:为兴朝不讳,时事多艰,谨披愚悃,仰邀圣鉴事:

臣谴谪余生,不尘仕版者十四载。先帝宥臣议录,而终弗见用。圣安帝环补臣官,臣病不能为之用。今皇上御篆在闽,荷恩

拔擢；臣屡以病告，而请不获允，谊无所辞。业于行在见朝，旋奉随征之旨，匆匆前来，亦既抵御营受事矣。元日从诸臣后恭聆圣谕，有"上下交儆，力破因循"等语，悚然惕心。故今日进谏，宁为规，不敢为颂。盖其事有六，举朝共知，而未之速图也，请为皇上陈之：

一曰用人宜慎。从来戡乱致治，先在得人。择而后用，无用而后择。诸臣侍在左右，按其生平，参之清议，梗概莫遁矣。择之精，任之专，故人得竟其才。今朝可夕否，东推西移，坐席未暖，干办奚从？至守令与民最亲，多事地方，有辑御得法，巩固城社者，便是督抚之选。当下玺书优异，畀以青华御秩，勉使久任。乃瓜期未久，动加行取。虽为言路择贤，其如地方缺官何？臣闻两粤新附，守令甚苦乏人。公车期赊，可将闽广孝廉会试三科者，尽数选择铨补。官系正途，夤缘亦寡，胜荐举万万也。

一曰布置宜审。凡运筹制敌，必在画定规模。豫章、临安皆属版图，而急着宜先江右。鲁藩虽未联附，终是我之屏翰。劲卒三千，驻防衢严，便足与朱大典、方国安互相声援。江右联三楚，俯瞰建业，形势实据上流。金声垣又迫处此，于闽门户最近也。永宁王功在建昌，正宜推诚奖励，委以江右之事。而悉挑精锐两枝，鼓行而前，与王夹剿，此胜算也。今所选大将，自独偾臧，藩帅不亲，秦越相视，敌窥兵间矣。恢复大事，为当以渐，而上意又喜在旦夕扫荡，命遣四出，勋阁并峙，而皆提数千乌合之兵，势分力弱，遇敌不支，何怪衄溃之屡闻乎！则并营厚集，慎择大帅，尤今日一大急务也。

一曰额饷宜核。用兵伊始，日费万千，生节无道，困穷立见。旧制：卫所有军，营路有兵，州县有民壮，皆额兵则皆额饷。今悉付不问，而专事新募。迨粮饷不继，捐助借助，同时并行。捐助出于绅衿富室，犹为义举；借助则合贫富而索之矣。而年来维正之供，又不容缓。用二用三，民奚以堪？马周有言："蓄储固不可无，要当民有余力，然后取之。"此言最可深味。臣察钱粮有起运，有存留。无已，于存留等项酌其缓急，细加厘节，仍于卫所额粮、屯寺旧籍，力清虚冒，庶几得一分，犹藉一分之用，万不可向二三穷黎再行敲吸也。

一曰将领宜汰。国家安危，在乎兵之强弱与将之贤否。卫、霍、宗、岳，代固希有。求能抚士卒、简行伍者，未可谓世无其人也。咨访物色，则桓赳吐气矣。古大将专阃外，阶拟公辅。我朝蓟边三协，仅设总兵二员，余悉偏裨，诚重之也。今委用太滥，大帅数十，督佥填衢。闻每营副、总、参、游以十计，中千总以百计。将领既多，薪水杂流，居其强半，欲兵之强，胡可得乎？今欲练兵，必先汰将。钦札部授，勿畀庸流，致使英雄短气。是在师中大人，堂上司马，无忘高皇灵爽，秉心天日耳。

一曰言路宜清。言语通塞，治乱之源。古人主纳谏，有令谏官随宰相入阁者，有令谏官极言得失者。间或草泽上书，英奇特见，未闻千百杂进也。今考选既行，台谏侭饶披陈。而纳言之署，怀牍如市。纳忠固多，希进不少。倘遇军国大计，盈庭筑舍，恐致混淆，又岂仅至尊劳于批答，揆地日费看详已哉？宜令所司严加汰驳。凡有条陈，择裨益时政者，即为封进。部覆之后，务使实实施行，酬圣明问察至意。勿博求谏之名，而反窒从谏之实也。

一曰图治宜实。周官法度，必取《关雎》《麟趾》之意，即管、商偏伯，亦无涂饰苟且之谋。况时事倍艰，一点精神，俱宜注之兴复；一毫物力，俱宜留作兵饷。而臣观行在规恢，铺张毕具，赏赉无节，即始之六飞遄发。从官太多，扈侍将吏，无益征剿，徒滋糜费。昔人有言："区区江左，大可寒心。"正使其君筚路蓝缕，其臣枕戈待旦，独惧弗克光复，而尚可袭升平之制置耶？

凡此六失，补救更图，只在今日。否则，因循度晷，几幸横逆之不来，恢剿无实，妄意联络之日至。兵食交困，战守两难。欲冀中兴，不知何日？而况有不忍言、不敢言者哉！臣愚不识忌讳，伏乞圣明采纳鉴宥，不胜栗悚之至！

隆武二年正月十二日

奉圣旨：王忠孝这奏六款，皆切中时弊，真实可行，着各款另一本。说弊则指人指事，条陈则应长应短。一一详明，以便批行。该御营通政司知道。

作《元宵宿建阳驿逢陈寅表侄自北去》：

> 使节停周道，灯辉满驿东。
>
> 列城多曙色，万灶尽寒光。
>
> 靡及王程棘，欣逢客思同。
>
> 明朝并马去，鞍辔舞春风。

作《奉敕赐剑巡仙霞、二渡等关时官光禄正堂加升都院事》：

> 委质系来应致身，东南西北敢辞程？
>
> 官非枢管践戎马，才拙韬钤谬请缨。
>
> 一剑纵横冲四海，两关阻险俨长城。
>
> 带星策骞凛王事，将略何缘付老生？

"奉敕"事，指王忠孝奉命"巡两关，赐剑印，特敕便宜行事"。仙霞岭，仙霞关为闽浙往来要冲，以雄伟险峻驰名，素称"两浙之锁钥，入闽之咽喉"，历来为兵家必争之地。其时为定虏侯郑鸿逵驻军。

定虏侯郑鸿逵偕诸镇退守仙霞、二渡间，军心涣散。正月十三日，隆武帝特赐尚方宝剑，印绶给王忠孝，命其巡视仙霞、二渡关，"会同定虏侯郑鸿逵，申明纪律，约束官兵，宣谕居民……"王忠孝力辞剑印。正月十八日，入浦城。正月二十二日，单骑自浦城入九牧，晤郑鸿逵，上仙霞及江右永丰、二渡关，悉心咨询，宜抚安戢。其间作《上唐王赐剑巡视仙霞关安戢及战守形势疏》。与太子太保、文渊阁大学士、吏部尚书路振飞在浦城相晤，设计安定部队，路公相见恨晚。

《上唐王赐剑巡视仙霞关安戢及战守形势疏》：

> 行在光禄寺少卿戴罪臣王忠孝为微臣遵旨赴阙，谨述见闻情形，据实回奏事：
>
> 臣书生，不识军旅，奉命随征，惧弗能胜任。正月十三日，奉敕谕："王忠孝准即赴仙霞关，明谕定鲁侯郑鸿逵。今既进关，宜速善守，自补愆尤。进关之兵，若敢逃奔，或害居民，王忠孝即以赐剑从事。"还面对了速行。除赐剑已经面辞荷允外，又蒙御批："王忠孝先去安戢兵民，赐剑续发，饮此。钦遵。"恭诵"安戢"二

字,是朝廷惓惓至意,无一刻不在关内士民也。

臣谊不敢辞,遵旨驰赴。十八晚入浦城县,见邑中市肆不惊,亦无营兵进城。但城外居民,每有挈家室入深山者。警息讹传,民情风鹤,旋幸亦底辑也。二十二日由浦城至九牧,晤定鲁侯鸿逵,将临遣天语逐一宣谕。而鸿逵云先已派防,及疏参失律将士,自引罪矣。会兵部侍郎吴□□,监军科臣陈□□亦至,与定鲁侯再商守御。臣复沿途历刘家墩、青枫岭、六石坑、念捌都,上仙霞关,则都督郭芝英业据关设备。而关以内诸径错出,斜移而西百余里,便与江右接壤。从常玉入者,名六石坑;从永丰入者,名二渡关、名盆亭关。俱已设兵。惟二渡坦衍难守,此处若不毖慎,则仙霞之守为虚。臣亦穷驰毖戡之,有都督施福驻重兵数千,料不至疏虞。

臣自浦至仙霞,经过村落,计二十余处,悉心咨询,详加晓谕。所到兵民贸易,幸各辑和。惟近关数村,搬移入山,只留丁壮看家。其象与浦邑同,有迁徙而幸无扰害也。又仙霞之外为峡口,从东入关,亦有傍径,则江山县界也。臣途遇御史余日新,曾与商及,已议添防矣,鸿逵当兵二千守之。

夫臣所奉敕书,为安戢兵民也。而兹述诸险要情形者,兵民之错聚之地。实廑圣明轸念,故臣因晓谕所至而缕陈之,以慰圣怀。若此日兵民不兢,关内安堵,皆仰藉皇上德威,非微臣安戢之力也。抑臣因是而慨今之言守者,未可漫视也。夫地有险夷,守之难易,因之。如仙霞一关,层峦深谷,天险足恃,此以守为守者也。二渡峡口,地势旷邈,安能处处扼防? 还须御之门庭,则非能战必不能守者也。关外之兵,臣未尽见;关内之兵,惟施福营多旧兵,器甲粗备。郭芝英次之,余多新募乌合,不堪冲锋。守未易言,可论战耶? 如臣愚识,以谓马金岭失事,诸将自知惧罪,皇上亦急思更弦,犹宗社之灵。若狃于零捷,为敌所愚,陷入徽界,而突出轻骑遥袭,闽危在旦夕矣。伏乞皇上速敕定鲁侯汰将并营,日夕整顿。除各关派守严备外,剩兵若干,速选大将一员,统领出关,屯驻常玉之间,坚壁相机,犄角牵制并联衢广声势。盖守定议战,以战为守,天下事庶可为也。臣归至浦城,见辅臣骆振飞,已经缕详。先驰回奏,伏候敕裁!

谕《明光禄正堂王忠孝敕命》:

奉天承运,皇帝敕谕:光禄寺少卿王忠孝,仙霞关外,警信讹传。兵将作绸缪之谋,士民动风鹤之恐。昨见两条陈六款,切中时宜,断无知人之非而不自行其是者。故特赐尚方剑,前往浦城县,到仙霞关会同定鲁侯郑鸿逵,申严纪律,约束官兵,宣谕居民,勿生恐怖。确差侦探,时备战守。江山县既有余日新、毛邦贵召练义勇,巩固关门。则鸿逵将士,自应定住心胆,速图立功。要知宽恩不可屡邀,奔逃岂容常试?至于失伍离次,扰害居民,则罪之中又一罪焉。参、游以下,皆以赐剑从事。抗违阻挠者,飞疏奏闻。尔又常躬历闾阎,叮咛榜喻,使民晓然,知重关险峻,万难飞渡;法令森严,兵无纵挠。团结联合,守望相助,勿辄轻听讹言,颠沛流离,致伤朝廷爱民至意。尔能使民安守,固即尔之功;鸿逵能同辑兵安民,即鸿逵之功;将士能不扰害居民,式遏乱略,亦将士之功。事定均与优叙,不然者,宪典具在,炳如日星,各宜凛念。钦哉特敕!

御批:王忠孝先去安戢兵民,赐剑续发。

隆武二年正月十三日

三月十一日,隆武帝把驻地从建宁府迁到延平府,一直等到八月末未见何腾蛟出兵接应。隆武帝欲离闽的计划泄漏后,在闽北的大臣中引起了争议。郑氏家族的根基在福建,因此,郑芝龙与郑鸿逵都竭力反对隆武帝离开福建。

洪旭的《王忠孝传》:

上锐意出赣,公力谏不可。疏留中不下,郑鸿逵亦切谏。上曰:"与廷臣议之。"时大学士蒋公、骆公、何公,少司农汤公暨行在诸公俱集。鸿逵指画关门险要,置烽增垒,星罗棋布,为"十可守,百不可出"之议。公与蒋公云:"所不与共心力者,有如此水。"乃共规派兵卫,参置文武。鸿逵与其侄赐国姓成功,分域严备,诸公则督饷督师。凡数日,颇有头绪。合奏,上意坚不可挽。

鸿逵曰:"吾赴东海死耳!"遂削发缴印敕去。关门守御俱弛,而有输款清朝者矣。

以郑鸿逵为代表的郑氏家族想留下隆武帝,从当时的形势看,留在福建也是有利的。因此,在这次会议上,郑鸿逵的主张得到了隆武政权主要大官的支持。然而隆武帝却决意离闽,于是郑鸿逵愤而辞官,剃发隐居。郑鸿逵是隆武帝的主要支持者,他灰心到剃发隐居,对其他官员的影响很大。其时,隆武帝不仅想要离开福建,而且觉得福建籍官员太多,他只想挑个别人带走,将其大多数人抛弃。因此,当时福建籍官员都灰心丧气,其中有不少人与清廷方面联络,隆武政权已呈土崩瓦解之势。

作《浦城与定虏侯郑鸿逵书》:

> 两都告变,国祚中叶,老台台力扶危绪,拥立圣明,此其功高实式临之。传曰"微管仲,吾其被发左衽矣",台台今日之谓也!

> 忠孝枌榆樗栎,久企高风,末由荆识是恨!自维病蹇弃物,无裨时难。顷冒昧小草,佐理膳寺,铅刀惭未一割,乃有宣谕之役,不胜悚惶!盖缘警报频传,虑兵民交讧,故以告诫安戢,为佐绸缪,而即以此课诸将士功罪耳。

> 上又念台台久在行间,临遣,天语谆勉,仁义兼尽。小楮所未及详者,须与台台一晤悉也。

> 肃械先布,嗣容候谒。春风犹寒,为国珍重。临楮拳祷!

作《念八都与定虏侯郑鸿逵书》:

> 昨驰关上,拟今日旋晤。闻二渡、盆亭诸处,俱已设兵扼守。则凡兵民错聚之地,台台经营,劳来所及。弟似应躬历榜谕,方便据实回奏,且以见饬饬周匝,可上宽圣怀耳。

> 旋期当迟一日,先此奉闻。如台驾急欲东巡,得便即发归,当顺道回谒也。何如?

郑鸿逵(1613—1657年),原名芝凤,或作芝彪,考取武举人时,改名鸿逵。字曰渐,又字圣仪,号羽公。郑芝龙之弟,排行第四,郑成功的叔父。随兄芝龙行于海上,受明朝廷招抚,祖籍南安石井,居晋江安海。明崇祯九年(1636年)登武进士,隆武时累官至定国公。郑

王忠孝年谱

— 125 —

成功举义,鸿逵归其属下,自将领一军守于晋江白沙岛。永历十一年(1657年),在金门去世。著有《及春堂诗集》。

路振飞(1590—1655年),字见白,号皓月。崇祯帝亡后,路振飞曾致书南京兵部尚书史可法,谓"伦序当在福王,宜早定社稷主"。隆武帝先后封路振飞为左都御史、太子太保、文渊阁大学士兼吏部尚书等职,官爵累至左柱国、光禄大夫、太子太师、吏部尚书兼兵部尚书、武英殿大学士。后卒于粤中,谥文贞。

粤东监司汤来贺运三十万饷入行在,擢为少司农,以资浅疏请让秩于王忠孝,帝下旨有"汤来贺惟贤知宝,王忠孝该部优擢"句,而王忠孝守俸如故。

汤来贺(1607—1688年),原名汤来肇,字佐平,改字念平,号惕庵,别号主一山人,世皆称其为"南斗先生"。江西南丰人。官至兵部侍郎兼广东巡抚。散文家、诗人。崇祯十三年(1640年)进士,任扬州推官,在政以廉洁著称。其品行兼优,受史可法器重,奏荐朝廷,誉其为"立品以千秋自命,立志以圣贤为法,天下治行第一也"。

五月,隆武帝语路振飞"王忠孝资俸俱深,且有巡边关之劳,应另擢"。遂进太常卿,封赠祖父母、父母及妻。

隆武帝又御批"王忠孝清贞之品简在朕心,准给假二个月,依限前来"。旋擢都察院左副都御史,协理院事,恩荫一子入监读书。

七月,将遵旨北发,值寒疾,延搁半个月。

八月,抵福州,晤诸公,商榷时艰。十五日之后,登舟溯流而上,距行在所仅二程。郑芝龙尽撤水军回晋江安平,有船五六百艘。清兵已乘虚而入,进攻浦城、霞浦等地。八月二十八日,隆武帝在闽西汀州被清军俘获后遇害,隆武政权告终。王忠孝恸哭于野,郑成功劝道:"哭无益也,吾叔侄在,且为后图。"(《南疆绎史》)王忠孝也写诗宣示孤愤,表示要"毁家振一旅,同仇修矛戟"。郑成功与之交战失利,率师南下,与王忠孝相遇于舟次,对王忠孝说:"上已先四日行,剑南皆北骑,公将安之?"因此邀他回福州,共同举事。王忠孝从间道入山,贻书促妻孥出城。王忠孝回惠安故里,投靠赵玉成,匿居于寺庙(惠安县城外平山寺)。

清乾隆《泉州府志》卷之七十六《补编·方外·明方外》：

彻际小平寺僧，精法律，通内典。相国张瑞图尝延住持白毫庵。丙戌岁，原知县赵玉成、邑绅王忠孝、诸生刘若往拜为师。圆寂时年九十余。

清倪在田《续明纪事本末》卷之十六：

其诸护发抗节及以僧自匿者，有若倪俊明、张若化、林兰友、许瑾、林英、卢若腾、郭贞一、沈佺期、诸葛倬、许吉燝、黄维璟、林其昌、王忠孝、张正声、陆昆亨、姚翼明、程应鏛、陈瑞龙、万年英、谢元抃、任颍眉、齐价人、洪七峰、骆亦至、吴亦庵、刘玉龙、张瀛、叶后诏、涂伯业、李茂春、黄骧陛、黄寅陛，皆最著。而叶启姚、张灏，皆于台湾亡后，旋卒（沈光文见前）。陈骏音以郑亡，更遁广东之韩江，卒。诸人虽不死，其心实为明，故书之（凡书为僧者准此）。

王忠孝《自状》：

余虽陪卿寺，非言官，可不言时政。诸知交谓余新环召，不容缄默，遂谬陈六事，荷奖谕切当。会马金失事，辅臣黄道周陷没，定鲁侯偕诸镇退屯仙霞、二渡间。上震怒，谓其丧师入关。又外传兵民交讧，遂命余巡两关，赐剑印，特敕便宜行事。召见，面谕速行。余力辞剑印，以书生无兵权，提剑入军中，恐陨越简书，惟单骑，往宣谕耳。上以为然，就原敕御批云："王忠孝着先去安戢兵民，赐剑续发。"余次日北发，亦不谒阁部授方略，闻有讶余径率者，不顾也。

行至浦城，上仙霞，及江右永丰、二渡关，逐一宣谕安戢。所至邑居，烟火如故。惟村落居民，挈家人山谷，留丁壮看家，盖怵虏，亦避兵也。而是时行在称关兵淫掠状，汹汹骇听闻。余旋朝，据关以闻，谓"有迁徙而无掠害，但兵甲钝弱，未可言战"，因并及战守布置。上颇以为然，而终疑"兵无掠害"一语，则先入之言也。

方余仙霞未旋时，上又命辅臣骆公振飞往，以为阁臣权重，军中可便宜行事也。骆公至浦，密出敕书相示。余曰："此间一二将逗怯，按法应诛。刻下虏与我师相望，见我扼险而守，未敢轻犯。而此曹各拥千兵在握，闻上意有所重创，移足而北，关以内谁御者？”骆公曰：“然则当若何？”余曰：“公不如以圣意语定鲁，渠以为可，呼罪将入营议事，豫令人统其军，则束手受缚耳；如以为未可，定鲁当驰疏宽严，公进退绰绰矣。”骆公深以为然。次辰贻书相及，谓晤商适中机宜，恨相见晚也。骆公向与定鲁不相得，日以近事往还，稍撤形迹，将相略豫附矣。余归，守光禄如故。

会上再移延平，从行者纷纷争舟，建安、瓯宁二令不能应。余出民价自募两舟，一坐随驾，一装左右。典簿亦两舟，一装御膳，皆私募也。典簿韩廷铨，称老文学。上初登基，辄有披陈，指斥时事。当上意将置言语，有讶其戆者，仅拟光禄典簿，供职惟谨，戆亦自若。适杨飞友自浙来，马贵阳士英姻也。诸阁老欲询浙事，留阁中共饮。韩争之，谓政府非留客地，不肯备席。上亦先侦知之，大怒，锁阁门，窍而传餐。余甚嗔韩典簿之过执，失纶扉体，而阁中不能无憾矣。建安令猝难应舟，知廷铨前事，向阁中诉称光禄寺据船十只，何以支应。不指余名，亦不指廷铨，意余必卸罪于廷铨也。阁中以闻，上怒甚，着锦衣卫从河干察明，旨甚严切。察仅四舟，皆出私募，余疏详剖，亦不归咎建安。而建安令惶甚，从中贵斡旋，以十舟移于内供给，上亦不之罪也。然而知余之孤孑寡援矣。

是时，百司多躐转掌铨。骆公语余曰：“借公尝少平流而进，为浮捷作榜样，非仰公也。”疏入，上语骆公曰：“王忠孝资俸俱深，且有巡关之势，应另擢。”遂抹去“少”字。命下，始知出上意也。

时粤东监司汤公来贺，运三十万饷入行在。上喜甚，擢汤为少司农。同余廷谢，汤执余手而言曰：“余资浅于公十余年，公又从谪籍起，迄今犹淹小九列，而余乃踞公上，深自踧踖。”遂疏请让秩于余，上优诏报可，有“汤来贺惟贤知贤，王忠孝该部优擢”之旨。而余守奉尝如故，骏奔俎豆间，频侍天颜，每有所下问，颇见属意。

一日，议移跸江右，列余随驾。因请假治装，上辄报可。御批云："王忠孝清贞之品，简在朕心。准给假二个月，依限前来。"旋擢余左副都御史，协理院事。余陛辞过里，则丙戌五月间事。

七月，将遵旨北发，值寒疾，延阁（搁）半阅月。上遣中贵人敦趣。

同召者六人，惟余就道。八月抵福京，晤诸公商榷时艰。望后登舟，溯流而上，距行在所仅二程，清骑已乘虚而入。赐姓公交锋不利，率师南下，遇余于舟次，语余曰："上已先四日行，剑南皆北骑，公将安之？"因拉余旋福京，订举事。而余从间道入山，贻书促妻孥出城，僻居祖里。甫一月，北骑抵泉，郡邑望风下。

洪旭《王忠孝传》：

公归，斥卖田园，以为行资。上曰："速之，迟则不能待矣。"及公至，上已出莅剑州。北岸皆氂帐，独成功一军未动。公望北哭，成功执公手曰："先生何之？吾叔侄在，卷土重来，未可知也！且归再计。"公从间道入山。

《槐台公圹志》（《王忠孝公集》卷二）：

丙戌之变，余不度智勇，举事无成，田舍勿复论，家族惴惴焉。

作《与阁部朱胤岗书》（原《王忠孝公集》抄本误作朱胤昌，因此各版本均错误）。

朱继祚（1593—1649 年），字立望，号胤岗，莆田县横塘（今莆田市荔城区黄石镇横塘村）人。万历四十七年（1619 年）中进士，改庶吉士，授编修。崇祯中，历任礼部右侍郎、南京礼部尚书。福王时，重新起用。后隆武召为东阁大学士。隆武二年（1646 年），隆武率众入江西，朱继祚与黄鸣俊等随行。至汀州，隆武被清兵追杀。继祚、鸣俊奔回莆田，与林兰友、王忠孝、余飏、林嵋、林尊宾、周沾等人计谋恢复。同年十一月，桂王立，次年改元永历，鲁王监国，又起用继祚为东阁大学士，兼礼部尚书，加太子太保。监国鲁王入闽，继祚举兵响应。三月，清兵大举反攻，兴化城陷，继祚被俘，就义于福州。清乾隆四十一年(1776 年),诏谥"忠节"。

【时事】

五月,弘光帝朱由崧被杀于北京,鲁监国逃亡海上。洪承畴向清征南大将军多罗贝勒博洛提出招降郑芝龙的建议,与招抚福建御史黄熙胤(晋江人)写信劝郑芝龙降清。六月,清兵渡钱塘江,进兵取绍兴。鲁监国逃至台州。郑鸿逵闻浙东江上师溃,弃仙霞关而逃,诏削其封爵。郑芝龙撤兵赴安平,拜表即行,诏留之不得。仙霞关守兵皆溃。六月十六日之后,隆武帝"敕国姓成功兼顾大安关,仍益兵防扼。恐有清骑突入,铳器火药,即令二部给发"。大安关即分水关。郑芝龙命令仙霞关守将施福(又名施天福,施琅族叔)将军队撤回隆武朝廷所在地福州,此举导致清军攻入闽北时几乎没有遭受抵抗。隆武帝闻仙霞关不守,自延平出奔,拟移驾江西。清兵入仙霞关。二十四日,取延平。九月十九日,清兵入福州,清兵入闽,唐王败亡。又随之占领了兴化、泉州、漳州等地。十一月十五日,郑芝龙轻信贝勒博恪许他闽广总督的承诺,只带五百仪仗,从晋江安平基地竟往福州投降,后被送北京软禁。郑氏体系中不同意投降的各派力量,分散驻扎在东南沿海一带,各自为政,其中郑彩、郑联一支把正在浙江沿海处境困难的鲁王监国迎来厦门,号召全国,从厦门向北发展。

郑芝龙叛而迎降,其妻田川氏在泉州抗节死,家仇国恨,郑成功义愤填膺,到南安县孔庙(丰州)哭告孔子曰:"昔为儒子,今为孤臣,向背去留,各行其是。谨谢儒服,惟先师照鉴。"告毕,出门外,于魁星阁前焚烧青衣,从此带领部下,招募义兵,在东南沿海举旗抗清。裘毓麟著《清代轶闻》等史志载,日本诗人藤森大雅有《郑延平焚儒服图诗》,慷慨激昂,颇具东国之风。中国人知之甚少,故特此录之。其诗曰:

> 朱火欲爝国步难,杀气腥膻白日昏。
> 万岁山头哭龙髯,延秋门外哀王孙。
> 党祸纷纷击且掊,四海士气沮丧久。
> 草间偷活何奄奄,崩角稽首惟恐后。

— 130 —

延平郡王真男儿,忠义之心确不移。

一死酬恩无反顾,一木欲支大厦欹。

慷慨倡义意激烈,先师庙前矢立节。

脱却儒衣付焚如,仰天低回沥心血。

昔心孺子今孤臣,向背去留异所遵。

旁人乍听心潜动,呜咽无声气自振。

呜呼!志业虽不遂,足为万世鼓忠义。

君不闻此子受生日域中,山川钟秀胆气雄。

又不闻母氏清操亦奇特,泉城烈死惊异域。

母教自古贤哲多,何况男儿性所得。

莫怪金陵丧败气犹刚,直取鸡笼作金汤。

戈鋋一挥紫飚息,鳄鱼远徙鲸鲵僵。

三世供奉明正朔,衣冠堂堂四十霜。

永为臣子示仪表,昭回并悬日月光!

郑成功避走泉州府同安县金门,然后开始于福建沿海各地招兵买马、收编郑芝龙的旧部,更在广东南澳募集了数千兵力。十二月,郑成功、郑鸿逵、郑彩各率所部入海抗清,在晋江安平及金(门)、厦(门)建立抗清基地。郑成功在小金门(今金门县烈屿乡),以"忠孝伯招讨大将军罪臣国姓"之名誓师反清。

王铎以原官礼部尚书管弘文院学士,充《明史》副总裁。

朱由榔(1623—1662年),明神宗朱翊钧孙,崇祯帝堂兄。受丁楚魁、吕大器、陈子壮等人拥为监国,十一月十八日于广东肇庆称帝,年号永历,次年改为永历元年。朱由榔史称永历帝,又称为桂王。

朱聿鐭,按兄终弟及的原则,继位称帝,以明年为绍武元年,是为明文宗。

十二月十五日,绍武帝死后,永历帝成为南明唯一的皇帝。

嘉庆《惠安县志》卷三十五《祥异·国朝》:"三年,大兵入泉,从惠经过。"

王志道卒于家中,终年72岁。黄汝良(1554—1646年)病逝。苏观生(1602—1646年)病逝。

南明永历元年丁亥(1647年),鲁监国二年,清顺治四年,55岁

【谱主活动】

正月,鲁王朱以海在长垣誓师,会上表明了"王业不偏安"的决心。鲁王在闽南招集残部,继续抗清。敕晋王忠孝为兵部尚书,任职左副都御史,总督兴化府、泉州府义兵。王忠孝疏辞未受职。郑成功在广东南澳起兵,连克闽南诸地。王忠孝在兴化、泉州等地率义师响应,招集5000多人。王忠孝的家乡沙格"练马埔"一名即因义军在此练兵练马而得名(今中国和美国、沙特阿拉伯合资的福建炼油化工股份有限公司所在地)。

王忠孝的《自状》:

> (丁亥)夏秋间,削剃入空门,稍稍见人,因得与同志商举事,鸠集五千余人,遂建旗鼓,南与赐姓叔侄、郭介庵、张冲至相望,北与林自芳、林子野响应。而一时莆(田)、惠(安)蜂起,余师徒日盛,声势日振,莆、惠二城或内应或自遁,皆复我明土矣。

王忠孝曾在沙格邻村邱厝村的兴福寺、仙游枫亭西明寺等处组织义兵。林自芳即林兰友,自芳是他的别号,枫亭人。林子野则是翰林林垒。当时林兰友等人组织的义军在枫亭西明寺周围的酒池寨、文子寨以及莆田吉寮一带都有活动,包括参加攻打郡城。今仍保留于仙游郊尾旧粮仓遗址(寺庙)门上的一对联:

> 举义五百将领,伴僧屯粮如来佑染厝;
>
> 驱夷十万士卒,抗清复台忠孝据鹭门。

兴福寺始建于元,名西庵。兴福寺第八代主持僧清旗和尚在明弘治十六年(1503年)受明孝宗皇帝命赴礼部关给度牒。世宗皇帝授予和尚状元名誉,并赐一顶状元帽和黄袍袈裟。清赞和尚授赐后从朝廷返回本寺,为谢皇恩,在嘉靖十三年(1534年)立"皇帝万岁"碑,记载这一历史。殿右侧墙还保存一石刻:正德二年(1507年)二月□日,主缘僧清赞开山宝殿一座。

枫亭西明寺,亦称狮鸣寺。大门前石柱门联右刻"西巘有路通真

— 132 —

性",左刻"明月空潭悟道心"。寺内佛堂前也有石柱两根,右柱上角刻有小字"蔡忠惠公句",中间大字竖刻"月出长空渡";左柱大字刻写"人鑑大道行",下角刻写草书落款"□□敬录"。该联句实为集蔡襄名作《万安桥记》碑文的集字联(并不是"蔡忠惠公句")。佛堂上供有功德主牌位,毛笔黑字分别写着"宋,嘉祐二年,蔡襄兴建","清,顺治八年(1651年),僧性深重建"。西明寺的重建,《枫亭志》有载:"林性深号若海……与林兰友、唐显悦等游。兰友志图兴复,性深以众资焉。事不就,兰友等挈家入海,性深复以船与之。兰友飘寓十五年,性深因削发为僧,仍与兰友、显悦等作方外游。募建西明寺,诸公各书序劝赞。又与都御史(林兰友)作诗唱和,最后郑得来亦次其答林猗斋(林兰友)先生原韵者。相传其始兰友与性深同学,从游于莆之吉寮,后兰友由寮而枫。性深雅相友善,又同志趣,故兰友与王忠孝等图兴复,而性深实赞其事……"

林性深在西明寺东侧不远北坑岩"酒池"山上结寨,和惠安、仙游两地的抗清名臣王忠孝、林兰友(仙游枫亭人)、唐显悦(仙游鲤城人)、黄骧陛(仙游枫亭人)等关系紧密,曾把自己的部众和船只装备归属王忠孝、林兰友等支配。义师失败解散后,王忠孝、林兰友等下海,自己则削发为僧,仍与他们做方外游,并在他们的倡议支持下募建西明寺,作为秘密抗清活动的地点。

春、夏,福清义师两次进攻福清县城,首领是明朝遗臣周崔芝、林垒、林汝翥等人。

王忠孝作有《与周平夷书》两封。

周鹤芝,字九元,福州府福清县仁寿里(今音西镇)松潭人,唐王封为水军都督。以舟山为基地,发展抗清武装。后与主将黄斌卿不和,改任平海将军。周鹤芝劝阻郑芝龙勿降无果,移兵海坛,设总镇署。顺治三年(1646年)正月,唐王封为平鲁伯,命其镇守海口、镇东两城。十月,与郑彩率师攻占福州,兵败而归。次年秋,派其子林皋到日本向他的义父日本大将军撒斯玛求援,没有成功。后又从海上攻福州,失败后北上浙江舟山,与张名振、阮进的部队会师。顺治十年(1653年),随郑成功部队在福清、长乐登陆,一度攻下海口、镇东二城和长乐松下等地,后转战海坛。

七月,鲁王亲征,郑成功会同郑彩部队攻打海澄,失败。八月,郑成功又与郑鸿逵部合围泉州府城,清漳州副将王进率援军至,郑军不敌败退。

九月,作《黄文惠墓志铭》:

> 初余为诸生时,读朋五先生闱墨,及所著文字,景仰久之,而未获亲炙。丁卯,与公之从子元亨君,同举于乡。公同从子上公车,余因得附骥尾,领尘教益,叹公之学问高深,非薄植浅尝者,所可同也。

> 戊辰,余忝捷南宫,公被荐不售,遂赴铨会,得蜀之合州。合当水陆之冲,土沃民饶,人稠事繁,公冰柏自励,杜请谒,绝苞苴,俸外不苟取一钱。州有关,旧例商贾输税,有额外赢余,公下车申,禁除陋规,商贾立碑颂德。

> ……

> 公讳文惠,字朋五,万历壬子举人,授四川合州知州,以崇祯甲戌年八月十一日卒,距生万历癸酉二月初二日,享年六十有三。今以永历丁亥九月廿九日,葬于樟林吴山顶。穴负辛拱乙,庄宜人祔其左,杨宜人祔其右。铭曰:

> 公之学兮博而精,公之仕兮廉且明。叔度颍川兮绍家声,卜兹幽宅兮号城,宜尔子孙兮奕世簪缨。

王忠孝的曾孙澄后娶黄文惠孙女、乡进士舒城知县黄瑞鳌胞姐。泉州知府(辛自脩,辽东贡生,顺治三年,即1646年任)持书檄到沙格王忠孝家,未见得王忠孝,便执其子而去。幸有福建按察司佥事,分巡福兴泉兵备道闵肃出面搭救。闵肃为王忠孝的同科进士闵及申族亲。

闵及申,字生甫,号园客,浙江乌程县晟舍镇(今湖州市吴兴区织里镇)人。授福建松溪、江西永新知县,崇祯十四年(1641年)升礼部主政。十六年升礼部精膳司员外,请假归里。甲申年入京途中,闻国变返,不复仕。

闵肃(1609—1648年),字同生,号白於。崇祯六年(1633年)举人,崇祯十年(1637年)进士。观兵部政,授福州推官,未及一年国变归籍。顺治二年(1645年)入京,改翰林院庶吉士,授检讨,出主福建乡试。钱澄之《所知录》:"六月乡试,以布政使吴炳为提调官,编修刘以备、闵肃主试。"迁福建省按察司佥事,分巡福兴泉兵备道。顺治五年(1648年)卒于任。

王忠孝《自状》:

> 郡守持一书一檄到余家,邀余出谒。儿答以"从无抵舍",遂执儿去。有清道闵肃者,年家也,释余儿归。郡中派粮,诸绅以余贫不派及。而郡守令遂意消,且以闵宽余儿,不苛绳也。潜踪数月,钩索益甚。余与郭介庵终不出谒,订曰:"宁以絷(累)囚见,不以遗绅见也!"
>
> ⋯⋯
>
> 赐姓公复同安,师围南安,山中诸县皆下。北人困守郡城,不敢出一骑。上游建宁为新建郡王所复,义声四布,计闽指日复也。

洪旭《王忠孝传》:

> 清法严,所至,人无敢藏匿。姑削发入空门,因得与同志商举事,遂鸠集师徒。丁亥夏,与鸿逵、成功,及光禄卿诸葛倬,都宪沈佺期,职方郎张正声,礼科郭符甲,翰林林垐,御史林兰友同时举事,收复郡邑,义声大振。已而粮竭势分,事权不一。
>
> 会永历皇帝驻跸端州,公上封事,赐旨褒嘉,晋兵部右侍郎,兼官如故。

王宪章《祖母林孺人圹志》:

> 无何,沧桑变乱,风鹤日惊,而先王父孤忠自矢,鸠一旅从事。其间,孺人悉脱簪珥以资敌忾,无间言。

林兰友、王忠孝也在此时组织抗清义军,是众多义军中突出的一支。林兰友、王忠孝、唐显悦等人,在枫亭陈迁故宅中酝酿起义,时应为丁亥年四月,义军的主力有从浙江镇海来的林性深所带酒岭寨队伍,王忠孝的沙格乡兵,林兰友在枫亭和莆田吉寮(吉了)等处的乡兵,兵员总数达五千余人。活动范围在惠安、仙游到莆田的沿海一带,主要的据点有枫亭酒岭、文子两寨,梅岭庙,郊尾杨寨承天庄寺,惠安萧厝沙格、莆田忠门吉廖等处,义军参加了收复惠安县城,莆田兴化郡城,攻打仙游县城等处的战斗。(郑秋鉴《南明遗臣林兰友、唐显悦、王忠孝》)

洪旭《王忠孝传》、王忠孝《自状》,均记录了顺治四年(1647年)夏林兰友、王忠孝、唐显悦等人发动的抗清起义。《自状》中讲到清兵入闽后:

> 姑削剃入空门,稍稍见人,因得与同志商举事,鸠集五千余人。遂建旗鼓,南与赐姓叔侄、郭介庵、张冲至相望,北与林自芳、林子野响应。而一时莆、惠蜂起,余师徒日盛,声势日振,莆、惠二城或内应,或自遁,皆复我明土矣。赐姓公复同安,师围南安,山中诸县皆下。北人困守郡城,不敢出一骑,上游建宁为新建郡王所复,义声四布,计闽指日复也。

与同志商举事的"同志"就是林兰友、唐显悦、林性深、黄骧陛等人,抗战形势一时很好。

仙游县郊尾镇染厝村承天寺现存林兰友、王忠孝所捐石造香炉一件,一侧刻有"桥畔月来清见底,柳边风去绿生波"两句,落款是"自芳(林兰友)敬题,丁亥四月"。另一侧刻有"沙村好处多逢寺,山叶红时才胜春"两句,落款是"长孺(王忠孝)敬题,丁亥四月"。是两人发动起义时所造。

唐显悦(1593—?),字子安,号梅臣、枚丞,又号泊庵,仙游县鲤城镇人。天启二年(1622年)进士,授诸暨县令,后改湖州教授,转国子助教,迁南京户部主事,转南京户科给事中,升四川副使,出知襄阳府,累官岭南巡道。明亡时从唐王,先后任兵部右侍郎、兵部尚书,后辞官。永历九年(1655年)居厦门,隐居云顶岩(王忠孝作有《云顶山行》《同郭长公登云顶石室》),自号云衲子,以寿终,卒年不详。有《半樵山房记》《亭亭居》等诗文遗存。孙女嫁与郑经为妻。

郭符甲(1605—1648年),字辅伯,号介庵,晋江县人,崇祯十六年(1642年)进士。次年,任弘光朝礼科给事中,不久托病回乡。清军入福建后,举兵响应郑成功,兵败殉国。清乾隆年间追谥节愍。

作《瓦岩戴集公世廉过访是日遇大风雨》：

> 往日山阴王访戴，今朝瓦寺戴访王。
>
> 惭愧昔贤漫比拟，一天风雨偶然东。

诗引《王子猷雪夜访戴》故事。山阴县，是浙江绍兴古县名。瓦岩、瓦寺、惠安一片瓦寺，又名张后室、高士岩、石窟。在惠安紫山镇南安村一片瓦山（石室山）顶峰，因巨石覆盖如瓦，故称。初为明戴卓峰辞官归隐所辟，后人以天然洞室改为寺宇。

《王忠孝公集》书中的《王氏谱系》载：

> 置有田园所租，业充在仙邑香田里沙溪杨寨承天庄寺、梅岭庙等处，崇祀明赐进士第通议大夫、兵部侍郎、前都察院协理院左副都御史王讳忠孝公禄位，明赐进士中宪大夫、太仆寺少卿、山西道监察御史、前南京监察御史林讳兰友禄位。现在历年四月初八日致祭神位，设宴几席候驾王、林主祭赴宴，永垂不朽。并十月王姓子孙赴仙红婆社等处收租，往返住宿，洁觞奉礼，意不敢稍懈。

承天庄寺和梅岭庙（朝天庵）两处，虽经改建，但都供有林兰友及王忠孝禄位。一为"功德主"，一为"檀越主"，两处一直有请王、林子孙致祭的习惯。两寺附近一带及今赖店红婆社一带许多田地当时属于王忠孝或林兰友名下，可能是抗清武装的粮食来源之一。

《王忠孝公集》原稿整理人的"附告"中有"梅岭庙募捐启二篇不列入，但从祀者及修建者姓名均予列入，不没其实也"。惜原稿缺失，正文中未有该募捐启、从祀者姓名、修建者姓名各项内容，但已能说明梅岭庙实为林兰友、王忠孝所建。梅岭庙殿堂的屋架各梁上至今留有四处康熙后期清朝军队单位和将领募金重建的题字，殿堂神像上方悬有雍正年间福建水师提督王郡所送挂匾一方，题有"天地合德"四字。可能是这些军人或其先辈参加过林兰友、王忠孝的抗清部队，若干年后这些人又因故归顺清朝，许多成为清军将领，尤其是水师将领，天下大定后怀念旧事，又是朝廷政策允许，便重建了梅岭庙。

据王忠孝后人所传，红婆社处田产为郑成功主要将领、王忠孝亲家洪旭赠给王家。王忠孝的孙云甫（龙英），娶光禄大夫、少师、忠振伯洪旭长男、兵部主事洪磊长女。

洪旭,字弘荩,号念衷,有金门后丰港人和同安马巷蔡浦人两种说法。郑成功在厦门设六官,任洪旭为户官、水师右军。北伐金陵时以洪旭为兵官,防守思明州。郑成功率师复台时,命洪旭等奉郑经留守厦门。康熙三年(1664年)三月离厦往台,继续辅助郑经治台。洪旭长子洪钟特讳磊,当过监督水师,守澎湖,郑经设六官时被任命为户官。

嘉庆《惠安县志》卷三十五《祥异·国朝》:"土寇薄城,总兵韩尚亮破之。"惠安城建筑三马墙,周城一千余丈,高六尺半。韩尚亮,字继州,清顺治二年(1645年)以平民身份投奔当时的福建泉州总镇府马德功总兵麾下。清顺治十二年(1655年)调任福建闽安水师副将,后升任闽安水师总兵。清康熙元年(1662年)改任福建水师左路总兵。

但各部义军由于归属不同,互争饷地,致使这支义军介在郑成功叔侄和鲁王之间,事事棘手。先是郑成功派冯澄世去惠安督收军粮,甚至让惠安的另一支义军郑某攻打王忠孝营盘。后在莆田又发生鲁王部将杨耿到林兰友、王忠孝驻地强收兵饷,终使这支义军被迫解散。

冯澄世(?—1664年),字亨臣,晋江县人,隆武举人。冯澄世有机略,郑成功重之,初用为参军,后成功设六官,转任工官之职。成功薨,郑经嗣位为延平王,擢其子锡范为侍卫。康熙三年(1664年)二月,清军攻陷金厦两岛,郑经全师东渡过台,澄世别舟至东碇外海。初刘国轩为清漳州城门楼总,慕义来归,澄世甚器重之,并向成功引见。国轩感念知己,拜为义父。

郑彩(?—1659年),字羽公,南安县人,郑芝龙从子。天启五年(1625年)从郑芝龙下海经商,后随郑芝龙受明廷招抚,官总兵,弘光时为副总兵。与郑鸿逵等迎立隆武帝,被封为永胜伯。郑彩带兵出杉关。隆武帝汀州遇难后,据守金门、厦门一带的郑彩带领舟师四百艘来到舟山,见鲁王朱以海处境困难,把他迎往福建。鲁监国朱以海封郑彩为建威侯,后又进为建国公。郑鸿逵、郑成功、黄斌卿等人以尊奉业已不存在的隆武朝廷为名,拒不接受鲁监国,与郑彩、郑联、杨耿等人分道扬镳。郑彩跋扈自雄,击杀大学士熊汝霖。永历四年(1650年)中秋,郑成功计杀郑彩弟郑联,占领厦门后,郑彩向鲁监国上表求救,忠于朱以海的诸将深恶其人,乘机击破郑彩余军。郑彩从此一蹶不振,终老于厦门。

杨耿,同安伯。鲁监国在长垣誓师,"二年丁亥正月癸卯朔,上在长垣,熊汝霖为相。辛未,上为禡火师,提督杨耿、总兵郑联皆以兵来会。进郑彩为建国公、张名振定西侯、杨耿同安伯、郑联定远伯、周瑞闽安伯、周崔芝平彝伯、阮进荡胡伯。周崔芝复海口,以参谋林学舞、总兵赵牧守之"、"三年戊子正月丁酉朔,上在闽安镇。同安伯杨耿、大学士朱继祚攻兴化,克之"(《赐姓始末》《小腆纪传》)。郑成功起兵初期,屡与郑鸿逵、郑彩、杨耿诸部联合作战。

王忠孝始终以大局为重,曾提出种种办法调停各部义军矛盾,如王忠孝虽没有接受建议鲁监国安排给他的职位,但建议鲁监国在发表布告时,时间按"隆武"纪年,而布告开头书"奉鲁王监国旨意"等,以使原事隆武的福建官员能够接受,调和派别冲突。

正是由于各部抗战力量事权不一的致命弱点,兵太杂,虽多而不能战,戊子上半年的大好形势到下半年随着清方援军的到来,迅速化为乌有,莆田郡城得而复失,朱继祚等人被俘就义。

据陈乃乾、陈洙、徐孚远《徐闇公先生年谱》载:

(黄宗羲)《海外恸哭记》:"总制尚书张肯堂、兵科给事中徐孚远、平海监军朱永裕皆依周鹤芝于海口。海口陷,故北至舟山依黄斌卿。"按林霍《(徐闇公)先生传》,谓丁亥扶桂王即位,改元永历。五月,赍书舟山肃侯黄斌卿,事泄,走舟山,与事实殊不合。洙按:闇公在舟山,王忠孝(愧两)以山中有矿山者得唐韩学士偓断碑,知(韩)偓终没于此,以示闇公。公作诗有"史书淹旧迹,野老矿残碑"之句(见姜兆翀《漱芳斋诗话》)。

《钓璜堂存稿》卷九载徐孚远《韩学士偓入闽后无记者,王愧两司马云近有矿山得其断碑,知终没于此矣! 拊虎为朱梁所忌见本集》律诗:

先生早去国,不见受终时。未遂冥鸿志,常怀挦虎危。

史书湮旧迹,野老研残碑。赖有香奁句,高吟续楚辞。

南明永历二年戊子(1648年),鲁监国三年,清顺治五年,56岁

【谱主活动】

春,王忠孝义军配合其他如林兰友部队攻克兴化郡城。王忠孝为此写给清莆田城李姓守令劝降信《与李官书》。然"岁大饥,斗米千钱",郑彩放任部曲横征暴敛(阮旻锡《海上见闻录》)。王忠孝屡遭郑彩兵将袭击和掠夺,终因粮草不济,退守莆田。鲁王部将又持檄赴莆田收饷。后因事权不一、义军内耗、缺乏粮饷等各种原因"姑解散师徒,决计渡海",南下依附郑成功。

王忠孝《自状》:

> 不谓王灵在远,事权不一。建国讳彩在浙扶鲁王为盟主,舟泊浪崎。赐姓在泉南,叔侄竞峙,命孝廉冯澄世入惠取饷。余一师介其间,事事棘手。有御史□□□者,与郑通谱,亦树一枝,日与余为梗,则未暇问他,先防内讧矣。
>
> 时以兴、泉俱复,我师居中,闲住无粮,与郑议暂撤归农,俟早熟有粮,方召集。郑口唯唯,心怀捣虚,余不疑也。一日,借题构难,率兵袭余营,夺饷界。余时兵难猝集,去而之莆。盖余之部曲半在莆也。莆方新复,鲁藩命杨兴宁耿持檄收饷。堂堂亲藩,莫敢争执。而余于莆、惠竟无饷地,姑解散师徒,决计渡海,别图兴复。
>
> 会清兵南下,复者尽失。余时虽不解兵,亦将不敌,然叹恨同舟者之自为胡越也。私计自行师以来,不贪不杀,百姓安堵。事虽不集,挈家渡海,田产听他籍去,毫无旁累。弟侄受他峻索,亦不遑恤,以是稍无愧于心耳。
>
> 自戊子秋偕仲兄入鹭门,居鹭之曾厝垵,兄嫂俱终于鹭,而幸皆归葬。

《槐台公圹志》(《王忠孝公集》卷二):

仲毁家卫族戚,絜（挈）眷荒礁,傸数椽颓屋。风雨时侵,鹈鹕鸣搖,无悔也。

《王忠孝公集》卷之第十二传志类王孔仁《王氏谱系》:

戊子鸠一旅建义,遭时艰挈眷避地,与同志曾樱阁部、辜朝荐给谏寄寓于金门、鹭岛,佃渔自给。

《蟹谷王氏族谱》之《待赠文学闇如王府君暨元配林孺人合葬墓志铭》（前赐进士出身、中宪大夫、广东提刑按察司副使,前吏部考功清吏司郎中、文选验封稽查勋三司员外郎、主事奉命纂修国史、年家眷社弟余扬顿首拜撰文,前赐进士出身、文林郎、吏科右给事中、改礼科给事中兼户兵二科事、前浙江道御史、年家会眷弟陈履贞顿首拜篆额,前赐进士出身、征仕郎、翰林院简讨、编纂六曹章奏管理诰敕撰文年姻家眷弟张潜夫书丹,时顺治十八年八月□日,不孝男钟鸣、承重孙鹤年同泣血稽颡勒石）:

王光前孙王鹤年,邑庠生,聘留山御史郑公耀星兄耀璧女。

四月二十三日起,同乡郑耀星率数万农民军进攻惠安县城（其中有部分原属王忠孝的义兵）。

《自状》中"有御史□□□者",疑即郑耀星。郑耀星（1602—?）,字计甫,号北枢,原籍今泉港区山腰街道荷池社区瓦厝村、前黄镇凤林村留山自然村人。王忠孝的姻亲。崇祯三年（1630 年）中举人第三十八名,历任山西道监察御史,兼内阁中书,加封监军。隆武帝授郑耀星以"通仪大夫太仆寺卿",掌皇帝出入仪仗。由于孤军无援,攻占惠安县城失利,退居厦门、金门,配合郑成功举义旗抗清,转战于东南沿海各岛屿。最后病逝于金门岛走马鞍,遗体运回家乡厚葬。墓穴"文化大革命"时被毁,仅存望柱"文笔"一根,墓道石碑今尚存,碑上石刻大字"乡进士、通议大夫、太仆寺卿、前山西道监察御史、内阁中书舍人北枢郑公暨配诰赠淑人刘氏墓道"。

嘉庆《惠安县志》卷三十六《祥异·国朝》:"贼愈猖獗,撤防兵、文武入保郡城。贼蹿入,劫掠一空。七月,大兵至,贼遁去。"指的是郑耀星攻占惠安城达两个多月,七月又被清兵击退。

王忠孝偕兄、嫂入泉州府同安县厦门岛,居曾厝垵。此后一直为郑成功重要高级谋士。厦门当时是郑彩、郑联、郑成功等义军的地盘,仍奉明朝,可着汉人衣冠,不必依清朝严令剃发。

厦门,古称嘉禾,别称鹭岛、鹭江、鹭门,隶属于泉州府同安县嘉禾里。洪武二十年(1387 年)始筑"厦门城"——意寓国家大厦之门,"厦门"之名自此列入史册。金门同属同安县,古称"浯洲""仙洲"等,以"固若金汤、雄镇海门"之意而称"金门"。唐贞元十九年(803 年)为牧马监地,五代时编入泉州属邑。

据王宪章《祖母林孺人圹志》:

> 迨时不可为,乃挈家于鹭门、浯岛间,靡有室宇。孺人偕府君体其百折不回之心,佐理经画,随处帖然,流离颠沛,亦足以少慰二人也。

《槐台公圹志》:

> 丙戌之变,余不度智勇,举事无成,田舍勿复论,家族惴惴焉。仲毁家卫族戚,挈眷荒礁,僦数椽颓屋。风雨时侵,鹈鸰鸣摇,无悔也。

清同治《福建通志》卷二〇五《明列传·王忠孝》:

> 忠孝乃移家厦门。

与齐公(名不详)通信。见《复齐公书》(《王忠孝公集》卷之七)。

永胜伯郑彩方到厦门,王忠孝"抱疴过访",看到郑彩"虚怀汪度,招纳豪俊",即称赞他"殆卓绝一时,有意兴复者也"。但也似乎也看出一些问题,故在致定远侯郑联的信中说:"今做事所难者,饷耳。饷不足,必取之民,而委任希得其人,奉行未免过当。事之不集,端由于此。"

《厦门志》中林兰友的简传写道:"丙戌秋,奉老亲,挈妻子遁入鹭岛。羁穷飘泊凡十五年,卒。"可见林兰友曾经长期寓居厦门。但林兰友去厦门最早只能是兵败渡海时的戊子秋(1648 年),"丙戌秋(1646 年)"为误。

原浙江巡抚、金门贤厝乡人卢若腾等人来归,郑成功攻克同安县。五月,郑军围攻泉州。七月,清靖南将军陈泰、浙闽总督陈锦、福建提督赵国祚等转而攻击同安,郑军不敌,守将、军民死伤无数。援军因风向不利受阻。不久,清援军抵达泉州,郑成功乃解泉州之围,退回海上。

同安城破后,守城将士悉数杀身成仁,清军屠城,血流沟渠。大约有五万人被屠杀,史称"同安之屠"。县教谕、王忠孝的同科举人陈鼎自缢于明伦堂。时子陈永华已补子弟员,闻父丧,入城求父尸,负归殓葬。

族侄王钟鸣举于乡。王钟鸣娶磁窑邑庠生林贵如女,后续娶张正声女。

作《与援剿黄公》(时间不详,暂寄):

> 台旅驻扎沙乡,弟之乡族聚焉。一村而分山海二饷,各有所辖。民属两家之民也,两母之子,谁肯先言为轸念,兵丁亦不免而相效尤。正饷之外,题目繁多,民多有流窜者,仁台想未之知也。

> 弟从不欲以琐事相干,梓里在念,情难袖观。今除正饷完纳,希谆诚诸任事者,加以烙护,俾兵民相安,感同身受。至于寒族子弟,颇称奉公惟谨,倘有偶获。

福海宫(曾厝垵社)。据福海宫重修碑记记载,福海宫始建于明洪武年间。据《厦门市志》(2004年)关于福海宫记载:原祀武烈尊侯,后合祀天后、吴真人。所祀吴真人神像系从拥湖宫移来。现宫中祀奉武烈尊侯、保生大帝、天上圣母、大圣爷、大道爷、玄天上帝诸神明。据传厦门港福海宫如不到白礁"请香",则到曾厝垵"请香"。可见曾厝垵福海宫的地位之高,香火之旺。这也是曾厝垵所有自建宫庙中唯一被列入《厦门市志》"宫观神庙"中的俗神宫庙。

作《祭大道公文》(时间不详,暂寄):

> 某年某月某日,原任都察院左副都御史王忠孝,侨寓禾之曾厝垵。岁比氛祲,俗尚祈禳,里人藉神意求某祝词。其言幻茫不足述,然耆老之情,弗敢违也。因答其意,而致言曰:

> 夫某,学孔孟者也。孔子曰:"非其鬼而祭之,谄也。见义不为,无勇也。"又曰:"务民之义,敬鬼神而远之。"明乎义可力行,神宜敬而勿谄也。

世人见义,谁为竭蹶趋者,独于鬼神诺比如是?闻有道之世,鬼神不灵。非无神也,君子修德礼而明政刑,小人遵法纪而安耕凿,奸淫不作,饥饱以时。间有天札,惟数是归,谁后以不仁咎皇天者?

今则共是,鬼虏乱中华,淫杀极矣!而号义旗逐虏者,仁不胜暴。敲膏摘髓,十室九空。乱致贫,贫致病。灾冷之气,人实为之,而以咎于天行,鬼不受也。

睢阳公有言:死愿作为以杀贼,则生为义汉,死为鬼雄。若有知,当先令虏人为尽殂。而肯祸吾民耶?惠迪吉,从逆凶,修悖之关,休咎之门,人胡不思焉?

按《周礼·大司徒》以荒政其十一日索鬼神,而祝之三日,禬其禳,或王政所不禁乎?

夫吝而慢,人情也。今酿金以禳,应者恐后;焚香斋戒,奔走不倦。持此念也,破吝而怯慢。亦一日之祥电,神必福之。

徐孚远有作《王司马饮客于真人宫》:

> 坐来羽士宅,闲把故人觞。
>
> 消日云峰静,招风竹簟凉。
>
> 相逢频甲子,共感旧衣裳。
>
> 暑退还宜晚,移樽倚石梁。

"王司马"即王忠孝。司马官职西周始置,位次三公,掌军政和军赋。隋唐以后为兵部尚书的别称。王忠孝被鲁王命为兵部尚书,永历帝授为兵部侍郎,故有称之为"司马"。王氏后裔称之为"司马公"。

【时事】

同年,清江西总兵金声桓、王得仁于江西起兵反清,清广东提督李成栋亦投向永历朝廷,使反清复明的声势一时大涨。但各方反清势力在彼此没有默契、各自为政的情况下,大多沦为地方性的抗争。不久后,清廷压制了江西的金声桓、王得仁势力,广东李成栋军亦于永历三年(1649年)灭亡。

南明永历三年己丑(1649年),鲁监国四年,清顺治六年,57岁

【谱主活动】

冬,王忠孝偕沈佺期,舟往晋江县东石,解缆而归。过金门岛杨翟里,造访诸葛士年,并游太武庙、太武山。作《太武山记》。

己丑冬,余偕沈复斋诸先生,舟往东石,有怀莫遂,解缆而归。过浯之杨翟里,则诸葛士年之傀居处也,因造焉。

杨翟左为太武山,山发源自鸿渐,东北奔放数十里,蜿蜒渡海。又数十里,耸起太武。昔紫阳官同安,望此山,谓:"百年后,人文当大振。"明兴,衣冠近四十人。兹山其发祥之祖也。

夙闻山名,游兴勃勃。士年已戒笋舆,饬酒肴,余亦欣然许之。自杨翟至山麓咫尺耳,蹑径而上,穿磴纡廻,几不厕足。山皆峻石,树木稀少,峰峦起伏,令人作嶙峋想。

行五里许,为太武庙。庙荒凉甚,其左破屋三间,道士居之。久乏游展,而山犬见人,噪声震溪谷。因忆王右丞"深巷寒犬,吠声如豹"之句,恍若同游。阶下方池丈许,澄泓可鉴,名"浸月池",俯之殊清人意。对庙名"香炉峰",屹然端重。稍折而西行数武,泉从石罅中流出涓涓耳,好事者勒石为"蟹眼泉"。余偕诸公汲饮之,芳冽异常,冷冷彻肝脾矣。士年命奚童炽炭,煮天池茗。行倦憩足,各啜数碗,卢仝逸兴,未足多也。

停午歇庙中,薄酌微醺,携手再穷山巅。四望浯渚,大海环之东北,汪洋无际,波涛万顷,吞吐夺目。西南诸村落,棋列星罗,了了如螺髻。盖浯多名公巨卿,先辈如蔡元履、许钟斗诸先生,文章行业,为世羽仪,山川磅礴不虚矣。山峰突兀,土石敦良,四面严寒。是日天气和霁,一望水天如镜,日落沙明,帆樯往来,似鸥鹭出没苍波间,亦一奇观也。

余尝见西湖六桥诸名胜,山容水意,明媚太过,未免脂韦生怜,何如兹山之镇朴而严静也。海丘寂寞,人所不喜,贵在即景会心。而予因叹人之历风霜,几经坎壈,而色瘅然,而貌苍然,而

骨节凝然,亦犹是也夫。

于是顾诸公而广之曰:"甚矣!兹山之福也。两都颠覆,庙社已非。几许名山大川,悉辱腥沦,亭台位置,甚有化为哀草寒烟、灰尘瓦砾者矣。而兹山挺峙海东,虏骑不敢近。凡托足者,多忠臣贞士与夫侠客壮夫,未见有披发而左衽者。壮哉太武,殆渤海中一首阳乎!然而余等愧矣!晋室陵夷,新亭之游,王茂弘愦愦耳,犹能以勠力中原、克复神州为诸贤激励,而我辈寓目朝宗,空抱击楫之思,得无负兹游哉!虽然,近闽西北多好音,异日海宇澄清,衣冠重至,踞最高峰,代山灵唱喝,将题其巅曰'中兴砥柱,清泉白石',真俨然与泰岱齐华。"因记其事,而各为诗以记之。

王忠孝孙女后适沈佺期长孙沈岳。

《八闽通志》浯洲屿:

十七都至二十都之民,皆处其上,凡二千余家,多产鱼盐。上有海印岩,一名太武山。岩有十二奇,曰太武岩,曰玉几峰,曰醮月池,曰眠云石,曰偃盖松,曰跨鳌石,曰石门关,曰古石室,曰蟹眼泉,曰倒影塔,曰千丈壁,曰一览亭。士大夫多题咏,有曰:"要知海印分明处,一点青山下大江。"

林焜熿、林豪纂光绪《金门志》卷之二《分域略·山川》:

太武山,雄伟庄厚,独冠屿上,海上人别呼为仙山。其脉由鸿渐穿波出海,至青屿突起三小阜,逶迤凝结神区,嶒崚皆石。(《沧海琐录》)洪武江夏侯周德兴尝登而为之谶云:"帝典王猷,海外传一肩行李;龙楼凤阁,空中起百代文章。"故石门关之旁刻曰"海山第一"。(《沧海纪遗》)中有十二胜,曰太武岩、香几案(《府志》作玉几案)、醮月池(亦作浸月池)、眠云石、偃盖松、跨鳌石、石门关、古石室、蟹眼泉、倒影塔、千丈壁、一览亭,士大夫多所题咏。……

太武山,又名仙山、北太武山,在金门岛中部,为岛上最高山。面积约 4 平方公里,海拔 247 米。山巅的海印寺又名太武岩寺,始建于南宋咸淳年间(1265—1274 年)。成功洞为山顶的天然岩洞,深约 30

米,高 4 米,宽 6 米,洞内有石桌、石椅。相传郑成功经营金门基地时,常在此读兵书,或与幕僚下棋,因此又称"明延平郡王观兵弈棋处"。

以下具体时间不详,暂寄。《同忠振伯洪钟特招司马卢牧洲、光禄诸葛士年游太武山漫题》:

> 寓县沧桑余十秋,兹山屹峙砥狂流。
>
> 峰标鳌柱依辰极,塔焕金轮映斗牛。
>
> 陟嗽振衣云拂裾,疏池浴日玉喷湫。
>
> 登临莫洒新亭泪,匡济望公一借筹。

《重游太武步丁少鹤使君石间韵》:

> 向日避秦曾问山,为贪岩壑重跻攀。
>
> 公缘揽胜兼行部,我借寻幽习掩关。
>
> 当代衣冠存古昔,不殊风景各忙闲。
>
> 登高惭谢惊人句,携侣浩歌带月还。

丁少鹤(丁一中),亦名丁肖鹤,明隆庆元年(1567 年)始任泉州府(海防)同知(亦即郡丞,副职),江苏丹阳人。

作《重游太武山》二首:

其一

> 早知太武是名山,未厌登临重跻攀。
>
> 梦里江山旧恨剧,眼前花鸟旅情殷。
>
> 几丛岩壑白云岫,无数村烟绿浪湾。
>
> 野老何窥游子意,夕阳依旧带星还。

其二

> 高峰陟遍意何求? 聊藉观澜纡百忧。
>
> 陡见旅楹雄北海,敢夸游客擅南洲。
>
> 波间隐隐浮烟艇,石罅涓涓喷细流。
>
> 世乱漫嗟垂白日,层岭再上望斗牛。

《同诸葛士年沈复斋游太武山时翠华传在滇南》二首:

其一

> 海天屹峙一巨丘,恍是神鳌柱中流。

北瞰中原拟泰岱,南瞻京邑拱宸旒。

含风细雨鳞鳞起,穿石清泉涓涓流。

登眺何能忘系桴?低徊风景愧兹游。

其二

金屋琼楼对碧溪,石榴菡萏小庭西。

丝帘卷放迷花蝶,竹径披残促漏鸡。

鲍酌春深悲系久,土阶月皎叹谁齐。

革囊贮尽惊人句,木笔亭边试鸟啼。

《上粤中唐王世子书》:

恭惟殿下天潢嫡系,帝室亲枝,历艰不折,履虎有亨,处遁晦而弥贞。潜龙利见,已荷新皇之眷宠。拭睹藩服之匡扶,遥企晖光,倾神注响久矣。

窃自两京迭陷,闽疆失守,遍地腥沧,宗社颠末。不揣劣薄,谬鸠一旅。亥子之年,莆、惠告复,而王灵在远,事权不一,书生守文,不能破格调以建非常。盖事甫集而肘旁掣,其故难言之矣。恢剿无成,每一念及,未尝不引咎德力之虚庸也。今兀栖岛村,借地而遁,渔樵混迹,靡所短长,非敢趑然时艰,良非事宜尔。迭蒙天语下颁,趋阙末由,有望西方而诵榛苓耳。忽捧瑶章,恍若披日,山川虽隔,分谊倍亲。肃牍奉报,聊志瞻依,滇粤路趋承应有日也。临楮拳拳!

【时事】

正月,郑鸿逵复泉州。四月,清廷调马得功充泉州总兵官。

王铎授礼部左侍郎,充太宗文皇帝实录副总裁,同年晋少保。

南明永历四年庚寅(1650 年),鲁监国五年,清顺治七年,58 岁

【谱主活动】

三月,作《皇明钦赐祭葬太师彦千郑公暨弟太傅涛千公墓志铭》。郑芝鹏长子郑广英(1629—1649 年),号彦千,从金陵护圣驾入闽,超

擢左都督，锦衣卫堂上金书，赠太子太师。弟郑海英（1632—1649年），号涛千，奉旨漳泉总督粮饷，应升五军左都督，赠太傅。当时两人据守石镇，相拒半月，亲经大小十余战，食尽援绝，同日阵亡。

《皇明钦赐祭葬太师彦千郑公暨弟太傅涛千公墓志铭》：

　　皇明钦赐祭葬太师彦千郑公暨弟太傅涛千公墓志铭

　　赐进士出身、通议大夫、兵部右侍郎、都察院左副都御史、前太常寺卿、光禄寺少卿、通家眷生王忠孝顿首拜撰文

　　赐进士出身、中宪大夫、太仆寺少卿、巡按江西监察御史、前南京湖广道监察御史、建言赐环、盟弟林兰友顿首拜篆额

　　赐进士出身、嘉议大夫、都察院右副都御史、太常寺卿、前吏部文选司员外郎、广西道监察御史、通家眷弟沈佺期顿首拜书丹

　　盖闻之，聪明正直、生而为人者，死而为神。至于捐躯殉国，忠揭日月，为人物中第一品流，则可以寿天壤于不朽。此余之所以喷喷于昭明公之二子也。公姓郑，派分荥阳，从宋始祖丞相端愍公居泉之武荣邑，家称诗礼，代绍箕裘，彬彬盛矣。越至我明，镇国将军乐斋公始卜筑而地于石井之西云。再传而为荣禄大夫西州公，西州公生三子，长益评公，次益鲁公，三益漳公。漳早夭。益评号振廷，振廷公从子贵，晋封光禄大夫，四赐诰命，则昭明公之父也。昭明公素曙大义，每谈及忠孝节义之事，未尝不欲歌欲泣，竖发上指。子四人，长公讳广英，号彦千。十四从戎，九江御敌有功，升授镇江游击将军。十六值国变，从金陵护圣驾入闽，超擢左都督、锦衣卫堂上金书、赐蟒玉，太子太师。三公讳海英，号涛千，当思文朝，奉旨漳泉总督粮饷，应升五军左都督。初，虏骑入闽，昭明公义不肯臣，退居中左之溪，以图恢复。而公亦毅然秉志不渝，尝胆枕戈，誓不同虏天日。丁亥岁春，焚舟登岸，连寨漳平，四方倾心，响附如云如雨，军声丕振。其他无论，如复石溪、恢马銮，克流传，攻长泰，复漳平，奠安溪，围漳郡，勋劳几伟。此虽出昭明公之神算莫测，要亦二公汗马之力。英雄瞩目，苍生引领，方期从兹扫荡全闽，直抵江浙。讵意天未厌乱，奴酋驰奏虏庭，遣五伪大人督万骑径趋攻围，风鹤瓦解。而二公

犹屹然据守石镇,誓死靡去,身冒矢石。相拒半月,大小亲经十余战,食尽援绝。三公度势不支,引剑刎亡。长公谊切鹡鸰,往救创踬,于是乎二公遂同日阵亡。呜呼痛哉,天实为之,谓之何哉!

二公以英妙之姿,受朝廷眷宠,居优处尊,独能临巨敌而不惊,委沟壑而弗顾,岂非贞心报国,天生性植,确乎其不可移耶?吾是以叹昭明公之有子,为足以光史乘而寿万祀也。书有之,"生荣死归",二公其无愧是矣。二公俱出大诰夫人黄氏,长公生于己巳年四月廿七日卯时,卒于己丑年二月廿二日卯时。娶吕翰英女,生男二:长忠国,次佐国,幼未聘;女二,幼未许。俱吕出。三公生于壬申年八月十八日辰时,卒之时日则同于长公,以其遇难均也。聘礼部尚书郎许全砺侄女,未娶,厥后俟择嗣。今上龙飞御极,不忘勋功,各加赠恤:长公赠太师,三公赠太傅,钦赐祭葬,以示旌褒。时逢吉利,昭明公因卜岁于嘉禾山鹭门港乡之西北,负艮揖坤,高卑度数,照遵例式。于庚寅年三月二十日丑时,奉二公枢而合葬焉。时请铭于余,余敬铭曰:

河岳孕瑞,诞降忠贞。捐躯赴难,烈烈轰轰。北风嘶断,玉折兰倾。砥节立行,难弟难兄。吁嗟徂今,孰可与京。缥缈烟树,俨若有情。公洵不死,何有鲲鲸。云腾紫气,史载芳名。

永历四年岁次庚寅三月□日,不孝男忠国、佐国同泣血勒石

按:墓在今厦门市思明南路大生里。1994 年 1 月,因基建迁移墓葬时出土,现藏厦门郑成功纪念馆。墓志铭高 83.8 厘米,宽 59.8 厘米,厚 4 厘米,重 75 千克。南明永历四年,即清顺治七年,1650 年。灰石墨岩,色黑。墓志长方形,四周刻云龙纹。志文楷书,24 行,行 50 字,共 1030 字。王忠孝撰文,林兰友篆额,沈佺期书丹。铭额镌篆书"皇明钦赐祭葬太师彦千郑公佺暨弟太傅涛千公墓志铭",落款书"永历四年,岁次庚寅三月□日,不孝男忠国、佐国全泣血勒石"。

墓主郑广英(1629—1649 年),号彦千,14 岁从戎,九江御敌有功,升授镇江游击将军。16 岁值国变,从金陵护圣驾入闽,超擢左都

督,锦衣卫堂上金书,赠太子太师。郑海英(1632—1649年),号涛千,奉旨漳泉总督粮饷,应升五军左都督,赠太傅。据墓志记载,郑父为昭明公,又据《石井本郑氏宗族谱》载:"郑芝鹏,讳鸣都,号舜臣……钦授太师昭明侯。"郑芝鹏与郑芝龙(郑成功之父)是同族兄弟,郑广英为郑芝鹏长子,郑海英为三子。当时两人据守石镇,相拒半月,亲经大小十余战,粮尽援绝,同日阵亡。

曾樱赠诗赞王忠孝兄。

《槐台公圹志》:

> 记庚寅诞日,峡江曾二云赠以诗,有曰:"闻公杖履傍孤舟,却任波涛作壮游。昆季他年饶鬓发,那堪回首望神州。"盖赞仲渡河不渝也。而不幸兄及嫂后先殁于岛,痛出意外。幸用汉衣冠含殓,虽颠沛乎,启手足得正矣。

> 嫂陈孺人,有贤德,嫔于王门,孝翁姑,睦姒娌,处内外宗党无闲言,懿行备矣。至海上间关,没齿无怨言,闺阁中谁能及此耶?余中宵每念吾兄嫂,白吃风霜,受几许惊危,真不禁涕泪交横矣。兹旅榇归里,卜地西光陇之原,穴坐癸向丁,以是月初十日合葬。葬必有志,当藉名公巨手,为泉壤光。乃谬自铨次者,谓不如余言核而实,且志吾痛也。

永历帝敕为兵部右侍郎,疏辞不允,然因道阻不得赴任。

王忠孝《自状》:

> 庚寅年,今上永历遣官赍敕升余兵部右侍郎,前后敕三四至。而楚、粤道阻,不得前,疏辞新衔。奉旨:"王忠孝孤忠亮节,久鉴朕心。新衔未足示酬,尚宜祗受,以资联络。俟闽疆克奠,卿其驰赴行几,用展壮猷。"捧读之下,未尝不抱惭报称无地。

同治《福建通志》卷二〇五《明列传·王忠孝》:

> 永明王立,遣人走间道达疏陈恢复大计。永明王以为户部左侍郎,忠孝力辞。后居台湾,未几卒。

时郑成功族叔郑彩、郑联的军队据厦门。郑成功退回闽南之后,为了拓展实力,乃借口郑联在厦门横征暴敛致使民不聊生,采取施琅的献策,用计图取厦门。中秋节后,郑成功趁着郑彩离开厦门的时机,前往厦门拜访郑联,郑联大意并未设防,遭刺杀身亡。不久,郑彩得知郑联的死讯,更加不敢与郑成功作对,回到厦门便将兵权都交了出来。郑成功自此接收了郑彩、郑联大部分的部队,并且实际取得厦门、金门作为抗清复明根据地。永历帝册封他为"延平王",因此亦有人称成功为"郑延平"。

王忠孝多方协调郑氏集团的内部冲突。时郑成功率部转战闽南、粤东,但所占城池屡得屡失,进展不大。而金、厦一带,义旗纷举,各自为政。郑成功、郑鸿逵、郑芝鹏、郑芝莞等人也暗中不和,屡有冲突。为抗清大业计,王忠孝利用他与郑氏集团诸人的亲密关系,多方周旋调和。

《与定国公郑鸿逵书》称:

> 顾近有欲披沥者:初时患叔任异同,今形迹既捐矣。初时患持兵坐守,今端倪已动矣。所虑功而不知,胜而不肯,先为不可胜,敌人卧榻眈眈,而我泄泄视视,有是理乎?闻令侄驰书,鼎借甚切,何不乘以时运,出济世热肠,率舟师南下,申明约束,扼要设防,不过四五日间,二岛金汤矣。叔调度于内,侄驰驱于外,可远可近,可南可北,恢复实始基之,何台台之踌躇不决也。或别有说者:谓令侄未必专权相畀,故前旌犹迟。夫渠既恳速命驾,安有肘掣之理,即果肘掣乎,谢而去之,未为晚也。万一敌乘虚而来,根本不拔,若观望僻守一隅,白沙何以着。此又弟狂瞽过虑,不禁披陈也。

对于郑成功方面,王忠孝则晓之以理,动之以情,力劝双方从大局出发。

《与国姓书》(一)称:

> 令叔近有书来,欲仍驻浯之说。所商榷者,想亦曲尽,此台台初意也。迟至今日,则令叔之犹豫也。善成而速定之,至亲指臂,较为得力,或台旌远行,而以令叔为居守之纲维,亦甚亲切。此意高明已先了了,无待弟之赘陈也。

王忠孝苦口婆心请求曾樱出面调停,希望各打算盘的郑氏家族三大支柱能为大局着想,捐弃己见,建议曾樱时时对他们耳提面命,大家合力一致抗清,从他与郑氏家族及其他将领书札中可看出其心意深远。

《与阁部曾樱书》称:

> 居恒有一宏愿,郑门现三大枝,各怀意见,指臂不灵,肯使同志协力。现在诸公日与周旋,老祖为一主盟,微论军机,可参末议,即民隐亦得时达,其如当事先自畛域何?责在吾党,当积诚感动之。定远颇听人言,惜无正语者……忠孝交浅言深,婆心空切。老祖台尊而且亲,向大有造于诸公。际此艰危,不妨耳提而面劝之。

作《鹭中以舟为田为马迭逢借去口占志惋》二首:

其一

> 年来贫病春更秋,海若相扶度岁筹。
>
> 曾奈邻翁频久假,却羡杜甫有孤舟。

其二

> 桐水闲垂一钓钩,子陵犹有披羊裘。
>
> 更亏昔老卧车上,軏轨安然无别忧。

南明永历五年辛卯(1651年),鲁监国六年,清顺治八年,59岁

【谱主活动】

正月,郑成功至南海。以苏茂为左先锋代施琅。

三月,郑军抵达广东大星所。清福建巡抚张学圣命令马得功、王邦俊等趁虚攻击厦门。马得功挟持身在南安的郑芝豹,命其交出船舰渡载清军往厦门,并且顺利在海面上击败郑军。负责厦门防务的郑芝莞未战先怯,清军攻破厦门,满载战利品即返回内陆。赶赴厦门支援的定国公郑鸿逵,正好于海面遭遇返航之马得功部队,将其围困,却被马得功威胁将害其母、兄(郑芝龙)性命,无奈之下只好放走马得功。

清军攻击厦门之际,王忠孝携家人泊浯屿观望,住舟一月,方才返回故寓。得知至交曾樱自缢死,门人阮旻锡、陈泰冒险出其尸,王

忠孝殓之,殡于金门。

王忠孝《自状》:

辛卯三月,赐姓师入粤,清乘虚窥鹭。余挈家登舟,泊浯屿观望。而定国师从揭阳至,沿海焚清舟,截其往来。渠师困鹭城,乞哀驵首去。住舟一月,仍回故寓,亲知无恙,惟曾二(二云)老以在城殉难。余募人出其遗体,殓于浯。

洪旭《王忠孝传》:

辛卯,清帅马得功见延平王在粤,遂袭岛。阁部曾公妻子问渡,公仅一舟,曰:"事急矣! 安可使吾家独完,而置曾春于殆?"趣舟先护之。公妻子入小渔艇,泊矶下,几坏者屡。及曾公殉节陷城中,莫敢过问。公募僧人得其遗体,而出其寿器殓之。与沈佺期昏夜过鸿逵舟取绵帛,相去数里,风雨骤至,舟人大恐。及岸,乃叹曰:"顷不归,吾两人且以鱼腹为殓,尚欲殓曾公耶?"大司马卢若腾,光禄卿诸葛倬等,皆来视殓,复为权厝于浯。

江阴云墟散人李本天根氏辑《爝火录》卷二十一:

郑成功至南海,以苏懋为左先锋,代施琅。至白沙河,飓大作;至大星所,杀退思训兵,攻其城。闽抚张学圣同提督马得功集各处兵民及船攻厦门,郑芝鹏懦怯,载辎重下船;得功将数十骑飘至五通,遂登岸。阮引兵不战而逃,百姓哭声震天;成功董夫人仓皇落水,有居民负之登舟。是夜乱兵焚毁店舍,火光烛天。前大学士曾樱在城中,家人扶之出。公不从,夜自缢。公之门人阮旻锡闻之,与僧文台及同门陈泰共议,天未明,文台以僧龛抬公尸至僧历湾下船,付其家人。乡之绅士副宪王公忠孝以己所置寿棺敛之,而前司马卢若腾、副院沈佺期、枢部诸葛倬等皆视敛。后兵部主事刘玉龙疏辅臣从容就义事。奉旨:"曾樱身死经常,允宜优锡。追赠光禄大夫、上柱国、太师,谥文忠,赐祭葬,荫一子中书舍人、一子锦衣卫百户,世袭。其门人知县陈泰冒险负尸,积劳殒殁,着赠鸿胪寺少卿。"

曾樱(1581—1651年),字仲含,号二云,江西峡江人,万历四十四年丙辰(1616年)进士。崇祯初,由参政累升巡抚。旋以工部尚书召入闽，进宫保，兼文渊阁大学士。唐王败，携其子则通避居金门所城，转徙鹭岛。岛破，家人请登舟，曾樱曰："此一块清净地，正吾死所。"遂自缢死。赐谥曰"忠烈"。

《明史》卷二七六《曾樱传》："其后唐王称号于福州，令掌使部。寻进太子太保、吏部尚书、文渊阁。王驻延平，令樱留守福州。清兵破福州，樱挈家避海外中左卫。越五年，其地被兵，遂自缢死。"

江日升《台湾外记》（福建人民出版社 1983 年版）卷之三："原阁部曾樱，人劝其出遁，樱笑曰：'吾今日犹得正命清波，幸也，遁何处？'自缢死。"

王忠孝作《曾二云先生疏草奏议·序》：

元辅二云曾公，殉节鹭门。长公祀望从江右来，奔父丧，搜公遗集，得疏稿若干帙，梓之。刻既成，卢、沈二公为之序，长公亦嘱余一言。请之，则皆纶扉时奏草也。

嗟乎！仕宦不至宰相，未得行其志矣。而主臣不相得，嘉谋嘉猷末由告，犹之未竟其志。公于隆皇身兼其盛焉，而顾不克成中兴大业，卒之溃决莫可收拾者，何故？大厦之颠莫支，狂澜之倒莫迴，天耶？人耶？时实为之，公且奈之何哉！

公赋性恫悃，遇事饶具胆识。自为郎，历郡守、藩臬、开府，所至辄著宦绩，诵甘棠不衰。兹编乃末年靖献实谱也。史称刘向疏词，恺切恻怛而有余忠。公殆似之。公疏后先不啻万余言，何语不从国家起见，何语不是从腔血流出！静心细读，觉当时立朝绅笏丰采，恍恍从简编绘布，可以窥公之时三一，亦可知公之心矣。

公学宗王文成公，而师事同乡邹南皋先生，渊源正矣。大节结局，乃在鹭门一著。惜公者，谓公当日可以死，或可以无死。夫公固痛念宗社、厌睹腥沦者，值房窥渡，谓惟此一刻、此片地可死。死且得所，报君父而了平生，胸中有确然不可夺者，公真千古社稷臣哉！厥后舟山之变，张、朱、吴、李诸公亦死于岛，同归成仁，盖并垂不朽矣。

余辱公交久，而知公亦最深。漫附数语简末，至心人琴之感，且勒高景云。

四月初一日，郑成功回师厦门，亲祭曾樱，将怯战以逃的叔父郑芝莞斩首。而放走马得功的郑鸿逵则交出兵权，自请退隐晋江东石镇白沙，不再过问政事。

鲁王在张名振、张煌言陪同下，赴厦门依靠郑成功。郑成功以礼相待，安排他居住于金门。王忠孝与鲁王朱以海时相往来，有《回启鲁王》《上鲁王书》。

《回启鲁王》：

> 原任行在都察院左副都御史罪臣王忠孝谨启，为隆恩宜承，苦心宜剖，谨沥血诚，仰祈鉴宥事。
>
> 职某闽澥腐儒，行能谫薄，荷国主升职兵部尚书，曾经具启控辞，旋改职左都御史，总督兴、泉义师。职拟再辞，而启才出门，又接部咨趣职入朝。职何人斯，而叠遭恩眷至此！职之未敢入朝也，属下游恢复未定，人情风鹤，不能远离。而刻下有极大典要，关全闽臣民向往之语及可昭垂千古分谊者，莫大于年号一事。夫今日诸臣，不惜顶踵，力倡义旗，非为朱朝争一块土？殿下高皇正派，神武宽洪，礼士爱民，浙闽监国，大义日星，诸臣之云集响应，谁曰不宜？独是闽诸臣与浙诸臣不同，闽臣多经事隆武皇上者也。即闽诸臣，现在受国主邦联者，亦自有说：方全闽沦陷时，隆武遥无音问，一时倡起大义，不得不推一尊，以系臣民之望。今则有传隆武在江右者，有报在闽近界者，一为总兵何兆龙差报国姓成功，威虏侯黄斌卿手札贻职，则乘舆若有定在矣。伏读访求敕旨，叔侄至情，闻者感动，况职等曾列从受眷顾者乎？今若削去隆武年号，直书监国，职心不安。若专书隆武，而不书监国，何言拥戴？近旧阁臣曾樱、路振飞曾蒙敕召，屡书相订，职与曾樱再四商榷，谓诸臣实切瞻依，而重于顿去旧主之年号，拟欲直书隆武□年□月□日，凡上下移檄前行，悉填奉监国鲁王令旨，颁示通行。殿下以侄奉叔，职等以叔之臣庶奉殿下，礼以义起，名正言顺，将见上下游之臣，不召自至，而浙直闽广，不胫而驰。谁非朱氏臣子，何所容其异同者？

职前书与阁臣马思理,有"远尊隆武,近拥监国"二语,盖计之熟矣。殿下若能恢复旧物,隆武而果无,盖未必不属南河之避。在职等则有以明不背之义,而殿下愈以彰敦睦之光,一举而诸善备焉,只在睿哲裁断耳。职与阁臣马思理,患难知交,畴昔行径相符。勋臣郑彩、礼臣刘沂春,皆同梓里,习臣生平。即浙阁臣钱肃乐、枢臣沈宸荃,虽未晤商,颇亮硁愿,殿下试进而询之,必知职非好为异同者也。伏祈赐允施行,职无任悚栗之至!

《上鲁王书》:

迳闻国主舟泊鹭门,属在本朝旧臣,畴不颙瞻恐后,枢候舟次。蒙谕再四,弗获一把肤颜,实深惶悚。然趾恋之私,未尝不耿耿晨夕也。旋闻龙驾暂移近地,解缆伊迩,益切云日之想!而路传不一,行期未卜,吴生再回颂龙章,始悉颠末。数载瀚上瞻依,一旦违别,思之涕零!或者天祚明运,光复有人,会见拜舞殿阶,指日也。自惭衰老余生,流困伏处,无能为国家出死力,而赋质硁愚,目击时艰,怅怅何之!又莫知所税驾,徒望水天叹息耳!谨专启,恭致下情,薄资为舟子犒,知在渎衰,不敢另状。伏望慈鉴,可胜悚仄之至!

连横《台湾通史》卷二:

八年春,清廷以郑、贾二员来讲,封成功海澄公、芝龙同安伯、鸿逵奉化伯、芝豹左都督。成功不从,于是置芝龙于高俎,戍芝豹于宁古塔。成功不顾。十月,伐漳州,镇标刘国轩开门降,十邑俱下,乘势略泉州属邑,守将韩尚亮力守。当是时,水陆兵势,熛至风起,浸寻衍溢,分所部为七十二镇。改中左所为思明,以邓会知州事。立储贤馆、储材馆、察言司、宾客司,设印局、军器诸局,令六官分理国事。以壬午举人潘赓昌为吏官兼户官,丙戌举人陈宝钥为礼官,世职张光启为兵官,浙人程应璠为刑官,戊子举人冯澄世为工官。奉监国鲁王、泸溪王、宁靖王居金门,凡诸宗室,悉赡给之。礼待避乱播绅王忠孝、卢若腾、沈佺期、辜朝荐、徐孚远、纪许国等,皆名客也。军国大事,时谘问焉。凡所便宜封拜,辄朝服北向稽首,望永历帝坐,疏而焚之。

【时事】

嘉庆《惠安县志》卷三十五《祥异·国朝》："八年,巡抚张学圣、提督马得功统兵,由惠(安)往攻厦门,成功遁。八月,成功复据之。"

南明永历六年壬辰(1652 年),鲁监国七年,清顺治九年,60 岁

【谱主活动】

鲁王至厦门,王忠孝等相资度日。

顾炎武《明季三朝野史》:

> 壬辰春,鲁王至厦门,赐国姓郑成功朝见,行四拜礼,称"主上",自称"罪臣"。赍千金,绸缎百匹,供应甚殷。从臣皆赠以厚礼。此时惟兵部右侍郎张煌言、曹从龙、太常卿任廷贵、太仆卿沈光文、副使马星、俞图南、少司马兼大理寺卿蔡登昌、任颖眉、兵部主事傅启芳、钱肃遴、陈芨卿、张斌、叶时茂、林泌、侍读崔相、中书邱子章、赐蟒玉侍郎张冲符、行人张吉生、张伯玉、总兵张子先等,锦衣卫杨灿、内官陈进忠、刘玉、张晋、李国辅、刘文俊数人而已。成功随见鲁王至金门所,月馈银米,遇节上启。迨年余,为细人所谮,礼仪渐疏,犹赖诸勋旧洎缙绅王忠孝、郭贞一、卢若腾、沈佺期、徐孚远、纪石青、林复斋等相资度日而已。

查继佐、张煌言《鲁春秋·监国纪》:

> 永历六年(壬辰),监国七年,监国跸金门。
>
> 国姓成功以兵攻漳、泉,尽有其下邑。北归总督陈锦援之,成功使人刺杀锦。
>
> 时郑氏故部散漳、泉者咸(呼)集,洋税复旧例,能食兵。锦方视事,有刺客以国姓密遣,即帐中疾取锦首去。求刺客不可得。
>
> 桂主自安龙驰授国姓成功招讨大将军敕印。
>
> 国姓以桂无所通监国,引嫌罢供亿,礼节亦疏,以见一。监国饥,各勋旧王忠孝、郭贞一、卢若腾、沈佺期、徐孚远、纪石青、

沈复斋等间从内地密输,缓急军需。

作《六十自嘲二律》:

其一

念乱怀明发,空惭花甲周。

子臣虚报称,言行积怨尤。

劳碌江湖里,徜徉鱼鸟秋。

加年惟学易,守此岁寒修。

其二

自知年既暮,在困卒犹疆。

干济嫌才短,艰贞任道长。

冥鸿快绝汉,野鹤厌疆梁。

纲常千古事,临老敢遗忘?

【时事】

二月,郑军攻长泰,清朝派遣陈锦率大军前往救援。郑成功大败陈锦,取得江东桥战役的胜利。攻克长泰之后,郑成功集结大军进攻漳州府城。四月,清朝为解漳州之围,募集百艘船舰进犯厦门,攻郑成功所必救。郑成功遂派陈辉(忠靖伯陈辉是郑芝龙最早招募的心腹干将,也是郑成功帐下的最重要将领之一。王忠孝作有《复忠靖伯陈辉书》《与忠靖伯陈辉书》,时间不详)、周瑞等率领百余艘战舰迎击,于惠安县崇武海域大败清军,取得崇武战役的胜利。

五月,郑成功密令援剿右镇黄山,以商量出军机宜为名,逮捕施琅之弟施显,拘捕施琅和他的父亲施大宣。

施琅(1621—1696年),字尊侯,号琢公,晋江县龙湖衙口村人。早年是郑芝龙的部将,顺治三年(1646年)随郑芝龙降清。不久又加入郑成功的抗清义旅,成为郑成功的得力助手。康熙二十二年(1683年)六月,施琅指挥清军水师先行在澎湖海战对台湾水师获得大胜。上疏吁请清廷在台湾屯兵镇守、设府管理,力主保留台湾、守卫台湾。因功授靖海将军,封靖海侯。逝世后赐谥襄庄,赠太子少傅衔。

施琅被捕后,在一些亲信部将和当地居民的掩护和帮助下逃到大陆,后投靠清军。据沙格村王忠孝后人世代相传,王忠孝惜施琅之才,帮助他脱险。

王铎病逝故里,谥文安。王铎擅长真行草隶各体,楷书师法钟繇,又学颜真卿及柳公权,笔力洞达,既端正庄重,又显灵气俊逸。行草书最为世人所重,宗法"二王"。

嘉庆《惠安县志》卷三十五《祥异·国朝》:"九年,总督陈锦统兵,由惠(安)攻厦门,不克。九月,固山金励统兵,过惠(惠)往厦门。"

南明永历七年癸巳(1653年),鲁监国八年,清顺治十年,61岁

【谱主活动】

《鲁王年谱》载:

> 三月,鲁王在金门,时有构王于郑成功者,成功礼仪渐疏。王乃自削其号,疏谢监国号,漂泊岛屿,赖旧臣王忠孝、郭贞一、卢若腾、沈佺期、徐孚远、纪石青、林复斋等调护之。

三月,鲁王朱以海自去监国之号,奉表永历帝朱由榔。鲁监国朝至此结束。

清徐鼒撰《小腆纪年》卷第十八载:

> 三月,明鲁王自去监国号。有构鲁王于朱成功者,成功礼仪渐疏。王乃自削其号。漂泊岛屿,赖旧臣王忠孝、郭贞一、卢若腾、沈佺期、徐孚远、纪石青、林复斋之徒调护之。

永历帝升授王忠孝兵部右侍郎。

《升授兵部右侍郎愧两公敕》:

> 奉天承运,皇帝诏曰:枢贰臣王忠孝,孤忠亮节久鉴,朕心新御,未足示酬,尚宜祗受,以资联络,俟闽疆克定,卿其驰赴行巅,用展壮猷。钦哉!特敕!
>
> 永历七年诏　敕命之宝

六月廿六日,王忠孝《上桂王瞻天路远疏》:

> 原任都察院左副都御史协理院事、今升兵部右侍郎未任臣王忠孝,为微臣瞻天路远,蔡向念殷,谨述情事,恭候宸安事。

臣闻开创者与天，兴复者与人。皇上正位西南，征之天意，信历数之有归；揆之人心，允数天之共戴。先时臣两疏上闻，初奉觐谒之旨，旋奉联络之旨，所以眷望臣等者綦至矣。嗣闻六飞移跸，声息梗阻，臣等椎心欲绝。近接兵部主事臣张元愓赍来诏书，始知圣驾驻跸安龙府，又得蜀楚好音，跪读之下，欢跃如狂！惟是闽地犹沦腥膻，微臣才疏力弱，毁家倡义，无能扫荡闽疆。亥子间事，已详前疏，而今且暂栖海上矣。所幸诸臣，艰贞自矢，互相劝勉。而上下游诸义，亦多负山踞海，与虏角峙。其未能奏效者，节制不禀王灵，兵饷未免纷纭。臣等虽奉旨联络，事与愿违，犹未有以报塞明命也。乃若赐臣水陆虚集，斩塞时闻，悉力未援，陨馘良多。勋臣郑水师一枝，时相呼应，亦疲于命。倘藉皇上偏师入闽，悬赏给以鼓将士，耀赫濯以申约束，闽事其可为也。浙师尽在闽，闽平，浙可指日复也。谨因勋差官张自新赍奏入谒，臣专本附奏，恭候宸安。

至前年升臣佐枢，臣恢剿无功，安敢滥叨！伏乞允辞，俾愚分得安，所裨于中兴激厉不浅矣。因奏并及之，臣无任激切瞻依之至！

王忠孝先后致《复惠安县令邢虞建书》两封。

其一：

张舍亲来，方知台驭新临，螺阳席庥，而不肖以散逸陈人，辄承函教之及，感戢奚似！

仰惟仁台琏璋隽品，经济宏才，虽未及挹紫芝，已悉汪度千顷。侧闻王敝师祖籍贵省，二位世兄悉叨声气，则不肖于仁台。盖渊源之余波，而嘤鸣之叶音也。其为忭跃，曷可言谕！

年来衰病，一意幽栖，旦晚又有十洲泛游之想。企望高风，迹阻抠趋，鳞羽可通，德音易承，百凡惟祈注存。不肖从荒礁霞岛间，拜瞻福曜，而已作方外之神交。率勤附候，不尽瞻依。

其二：

捧教备悉近况，衙斋如僧寮，而以风尘当诵论，苦行当有圆满日也。

邢虞建,山西安邑县人,举人,顺治十年(1653年)任惠安县知县。嘉庆《惠安县志》卷二十一《名宦》载:"邢虞建,安邑举人,顺治十年任。实心敷政,措置咸宜。(顺治)十一年十二月初三夜,海寇突来袭城,仓皇登埤,守不支,为贼所获。贼素闻其居官好,不忍加害,拥之下海。及放归,卒于道。阖邑伤悼。"

【时事】

五月,清军攻海澄,郑成功大败清军。洪承畴出任五省经略。顺治帝敕封郑成功为"海澄公",郑成功不接受。六月,永历帝封郑成功为漳国公。七月,郑成功驻于揭阳征饷。八月,郑成功返回厦门,和议。张名振、张煌言率部北上江、浙。九月,张部明军入长江,屯于崇明沙洲,破京口,以粮绝而还。十一月,顺治帝再度敕封,并承诺给予泉州一府之地安置兵将,郑成功仍不接受。

南明永历八年甲午(1654年),清顺治十一年,62岁

【谱主活动】

与好友庄钦邻(冢宰)通信。

因原抄本字迹不清,致福建人民出版社、海峡出版发行集团《王忠孝公集》及上海辞书出版社出版的《泉州文库·王忠孝公集》均以"冢宰"为人名,而且看成是"家宰",因此排版印作《复庄家宰书》《附庄家宰来书》。

实是因庄钦邻任吏部尚书(美称冢宰),故称"庄冢宰"。

庄钦邻(1580—1668年),字寅卿,号阳初,泉州府晋江县北门城口普明村(今属丰泽区)人。万历二十八年(1600年)中举,次年联第登进士。初授江西饶州府(上饶)推官,丁外艰,归家守制。服除,起补衢州推官。分校浙江秋闱,授兵部主事,历吏部四司郎中。天启五年(1625年),掌铨部,执掌举官任官事务。时值魏忠贤薰焰,庄钦邻"正色立朝,无所屈"。值庄钦邻迁太常寺少卿,遭弹劾、诬告而削籍,坦然归家。崇祯元年(1628年)魏珰伏诛,被起用为南京府丞。迁顺

天府(今北京)尹,升为户部右侍郎,旋转户部左侍郎。后升为南京右都御史掌院事。廷推吏部尚书,崇祯帝曰:"冢宰非庄某不可,宽直廉明,必能董率百官,无负委任!"庄钦邻三次婉辞,不允,乃趋朝受职。未多久,以母老乞归。丁内艰,终制,不再出任。

王忠孝还作有《与庄阳初书》。

族侄王汝缙亡。

【时事】

《台湾郑氏纪事》卷之中(水藩国史总裁臣川口长孺编纂):

三年甲午(永明永历八年、鲁监国九年、清顺治十一年)正月,永历驾在安隆(行在阳秋)……七月,清主谕成功曰:"自古识时俊杰,遇推诚待人之主,披肝效顺,矢忠勿二,方能建立事功,身名俱泰,未有猜疑观望可称识时知命者。朕承皇天眷佑,奄有万方,海隅一隅,何难偏师戡定。但闽峤苍生皆吾赤子,不忍勤兵。又念尔父郑芝龙投诚最早,忠顺可嘉,故推恩延赏,封尔公,给与敕印,俾尔驻扎泉、漳、惠、潮四府,拨给游营兵饷,养尔部下官兵。朕之推诚待尔,可谓至矣。尔自剃发倾心,义不再计。今据尔疏奏,虽受敕印,尚未剃发,冀望委畀全闽。又谬称用兵,屯扎舟山,就近支给温、台、宁、绍等处钱粮:词语多乖,要求无厌,乃复以未撤四府官兵为辞。尔尚未归诚,岂有先撤官兵之理!尔若怀疑犹豫,原无归诚实心,当明白陈说。顺逆两端,一言可决。今如遵照所领敕印,剃发归顺则已。如不归顺,尔其熟思审图,毋贻后悔。"(三朝实录)清主复遣叶、阿二员招抚成功,成功不从。清遂幽芝龙、芝豹于宁古塔。

正月,定西侯张名振率师北伐。二月,清廷再遣使劝说郑成功,承诺给予兴、泉、漳、潮四郡为封地。郑成功以"兵马繁多,非数省不足安插"为由,再拒绝之。八月,永历帝敕封郑成功为延平王,郑成功谦辞不受。十二月,郑军分兵进击,拿下同安、南安、惠安、安溪诸县,沙格村等地收复,郑军由此进入兴化地方。

嘉庆《惠安县志》卷三十五《祥异·国朝》:"十一年二月,有民家鸡作人言。十二月初四夜,寇入城,焚掠视前更惨。"训导萧鸣凤冠带自经于廨堂。十二月初三日,邢虞建"击贼被擒"。次年"后放归,卒于道"。

南明永历九年乙未(1655 年),清顺治十二年,63 岁

【谱主活动】

正月,鲁王在金门,同居者有卢溪王、宁靖王术桂,及避地遗臣王忠孝、卢若腾、沈佺期、辜朝荐、徐孚远、纪许国等。郑成功皆待以上宾,军国大事悉以谘之。同月,永历帝遣使持敕来自龙安,命鲁王监国。

二月,永历帝特准郑成功设置六官及察言、承宣、审理等官方便施政。四月,下诏并赍延平王册印至厦门,郑成功乃不再推辞受封为延平王。郑成功在厦门设吏、户、礼、兵、刑、工六官,对其控制区实行管理。三月,改中左所为思明州,并将其部众分镇统制,设陆军 72 镇、水军 20 镇。又置储贤、育胄二馆,以招纳明室遗臣、缙绅,培育阵亡将士后代。王忠孝与卢若腾、辜朝荐、沈佺期、徐孚远、纪许国等人,均入储贤馆。郑成功"皆优赡之,岁岁有常给,待以客礼。军用大事,时辄咨之,皆称之为老先生,不言名"。王忠孝亦多所策划,及时匡救,故为郑成功所推重。

《台湾郑氏纪事》卷之中(水藩国史总裁臣川口长孺编纂):

时成功兵势大盛,分所部为七十二镇,以中左所为思明州。(《长崎夜话草》曰:"成功志期恢复,州号思明者,寓思明室之意也。")立储贤、储材二馆,察言、宾客二司,设印局、军器诸局。令六官分理庶政,以壬午举人潘赓昌兼吏、户二官,丙戌举人陈宝钥为礼官,世职张光启为兵官,浙人程应璠为刑官,丙戌举人冯澄世为工官,以邓会知州事。奉监国鲁王、卢溪王、宁靖王居金门,凡诸宗室,颇赡给之。礼待诸缙绅避乱而至者,军国大事时咨询焉,王忠孝、卢若腾、沈佺期、辜朝荐、徐孚远、纪许国等皆其选也。凡有所便宜封拜,乃朝服北向,遥拜帝座,疏而焚之。其

所施为,鼓动一世。(《郑成功传》。按卢溪王失传,宁靖王、忠孝、若腾、侄期、朝荐详《台湾县志》。孚远,文人,与陈子龙结几社。及松江败,遁入于海。见《明史》。)

作《贺沈复老寿诞》诗:

> 海上栖踪久,岁华渐以易。我年六十三,公乃四十七。
>
> 每谈天下事,匡济共踟蹰。汉臣多负恩,有党亦何益?
>
> 忆公提戈时,志在歼丑藏。倚剑动风云,矢心贯金石。
>
> 即今隐沦中,寤寐犹帝席。腔血久愈丹,颠毛穷更泽。
>
> 丈夫重分谊,勋名随所策。何以祝冈陵,毋忘渡江画。

邓会,字啸庵,福州人,贡士。永历四年(1650年),任郑成功参军。永历九年,中左所(厦门旧称)改为思明州,任正审理,负责"劝学取士"。翌年接任思明州知州(第二任知州),兼任户部主事。"以薛联桂、邓会先后知州事",为厦门岛历史上第二位地方行政长官。顺治十五年(1658年),郑军准备北伐长江口,受命监督粮饷。后归顺清朝,康熙九年(1670年)授太原知府。王忠孝《邓啸庵思明治绩记》文应是作于邓会任思明州知州之后投顺清朝之前。作文时间不详,暂寄于此。

【时事】

杨鹤龄(锦州正红旗生员)任惠安县知县。

南明永历十年丙申(1656年),清顺治十三年,64岁

【谱主活动】

清兵进攻泉州,九月初七日,大军进剿沙格村,大肆杀戮王忠孝族人。据《蟹谷王氏族谱》记载,清军"大兵按沙(格),杀伤、受虏者如许"。王忠孝《与国姓书》称"弟近遭家园之惨,痛悼难云",《与甘、万二将军书》中称:"年来以义举诛连,祸及乡族。"

十月,向郑成功推荐同科举人陈鼎之子陈永华"有经济之才",郑成功悦纳之,称之为"当今卧龙",用为最高文职咨议参军(是传说中

王忠孝年谱

天地会总舵主陈近南）。后来陈永华"职兼将相"，成为台湾郑氏政权的台柱人物，对东征复台，经营台湾，发展台湾经济、文化和教育做出极大贡献。

陈永华（1634—1680年），字复甫，同安县人。明郑时期台湾三杰之一，赠资善大夫、正治上卿、都察院左都御史、总制、咨议参军、监军御史，谥文正。

永历十二年（1658年），郑成功与诸将讨论北征之事，很多人都认为不行，只有陈永华力排众议，认为可行。郑成功很高兴，于是派他留守厦门，并辅佐世子郑经。郑成功攻克台湾，授予咨议参军。5月，郑成功病死台湾，其子郑经继位。郑经很是倚重他，军国大事必询问他。清康熙三年（1664年），金门、厦门丢失，陈永华随郑经回到台湾。郑经将国政都交给陈永华处理。第二年，晋升勇卫，并加监军御史之职。康熙十三年（1674年），清驻闽靖南王耿精忠响应平西王吴三桂反叛，举兵反清，遣使到台湾，约郑经出兵会师。郑经以陈永华为"留守东宁总制使"，全权处理台湾军国事务。

【时事】

六月十六日，清廷下令禁海，严禁浙江、福建、广东、江南、山东、天津等地商民船只出海贸易，禁止外国商船来华贸易。

鲁王移驻南澳。《王忠孝公集·大明鲁王履历》中写道："王复南来，遂谢监国，尊永历年号，遁迹金门。永历丙申十年，移驻南澳。"

南明永历十一年丁酉（1657年），清顺治十四年，65岁

【谱主活动】

仍居厦门。

二月，《上桂王兴朝赫濯有象疏》（上海辞书出版社《王忠孝公集》卷之第四作"永历十一年二月　日　臣王忠孝"，应是有错，见下年）。

郑成功召开北伐南京的会议,决定克师北伐。诸将或言不可,陈永华独排之,认为"倘徒在闽争野争城而望中兴,此亦甚难",赞成夺取南京以号召天下。郑成功悦,命其留在思明辅助世子郑经。

十一月,永历帝敕封郑成功为潮王。郑成功谦无功,辞不敢受。

南明永历十二年戊戌(1658 年),清顺治十五年,66 岁

【谱主活动】

正月,永历帝派漳平伯周金汤、职方司黄事忠由广东龙门(今属广西防城)乘船航海到达厦门,封郑成功为延平王,同时晋升东南沿海坚持抗清的文武官员爵职。郑成功派左副都御史徐孚远、总兵挂都督衔的张自新(字衡宇)携带大批官、私文书赴昆明复命。途经安南时遇阻,徐孚远被迫返回,张自新、黄事忠从间道入广西,在思忠府(应系思明府,地近今广西凭祥)被清军擒获,携带的大批奏疏、书信等文件全部落入清方之手。

二月初六日,王忠孝上书永历帝《上桂王兴朝赫濯有象疏》(上永历皇帝表)。

> 原任都察院左副都御史协理院事、今升兵部右侍郎臣王忠孝谨奏,为兴朝赫濯有象,微臣匡佐未能,谨抒悃诚,仰邀圣鉴事。

> 臣于前年曾具微臣瞻天路远一疏,附勋臣差官张自新奏闻,奉圣旨:"枢贰王忠孝孤忠亮节,久鉴朕心,新衔未足示酬。今虏势日衰,义声日振,尚宜祗受,以资联络。俟闽疆克奠,卿其驰赴行籤,用展壮猷。该部知道,钦此。"臣恭设香案,望阙叩头谢恩讫,伏念臣以衰庸之资,志切吞胡,才疏干济,罪应褫革,敢冒新荣。虽皇上怜臣艰贞,锡以宠擢,而心则惭悚无地也。

> 盖臣本铅椠书生,不知军旅,特以丑夷猾夏,急鸠一旅,间曾克服莆、惠,旋复旋失,无裨匡襄,前疏已经奏明。今间关海上多

年，臣且老矣，联络招呼，只与同义诸臣互相劝勉，终鲜奏绩。而虏之搜求臣家日峻，田舍籍没不足论，僇杀胞侄生员汝炤父子二人、功缌兄侄九人，而男妇俘虏尤惨。国仇未报，遑恤家难，是不足以尘天听，而百折不渝。罹此痛楚，或亦圣明所原亮耳。若勖臣□□□南北击伐，□□疲于奔命，臣实毫无赞助，则更不敢冒昧，而漫言报称也。年来道隔音稀，适兵部郎中黄事忠赍到诸勋臣敕书数道，缕述情形，方知皇上移跸滇省，凡属滇黔土宇，式睹尧天，即要荒外服，亦莫不贡共球。又接诏书一道，诸所胪列，咸属维新。臣捧读之下，欢忭欲狂。因思护驾殿邦，诸王固合殚夹辅之力，而龙德渊度，我皇上实克膺天人之眷，从此政令悉归朝廷。名器不轻滥畀，则扫除奴氛，收复二京，拭目俟之矣。

乃臣更有刍荛之献。皇上仁明天纵，有容有执，真足基命凝麻。诸藩兵精饷裕，亦既协图补裕，但进取规模，或恐意见各别。皇上宜专遣德望重臣一员，往来诸藩，商榷机宜，或并力江楚，或分取两粤。庙算一定，指臂为联，楚粤可克也。吴三桂、唐通等，久为敌用，犹是本朝旧将，昔顾荣之事陈敏，朱序之在符坚，隐忍图报。或乘机缘，可募智勇说士，暗渡蜡书，未必当机呼应，亦可用间设奇。

至部书中"躬秉武节，亲督诸军"天语，尤属鼓励神机。盖六飞临戎，声灵倍为煊赫，微论将士用命，即异图多思归正，而要当先营誉临御之地，乃出万全，是在当轴诸臣相机进止耳。事难遥揣，臣愚不识大计，谬抒末议，伏惟圣裁。臣本图趋朝，缘粤虏阻梗，当从水道入交南。臣老病不耐波涛，坐是踯躅。倘道路稍通，犬马恋主，亦欲一望朝廷，然后引年告休，没齿无余憾矣！谨焚香具疏，附右金都臣徐孚远以闻。臣无任激切待命之至！

永历十二年二月初六日　臣王忠孝谨奏

疏中言"今间关海上十年，臣家遭虏搜求日峻，籍没田舍不论，即期功侄监禁戮杀，诛连尤惨，亦不惶恤"。

王忠孝《自状》："庚寅年，今上永历遣官赍敕，升余兵部右侍郎，前后敕三四至。"《王忠孝公集》中有王忠孝永历七年（1653年）六月、十二年二月、十三年二月、十四年二月上永历帝四道奏疏,还提起另外奏疏数道。奏疏中显示永历帝有旨让他们联络东南沿海各地义军,以图兴复。王忠孝奏:"亥子间事,已详前疏,而今且暂栖海上矣。所幸诸臣艰贞自矢,互相劝勉。而上、下游(指福建沿海闽东和闽南)诸义,亦多负山踞海,与敌角峙","臣等虽奉旨联络,事与愿违,尤未有以报塞明命也。"以后在多次奏疏中还有"联络未效"等自谦语,说明林兰友、王忠孝等虽寓居厦门,但仍与莆田、仙游、惠安、福清、平潭等处联络互应。

作《贺徐阁老六十寿诗》:

> 年周花甲复何为,海曲冥鸿翅竭垂。
>
> 勋业镜中惊岁月,行藏云外保须髭。
>
> 轩车借道稽前驿,黼黻登朝未后时。
>
> 坡老诗名晚更重,为余衰朽竟成痴。

徐阁老,即徐孚远(1599—1665年),字闇公,晚号复斋,松江华亭(今上海松江)人。崇祯二年(1629年),陈子龙、夏允彝、徐孚远、彭宾、杜麟征、周立勋六人组织文化社团几社,以道义文章名于时。鲁王升为左佥都御史。顺治八年(1651年),随鲁王逃亡到福建,居厦门。顺治十五年(1658年),桂王派使者来,升徐孚远为左副都御史。冬,奉郑成功命,随使者入滇进谒桂王,迷失道路,至安南。安南王遣送他还至厦门。次年,郑成功进攻南京失败后,退据台湾。徐孚远仍居厦门,往来闽广沿海一带,与多处义军根据地联系。康熙二年(1663年),鲁王死,乃自厦门出走,流亡广东潮州府饶平县,继续从事抗清复明活动。居两年,病卒。著有《钓璜堂集》《交行摘稿》等。

台湾文献丛刊第280种吴幅员《台湾诗钞》卷一《徐孚远》:

> 孚远,字闇公,晚号复斋,明松江华亭人,几社六子之一。南明浙、闽相继溃,移居厦门,颇受郑成功礼遇。寻入觐永历帝,失道入安南,不得达而还。后乃辗转止于粤之饶平,完发以终。遗著中有《钓璜堂存稿》二十卷,收古今体诗二千七百多首。末附《交行摘稿》一卷。连横选有《徐闇公诗钞》一卷,编入《东宁三子诗录》(未刊)。《交行摘稿》,已附见《徐闇公先生年谱》(《文丛》

第一二三种）之后。

徐孚远《访王愧两先生》：

> 问我将何适，同人久与违。沙深须曳革，风劲且披衣。
> 入座无凡语，望烟当自归。相看春径好，一路草菲菲。

徐孚远《止王先生沙上小斋谋远适也》：

> 将携袄被趁渔船，先到山房理旧毡。
> 深烛盘餐情未已，两头妇子语依然。
> 便辞朱邸三迁舍，更揽苍波万里船。
> 即比武陵尤绝远，相闻鸡犬又何年！

徐孚远《陪宁靖集王愧两斋中》：

> 轩车夕过喜王孙，呼取黄衫共酒尊。
> 入钓新鱼堪一饱，小斋明烛好深论。
> 龙无云雨神何恃？剑落渊潭气自存。
> 饮罢不须愁倒极，还期珍重在中原！

徐孚远《钓鱼歌寿王先生》：

> 王夫子，买舟钓鱼沧波里。
> 水底珊瑚渐长成，山头白雪常如齿。
> 一年垂钓又一年，隔绝尘埃心则喜。
> 偶然钓得磻溪璜，再钓乃是陵阳鲤。
> 放鱼归去养头角，待我济河呼苍兕。
> 功成他日来相迎，指点三山千万里。

王忠孝与徐孚远往来密切，感情甚笃。徐孚远撰《钓璜堂存稿》和《交行摘稿》记载有诸多两人的酬唱，特辑于下。

《钓璜堂存稿》卷四《寿王先生》：

> 先生冰玉姿，服官怀古哲。道直无愠容，身退乃明节。
> 长啸倾神州，奋戈柱天阙。势去不易支，谢众肠内热。
> 从此赋沧浪，萧然岛屿凉。晚食蕨可采，观书蓼作床。
> 滔滔流不息，耿耿夜何长。岂无乘舟梦，难穿月肋旁。
> 余亦逃世者，放歌和益寡。小筑洲渚间，纵谈桑树下。
> 每叹太丘广，夷已浩无伦。行看岭上月，坐钓溪边纶。

忽忽忘寒暑，四逢岳降辰。野祝乏令词，醴筵忝嘉宾。

嘉宾挥羽觞，饮者醉还醒。今日相为乐，恢豁企时清。

未须求三岛，会见收两京。待取登封毕，同来煮茯苓。

《钓璜堂存稿》卷五《同王愧两入北山（愧两，名忠孝）》：

篮舆骈肩相顾语，游行忽入谢公墅。

谢公高卧客停车，府宾指点垒石处。

壁画潇湘亭子闲，睥睨微茫碧浪翻。

寂寂军符白日晚，却看如在水云间。

久之揖客入铃阁，调笑方言相继作。

玉帐虽开画不闻，可怜满座徒纷纷。

《钓璜堂存稿》卷六《同王愧两过陈齐莫山居》：

君真此中高尚者，筑室名曰海之野。

王公携我荡桨来，微风演漾入初夏。

一登其堂神洒洒，朴雅不须求木石。

经营即可当亭台，闲写青山挂四壁。

婆娑其间兴不回，莫道子云常寂寞。

烹鱼剪韭倾深杯，药栏芽茁鸭栏静。

榴花已药葵花开，门外车马无以为。

看君高卧水云隈。

又有《是夕宿陈君斋欢初雨》《齐莫过山斋即事》。

陈齐莫，即陈士京，字佛庄、齐木（齐莫），浙江明州人。进士出身，官给事中、光禄侍卿。先世本奉化朱氏，迁鄞，改姓陈。熊汝霖荐授职方司郎中，监三衢总兵陈谦军。谦使闽，偕行，而唐、鲁方争颁诏事，谦死，遂遁之海上。郑芝龙闻名，令与其子郑成功游，芝龙以闽降，成功不肯从，异军特起，士京实赞之。已而汝霖奉鲁王室，复以公义说成功，始致寓公之敬。会鲁王上表粤中，成功亦欲启事于粤，使士京往，加都御史，归。甲申国变后，监国鲁王入浙，特留闽，随鲁王南下到厦门，与成功相结，以为后图。成功盛以恢复自任，宾礼遗臣，其最致敬者，尚书卢若腾、侍郎王忠孝、都御史辜朝荐及徐孚远、沈光文，与士京数人而已。久之，见海师无功，粤事亦日坏，乃筑鹿石山房于鼓浪屿中,感物赋诗以自遣。寻卒于鼓浪屿,墓今尚存,为厦门市文物保护单位。著有《来诗复书》。

《钓璜堂存稿》卷六《王愧两先生叙艺圃事冷然当鄙心赋之》:

> 先生仕宦无因缘,才官郎署便十年。
>
> 弃官归来筑小磬,一生高寄在田园。
>
> 乞得嘉蔬手自植,呼童桔槔灌清泉。
>
> 仲长何须乐志论,渊明原有劝农篇。
>
> 即今移室居此湾,扶杖盘桓数亩间。
>
> 顾我自言常茹草,号曰老圃非适然。
>
> 北土要术不足记,南方草木状犹偏。
>
> 我今了了能自识,君欲学之相为传。
>
> 暇即携锄倦即眠,方将共莳白云边。

《钓璜堂存稿》卷七《钓鱼歌寿王先生》:

> 王夫子,买舟钓鱼沧波里。
>
> 水底珊瑚渐长成,山头白石常如齿。
>
> 一年垂钓又一年,隔绝尘埃心则喜。
>
> 偶然钓得磻溪璜,再钓乃是陵阳鲤。
>
> 放鱼归去养头角,待我济河呼苍儿。
>
> 功成他日来相迎,指点三山千万里。

《钓璜堂存稿》卷七《愧两先生诞日觞客以足疾移于七月十九余适南归与焉》:

> 客子初回南海椊,先生重举降辰杯。
>
> 坐来犹带鱼龙气,自顾于思不用诙。
>
> 举觞引满徒太息,衔石填波难以力。
>
> 朋知款语慰眼前,明月高高照颜色。

《钓璜堂存稿》卷八《访王愧两先生》:

> 问我将何适,同人久与违。沙深须曳革,风劲且披衣。
>
> 入座无凡语,望烟当自归。相看春径好,一路草菲菲。

《钓璜堂存稿》卷九《王司马饮客于真人宫》:

> 坐来羽士宅,闲把故人觞。消日云峰静,招风竹簟凉。

相逢频甲子，共感旧衣裳。暑退还宜晚，移樽倚石梁。

《钓璜堂存稿》卷十《小言赠王先生》：

王老今冰镜，炊烟不隔村。未闻开世祖，聊复傍公孙。

藜杖同云水，宾筵共酒樽。尚期黄发在，人物好深论。

《钓璜堂存稿》卷十三《陪宁靖（静）集王愧两斋作》：

轩车夕过喜王孙，呼取黄衫共酒樽。

入钓新鱼堪一饱，小斋明烛好深论。

龙无云雨神何恃？剑落渊潭气自存。

饮罢不须愁倒极，还期珍重在中原！

《钓璜堂存稿》卷十四《再拟避地王先生仍许附舟》：

空营致敌是奇谋，漫理芳纶再下钓。

客自难安庾信宅，君今频假季鹰舟。

拥衾看割秦儿鼻，狎浪高吟碧海头。

莫道旅人无所恃，携挈犹得渡丹丘。

《钓璜堂存稿》卷十四《止愧两先生沙上庐数夕事小闲同诸公游意亭、意亭者其地宜亭而未有亭，故意之，遂以命名。洞口别自一区，李正青所经营》：

已就东山几夜宿，早来玄度复相寻。

夷犹岸脚看沙步，登顿峰头憩树阴。

意内亭台谁位置，新开洞口任披襟。

但令陵谷堪无恙，我辈游行兴自深。

《钓璜堂存稿》卷十四《止王先生沙上小斋，谋远适也》：

将携袷被趁渔船，先到山房理旧毡。

深烛盘餐情未已，两头妇子语依然。

便辞朱邸三迁舍，更揽苍波万里船。

即比武陵尤绝远，相闻鸡犬又何年！

《钓璜堂存稿》卷十四《唐司马筵醉歌五老谓王、唐两司马，郑乾石、唐叔子及余也，年皆杖乡余矣》：

司马筵开选地偏，况逢军府捷书骈。

揖来斋阁玄言胜，尽出庭兰屡舞仙。

弦管三吹觞自进，王宾五老坐能坚。

醉归沙上篮舆稳，一路清光送客旋。

《钓璜堂存稿》卷十四《与诸公饮愧两先生新斋即事》：

先生小卜海山岑，桃径参差不易寻。

削土为垣容膝稳，索茅覆瓦坐宾深。

菜鲑频出杯须尽，诗句重论日欲沉。

若士难逢卢鹤杳，冬余犹拟一投林。

《钓璜堂存稿》卷十八《访愧两归寓题》：

为报无功赋欲裁，昨朝已访仲长回。

先生只在前村住，不必移船入渚来。

徐孚远《交行摘稿》录《怀王先生》：

岁岁波涛只此身，未曾一刻惹胡尘。

尝随鲁仲逃东海，亦与无功作近邻。

桂老山中空偃蹇，箫吹江上又邅迍。

从今便断朝天梦，惭愧当年化杖人。

《再怀王先生》：

生平二老发俱华，执手徘徊叹路赊。

适野于今方失道，临河往日亦回车。

清音未绝弹流水，紫气全消感镆邪。

相见勿言人世事，溪边依旧种桃花。

王忠孝作《贺辜老年伯寿诗二首》：

其一

六十年来只是今，蓬莱几度不知深。

闲曾借圃栽黄菊，时复开樽鼓素琴。

簪裾未忘孤矢订，江湖谁寄蕨薇心。

东风哪肯催迟暮，携手西归怀好音。

其二

耆德中朝久著声，避秦仗剑隐江城。

衣冠一室存正朔，薇蕨半筐饱共盟。

老去芳樽应慢减，秋来华发不妨生。

悬知周甲称觞会，犹是当年捧日情。

辜老年伯，即辜朝荐（1598—1668年），字端敬，号在公，广东海阳县大寨（今潮安县金石镇辜厝村）人。崇祯元年（1628年）同科进士，始任江南安庆推官，历掌谏垣，晋京卿。北京破，南归。永历授为太常寺少卿，未出任，而往厦门投郑成功，与卢若腾、徐孚远等被称为"七公"。康熙元年（1662年）渡台，康熙七年卒。

五月，郑成功在厦、金誓师率统，十七万水陆大军北伐。七月，到达舟山与右金都御史张煌言会师。八月，在浙江羊山海面遇台风，移师舟山休整。

作《黄改庵年丈以诗见讯赋此为答》：

> 空谷跫音喜乍闻，遥看花发忆离群。
>
> 十年湖海谁知我，遍地风尘却念君。
>
> 孤剑寒光摇古屿，西山秋色送闲云。
>
> 迩来病起无生计，拟草玄经不成文。

黄改庵，即黄事忠，字臣以，官兵部职方司。《台湾通志》等书记：隆武时，崎岖闽、粤，叠起兵，谋光复。兵败，母妻俱被难，事忠走厦门，依延平郡王。

周金汤，字宪洙，莆田县黄石人，崇祯十三年（1640年）武进士。隆武时任职上湖守备，调永州都司、副总兵。永历二年（1648年）升都督总兵。清军迫近桂林，周金汤大破之，收复全州。挂果毅将军印，封漳平伯。永历三年（1649年），与清军拒战不胜，城失陷，不久晋升太子太师，提督勇卫营。永历十二年（1658年），与曹延生、太监刘国柱带着册印从龙门港镇航海至思明册封郑成功等，遇大风翻船，回来之后再次前往。永历十四年（1660年），起兵雷州、廉州海上。八月战败被俘，从容就义。

作《祭诸葛遁庵文》，记述诸葛羲、诸葛倬兄弟事迹及他与诸葛兄弟的深厚情谊：

> 呜乎！公逝矣。不肖某与其长公基画，为三十年间箨兄弟，悉公生平，盖有日矣。兹读行录，益稔其经明行修，君亲道尽，真可逝而无憾也。

公生具异质,壮而懋学,称诸生祭酒。尊公宦江右,每课士,公作一出,士辄奉典型,举古义咸洞要领。伯兄大行,公私喜阿螭迈己也。人为喜,公处之恬如。珪璋在抱,高节自砥。观其重然诺,勤施与,薜萝觅侣,诗酒是娱,意兴故自远也。然犹细者,伦莫大于君亲。公之事亲,致养致敬,一准于礼,孝思著矣。缘孝作忠,至勤于扃教何娴也。

忆崇祯子丑间,西北骎骎多事,基画以壮猷,借屏翰东省。宁嚚盘错,实称畏途,公促之就道,戒勿老人是蒙。基画能于官者,拮据兵食,尽瘁以死,公家报国有人矣。

甲乙之变,两都告陷,胡尘荐侵。隆皇正位闽服,叔子士年用文行荐征驾部郎,从定国公出师问兴复。斯时也,公伯仲子先无禄,叔季侍侧,晨昏未易割。而公之促士年之出而图也,甚于基画之东时,忠怀抑何壮也。

余尝奉简书,往视仙霞,则见士年掀髯谈天下事,计画凿凿,意思却安闲,心甚伟之。未几,闽疆不守,腥沦遍地,衿佩易面,不忍缕言,而公家于是更难已。

方士年图博浪,豫画出郡城,田舍门户如昨也。使公当日稍难色,嫂若任利害相恫愒,士年即不气沮乎?其谁能伸缩自如!而公曰:"臣宜应尔也。"尽室以行,且命季偕作焉。

泉之役,季力战北城,殁于阵。士年虑伤老人心,秘不以闻。今清紫峰头,望青草离离,辄动风潇水寒之痛,而公犹以药嗟予季行役也。噫嘻痛哉!谁非臣子,偻力几人?而公家之蒙难独如此。

当士年奉公居岛时,流离转折,人情弗堪,窥公意若终身焉。而伯仲二氏妇,悉称未亡人。伯妇携蕝诸,速视翁姑惟谨,毁家弗恤也。仲妇先曾割股疗公危疾者,亦间关数载。及今病伏深山,惟二老人晨夕是念。至毕命山中,其妇后割股奉之。姑嫜踵至,是岂寻常闺阁所能哉!

余无似,勉竖义旗,与士年、沈复斋诸公弭鞭追随。志大才疏,相嘲也,乃复相劳。渡海后,气谊益深,因稔公梗节,而心服公之一门。老者、婺者、壮者、迟者,或涉危涛,或匿深谷,友于蒸浑,无怨无悔。《诗》称"王事多难,靡室靡家",是之谓耶？公兹殁矣！八十四龄老封翁,易箦海上,胡为乎来哉！

追维数年岛栖,骨肉觏闵。复斋先生丧太翁,余后先丧老兄嫂,首丘兴怀,实同此感。而皆用汉衣冠殓含,亲朋哭唁如平时,则亦乱离中旷事也。以为公慰。

今天子嘉士年艰贞,晋宣徽一席,义同昭矣。孙曾益长进力学,以俟兴朝。子臣弟友之间,振振如也。公兹可以殁而无憾矣。尚飨！

诸葛羲,字基画,号沪水,晋江县人。天启四年(1624年)举人,崇祯元年(1628年)同科进士,授户部四川司主事,升浙江参议、山东兖州兵备副使。为诸葛亮第三十六世孙,编修《诸葛孔明全集》(诸葛倬辑)。

诸葛倬,字士年,晋江县贡生。隆武时以荐授翰林院待诏,加御史,监郑鸿逵军出浙东。闽亡,依朱成功于厦门,永历帝进光禄寺卿。后卒于台湾。王忠孝的孙石甫(禾英)娶诸葛倬长女,曾孙让娶诸葛倬长男、桂林府知府诸葛鼎孙女。

南明永历十三年己亥(1659年),清顺治十六年,67岁

【谱主活动】

孟春(正月),作《沙堤王氏谱序》。

《沙堤王氏谱序》：

尝考家之有谱,非仅以著阀阅、列子姓,将以溯源萃涣,著于亲亲之义也。盖一脉相传,而至于本支百世。其不得不分者,势也。服尽而情疏,虽祖宗末如之何,而其终可使合者,性也。繁枝同根,歧流同源,千百世犹一堂也。君子垂世示则,不必深问门第,但使礼教是式,世德作求,可与言谱矣。

他姓勿具论,即如吾王氏,由太原而徙琅玡,两枝不竟爽耶？琅玡自太保公以孝友著闻,位极三公,而居魏、晋间不无遗议。

茂弘称江左夷吾,值敦、峻作逆首窜祸,全□贻嘲。敬节太原晋公,以百口保符彦卿,其古大臣风。厥后文正之子素,累官谏议,卓负直声。元祐间,朝散郎淹,又争新法贬秩,奕世劲直,视琅玡胜之。岂名位互有低昂,抑家声源流自别也?君子是以论其世也。

吾沙堤之有王氏,派自光州固始。唐末,忠懿王入闽,数传保隆公,由闽移莆。壶公霞阪,其祖居也。谱所载先代皆耆硕,中间残缺不可考。今断自可知者为始,则十六公,其始分之祖也。宋末,赘于惠沙蔡氏,因家焉。生六子,长、次居沙,四子归莆。长二十公讳礼,次廿一公讳乐。今大小宗两祠并峙,可考也。从此而下,世次井井,按之了然。虽未有名位昭灿,而孝弟力田,世有髦士,幸不陨家风也。

若莆之山美、耕原,仙之云庄,谱志同族,久多散帙,不敢汇序,存阙疑意也。嘉靖间,吾曾祖雪崖公曾修辑之,而深憾于族少之损失先谱者。今又百余年矣,子姓日繁,里居各别,诸子弟虑其久而涣也,谋重修之,依序增入,而嘱忠孝为序。

余识暗行迂,亡能丕扬先德。遭时多艰,弃家渡海,其不获岁时展阅祠墓,十三年于兹矣。独是念敬祖睦宗之诚,不敢不勉。犹记苏明允之序谱序也,曰:"族人其初,兄弟也;兄弟其初,一人之身也。"今二十公、廿一公非兄弟乎?十六公非一人之身乎?身之为义也,牵一发而头为之动,吃一指而百骸为之痛,盖同体也。有能识兹义者,存溯源萃涣之意,合爱合敬,尊尊亲亲,吾祖宗之所式临也。其反是者,得无披牒而内愧于心乎?

若夫砥行立名,以光宗祊,更望族之人共勉之也。是则此日序谱意也,己亥岁孟春穀旦。

二月,作《上桂王心悬迹阻疏》及《鹭中以舟为田为马迭逢借去口占志惋二首》等诗。

《上桂王心悬迹阻疏》:

兵部右侍郎王忠孝,为心悬迹阻,臣罪实深,再沥微忱,企瞻云日事。

臣于去年二月内,曾具"兴朝赫濯有象"一疏,附金都臣徐孚远上闻,取道交南,阻梗不得前进。臣孚远从交南另差赍疏入都,未知得彻天听。是时只知圣驾驻滇,犹未孙可望之叛而入虏也。可望逆谋已著,留之腹心,终伏蛊贼,弃之滇黔,遂成臂指。其窘而遁,乃宗社之福也。又闻贵州诸将士,束身效忠,共佐匡襄,此诚圣德天祐,能使臣民皈依。而一时匡扶诸勋辅,若启若望,始得辟兹基绪,中兴计可次第举矣。臣闻信忭跃,欲偕诸臣趋朝,以睹兴复,而道路梗塞,陆阻于粤,水隔于交南,未卜取道何从。留滞海岛,臣盖有不得已于此也。旦晚勋臣周金汤册封入闽,询其水陆曲折,但使一线可通,相率而叩阶墀。诸臣感有同心,不仅臣一身葵向之倾驰已也。

臣年逼衰暮,自念举义无功,联络罔效,虽云毁家,何补于国?即使匍匐趋朝,无裨时艰。只此恋主一念,耿耿难忘,得一望阙廷,快瞻日月,臣愿毕矣。恢剿大计,臣在远不敢漫揣,惟望大帅出楚出粤,捷音四布,俾皇灵远畅,海内快瞻日月,是所早夜斋心而焚祝者也。兹兵部郎中臣黄事忠、督臣张自新入朝,臣谨附一疏,并誊前疏,以尘圣览。伏祈圣明鉴亮,臣无任激切屏营之至!

永历十三年二月□日

作《鹭中以舟为田为马迭逢借去口占志惋》二首:

其一

年来贫病春更秋,海若相扶度岁筹。

曾奈邻翁频久假,却羡杜甫有孤舟。

其二

桐水闲垂一钓钩,子陵犹有披羊裘。

更亏昔老卧车上,轪轪安然无别忧。

三月,移居金门,作《移浯》诗。寄寓金门贤厝乡(今金门县金城镇贤聚村),隐于村落,耕渔自给,凡三年。与贤厝人卢若腾为知心兄弟,极为相得。

左树燮修、刘敬纂民国《金门县志》卷二十《列传·流寓》载:

永明王自肇庆拜兵部右侍郎兼太常寺卿,道梗不得达。初居厦门,寻徙浯之贤聚村,后徙后丰港。

林焜熿、林豪纂光绪《金门志》卷之四《规制志·丛祠》载:

侍郎庙,在贤聚村,祀故明礼部侍郎王忠孝。今为村人报赛之所,遂不知祠所由来。

侍郎庙主祀故明侍郎王忠孝,并祀明遗老曾樱、沈宸荃、许吉燝、辜朝荐、徐孚远、郭贞一等,故亦称七贤祠。七人皆明末流寓金门之士大夫。

金门岛西南金城镇贤庵里贤厝村又称贤聚村,古隶金门县十九都古贤保贤厝乡,村子南侧有前金山,西北面有后金山,西接后丰港,南抵官路边,北达金山池,有七星石守护,又有圳仔沟(南线浯江溪)环抱东方。宋初时,颜必和自泉州永春县迁居浯洲,聚居的地方就以姓氏为名,称之为"颜厝"(今小径),又称"留庵",是为后颜。后来颜氏部分后裔移居前颜。王忠孝、沈宸荃、辜朝荐等人依附明郑,移居到前颜,与同时期居住于颜厝的卢若腾往来频繁,因此他们就把聚居的颜厝改称"贤聚",寓群贤毕集之意,俗称贤厝。

卢若腾(1598—1664年),字海运,号牧洲、留庵。崇祯十三年(1640年)进士,授兵部主事,升郎中。尝官浙江布政使左参议,分司宁绍巡海道。驻宁波,兴利除弊,遗爱在民,有"卢菩萨"之称。隆武立,授以都察院右副都御史,驻温州,巡抚浙东温、处、宁、台四州。后加兵部尚书。六月,清军攻城,他力战负伤,退往福州。后归居金门、厦门两地,勤于著述。郑成功至厦门,礼以上宾。

林焜熿、林豪纂光绪《金门志》卷之十一《人物列传三·武绩》:

卢若骥,贤聚人,尚书若腾胞弟。以举义,授总兵官。

卢若骥,若腾族弟。崇祯间,若腾官枢曹,骥父文宇谓"天下扼塞要害、兵马刍粮之籍,尽在枢曹",命骥就若腾京师讲求。后历任三山长溪裨将,治军恤民,声藉甚。唐王立于闽,授游击将军,从扼守盘山关者年余。旋受恢抚闽、浙之命,血战闽、粤间,屡著劳绩。

卢恩,亦若腾同族,从定国公郑鸿逵纠义旅海上。干才敏练,定国深倚之。官赞画通判,晋昭毅将军正总兵、都督佥事。
作《移浯》:

> 一从鹭水徙浯岑,迁客低徊无限心。
> 忽见寒鸥轻站浪,时闻野鹤旷腾音。
> 尽抛书剑尘生面,半散交游泪满襟。
> 潦倒题诗消旅思,何时求得中兴吟?

移浯,指南明永历十三年(1659 年)己亥,王忠孝"移浯,住贤厝乡,凡三年。隐于村落,耕渔自给"。浯,指金门岛。

【时事】

五月,郑成功再次率领师北征,从海道入长江,会同张煌言部队顺利进入长江。势如破竹,接连攻克镇江、瓜洲,接连取得定海关战役、瓜洲战役、镇江战役的胜利,占领镇江、芜湖等四府三州二十四县,江南一时震动。六月,桂王以册封、颁敕至。王忠孝始闻滇中退敌情节,加上郑成功北伐胜利进军,欢忭若狂。

七月,郑军包围南京城。因战略上的错误,又受清总督郎廷佐约期投降的欺骗,中清军缓兵之计,遭到清军突袭,使郑军大败,包括王忠孝的好友甘辉、万礼等大将皆死于此役。郑军被迫退回厦门,郑成功的北伐宣告结束。南京之战是郑成功抗清复明军事生涯当中最辉煌及重要一役。七月初九,郑成功抵南京城下。二十四日,南京战役,郑成功军为清军所败,随即率舟师撤出长江。

当时鲁王朱以海接永历帝仍令其监国之手敕。郑成功坚持不可,迁鲁王至澎湖岛软禁。

《鲁监国》:

> 十四年己亥,监国在南澳……滇中使至,赍永历帝手敕,仍命王监国,加张煌言兵部尚书兼东阁大学士,遗臣卢若腾、王忠孝、沈佺期、徐孚远等犹拥戴之,无异志。成功嘿焉,迁监国于澎湖。居二年,以人言,复奉监国重居金门。

南明永历十四年庚子(1660年),清顺治十七年,68岁

【谱主活动】

二月初十日,作《上桂王纶綍远颁恩疏》:

兵部右侍郎臣王忠孝谨奏,为纶綍远颁,报称未能,谨沥陈谢,仰祈圣鉴事。

臣于前年以原官都察院左副都御史蒙升兵部右侍郎,曾具"瞻天路远"一疏,附勋臣差官张自新奏闻,并辞新衔。奉圣旨:"枢贰王忠孝,孤忠亮节,久鉴朕心,新未足示酬。今虏势日衰,义声日振,尚宜祗受,以资联络。俟闽疆底奠,卿其驰赴行籤,用展壮猷。钦此。"永历十二年月□内,再具"兴朝赫濯有象"一疏,附佥都臣徐孚远,阻于交南,另差赍报,未卜得达宸览?十三年二月内,又具"心悬迹阻"一疏,附兵部主事臣黄事忠,闻为土司解送粤敌。合前后三疏,仅达其一,虽有葵心,莫能致也。

去年六月内,漳平伯臣周金汤以册封至,总监内臣刘之清以颁敕至,始闻滇中退虏切情节,欢忭若狂。臣从诸臣后,恭行朝见礼。旋从监臣择日会诸臣,恭领敕书讫,伏睹皇上仁武天纵,励志中兴,加以藩辅多贤,翼戴忠笃,兴复计指日待。惟是微臣联络寡效,有负委任,未免捧简书而抱惭也!

臣自丁亥起义,迄今十四年矣。方举事时,矢志灭胡,人心响应,莆、惠已经克复。嗣后复者旋失,因缘虏骑充斥,亦由事权不一,掣肘多端。臣之苦心,有未易明言者。犹复与同义诸臣,多方鼓励,冀可呼召袍泽。心长力短,旅栖多年,盖有不得已于斯也。

新封延平郡王臣成功,称东南劲旅,其入长江,破瓜州、镇江也,骎骎乎中原震动矣。既胜而挫,事与愿违,然闻江南民心思明,所向如一,亦可卜虏运之将讫也。恭诵天语,命臣劝勉,敢不弹诚!但臣才疏识暗,既已解兵伏处,一腔热血,欲沥奚从?更不敢冒昧而漫言称塞也。所可仰对圣明者,臣耿耿丹心,百折不

渝,田舍任籍没,家族任酷虐,臣胞侄生员王汝照父子及功缌之亲,被虏僇杀者九人,而俘执者不与焉。国仇未报,惶恤家难!是不宜以烦天听。此一段艰贞痛楚,或亦圣慈所垂察也。

臣今老矣,报国有心,赴阙无路,倘旦晚两粤一线可通,必思匍匐趋赴,敢云匡济,叩阶墀而瞻云日,于愿毕矣。抑臣更有刍荛之献,臣从海上见虏报内称滇池辽阔,而胪列勋爵姓名现有重兵,则我师声势盖张甚矣。察其语意,似粮运难继,欲退守黔界,以塞我师出楚之路者。臣愚漫揣情形,虏若与我相持,要害我所熟识也。度扼要守御,护卫行鐍,居中应援,各该兵若干,坚壁勿战,以老其师,以观其变。此外精锐宜急驰广西,顺流下粤东,必有破竹之势,然后从南雄取道江右,以图江南。盖虏之全力在楚,次在闽,避实击虚,兵家之道宜尔也。

远臣不谙机宜,聊陈其概,是在宸断,及藩勋诸臣相机迟速耳。臣不胜激切屏营之至!缘系纶綍远颁,报称未能,谨沥诚陈谢事理,为此具本附内臣刘之清赍奏以闻。

永历十四年二月初十日兵部右侍郎臣王忠孝具奏实封奏

五月,鲁王复到金门。《王忠孝公集·大明鲁王履历》所述"永历己亥十四年五月,复来金门"。林兰友也回到福建沿海,但未去厦门。

七月十六日,王光前亡故。

《王忠孝公集》卷八《与国姓书》(八)称:

沿海生灵,皆外府专管,抚辑岁定额赋,宁轻勿重。输纳有经,是亦今日要务。

《与国姓书》(九)称:

近事如何,师久于城下,民困而兵亦困。闻潮绅屡请和解,相概诺之。抚辑其人民,措处粮糈,训练兵实,惠人未及正。当为至尊驱除,既反正,鼓行入漳,更为壮赫。总之,凛明旨,以图恢复,便是不朽功名。郭汾阳所以高李临淮一着,只在朝廷命之进则进,退则退,故古今间莫然耳。弟以第一流大业望台台,为是娓娓,忘其狂瞽也。军中举动,关民命国脉,而心思之利害,是非自见也,以为然否?

《复国姓书》：

近地时闻海氛，以当务为扩清，或扣罪投诚，收拾而散用之，何如？濒海居民，有前梗而欲顺者，不仿先示戒谕，使知悔输。顽不能驯，锄之未晚，勿遽动台旅也。病中偶动遇尽，统在台裁。

对周鹤芝、甘辉、万礼等抗清将领、郑氏部属，王忠孝亦在往来书信中反复向他们阐述抚民安境、收拢民心的重要性。

《与周平夷书》：

南北人来往，辄诵台台旌旗整肃，号令严明，仁为体而义为用，武为纬而文为经。今屯种巨岛，用意深远，计不日当具一段震荡，弟闻之不胜色喜，而恨一水遥隔也。

《与甘、万二将军书》：

壁门昨晚，未获鏖谈，闻北发之师，书制实属元戎。是行也，师徒繁多，势当因粮于敌。至驻扎之地，民心亦宜收拾，料仁人自有妙用也。

《复甘提督》：

大抵得城之后，不能不计饷糈，而亦以平定宽大为先。额数太多，则民力不堪，惟敢图籍打算，自有设处之法，勿太扰耳！以为然否？

余事若济，郡中生灵，万祈慈航。

王忠孝的谏言大多能被郑成功及其主要部属所接受，从杨英《从征实录》、江日升《台湾外记》诸书的记载来看，郑成功多次重申《出军严禁条令》，在一定程度上确实能约束兵士，收拾民心。在长期的抗清斗争和收复台湾的过程中，郑成功均得到闽台人民的衷心拥护和支持。

【时事】

十一月二十七日，郑成功第七子郑裕出生。后成为王忠孝的孙女婿。

南明永历十五年辛丑(1661年),清顺治十八年,69岁

【谱主活动】

《清史稿》列传十一《郑成功》载:

> (顺治十八年)上再遣使谕成功,授靖海将军,命率所部分屯漳、潮、惠、泉四府。成功初无意受抚,乃改中左所为思明州,设六官理事,分所部为七十二镇,遥奉桂王,承制封拜。月上鲁王豚米,并厚廪泸溪、宁靖诸王,礼待诸遗臣王忠孝、沈佺期、郭贞一、卢若腾、华若荐、徐孚远等,置储贤馆以养士。

王忠孝《自状》:

> 辛丑,清兵从海澄、同安港南北夹击,谓投鞭可渡也。我师临战,东风一发,彼舟不支。北人浮尸蔽海,二岛烽火不惊,将谓今而后彼不敢复问岛矣。

中国国家博物馆珍藏有一幅《郑成功与王忠孝弈棋听军情图》,创作具体时间不详。

该图并未题名,一般称之为《郑成功与王忠孝弈棋听军情图》,又称《郑成功与王忠孝对弈图》《郑成功弈棋图》《延平王与王忠孝对弈图》。是郑成功长子郑经的第九代嫡孙郑泽捐给北京故宫历史博物馆五幅郑氏画像中的一幅,为工笔设色人物画轴,绢本,高102厘米,连同题跋共高164.4厘米,宽65厘米。图中绘有一山坡,坡上有棵青松,郑成功微须,身穿蓝袍,坐在松树下与一留长须老人(即王忠孝)对弈,有一士兵屈膝向他报告军情。郑成功左肘靠案,右手斜举,凝神倾听。郑的后边有一侍女,左前是一位威武的卫士,右前方有一军士牵着马。战马骠悍,军士用力扯着辔头。这幅画的画面宏伟壮观,布局严谨,技法精湛。绘于南明永历(清顺治)年间,右侧有楷书题款"壶兰黄梓敬写",上钤"留耕堂"印(朱文),下钤"黄梓"、"才子"印(壶兰指莆田的名胜壶公山、木兰溪,是莆田的别称。黄梓系明末清初莆田籍画家)。有署款"螺阳王忠孝拜手敬书"(螺阳为惠安的别称)的行楷题跋《百字赞》,后钤"王忠孝印"(白文)、"愧两"(朱文)两

印章。

《百字赞》共 100 个字,曰:

> 俨乎其神若有思,蔼乎其容若可即。盖其气吞湖海,胸藏甲兵。自为秀才,便以天下为己责。而况遭时艰危,能不奋然一击！睹公雄姿,直欲一蹴而抵黄龙府,又何有于半壁,无忘于淝水之捷,足快人心。偶托赌墅以自适。公之胜算,早在胸中,岂是寻常所能测识?

这是有关郑成功画像中最重要的一幅,为郑成功容貌最真实之历史依据。从内容考证,画中弈棋者即郑成功与王忠孝。它着重体现了郑成功指挥若定的气质。史书说郑成功"气吞湖海,胸藏甲兵","自为秀才,便以天下为己任"。此图正可直接印证这种说法。郑成功戴青巾,披青袍,青袍里面身着铠甲,随时做好战斗准备。他一边下棋,一边听取策马而来的小校报告前方军情,大有运筹帷幄、决胜千里之外的非凡气度,堪比淝水之战的谢安。

中国古代肖像画大多采用墨线彩染的传统技法,到了明代后期,由于社会文化的大众化倾向和西洋绘画的传入,传统肖像画发生了演化,以多层晕染来表现的写实性凹凸法,即"波臣画法"开始进入画坛。这一画派的领军人物曾鲸(1568—1650 年),字波臣,莆田人,擅画肖像,在继承粉彩渲染传统技法的同时,汲取西洋画的某些手法,形成注重墨骨,层层烘染,立体感强的独特画法。所画人物有"如镜取影,俨然如生"之誉,从学者甚众,遂形成波臣派。代表作品有为黄道周所作的《黄道周像》等。《郑成功弈棋图》的作者黄梓即曾波臣的弟子。

这也是迄今为止所知王忠孝唯一传世的书法真品和生活画像(另有其与夫人陈氏官服单人画像)。

中国中央电视台中文国际频道录制的《国宝中的历史密码》(元明卷)第十五篇《郑成功赶走"海上马车夫"》之《〈郑成功弈棋图〉:淡定方显英雄本色》:

> 公元 1647 年,在福建还有一个人也率领着一支义军与清军抗衡,他就是王忠孝。王忠孝,字长儒,明末崇祯元年(1628 年)

进士。当他得知郑成功在福建的厦门和金门建立了抗清根据地,军事规模空前强大,便决然北上投靠了郑成功。《郑成功弈棋图》中的老者便是王忠孝。

王忠孝追随了郑成功7年,7年间为郑成功出谋划策,收获不少战功。从这幅画中也可以看出,漳泉之役,他"胜算早在局中",也体现出了他在军事指挥上是非常胸有成竹的。

民间对《郑成功弈棋图》的理解还存在另一种说法,认为这幅画表达了郑成功挽留王忠孝的意思。

当时郑成功已经有了收复台湾的打算,他把自己的计划告诉了王忠孝。王忠孝认为荷兰殖民者在海上能够占领台湾,是因为它有先进的技术,强大的军事力量,以及丰厚的经济基础。当郑成功说出收复台湾的计划后,王忠孝感觉政府军力不够。另外,他年岁已大,有意要告老还多。

郑成功知道后就不同意,所以就有了这样一种传说,他用这盘棋赢了王忠孝,以此表明他收复台湾的坚定决心,同时他也凭借棋艺说服王忠孝和他一起作战。

后来郑成功的确在棋盘上了这一局,也在对弈的过程中说服了王忠孝。王忠孝最终同意和郑成功一起并肩作战,收复台湾。商定之后,郑成功就让人画了这幅画,然后王忠孝在上面题了百字赞,表达他们共同的心愿,一定要打败荷兰殖民者,收复宝岛台湾。

但郭盛《郑成功弈棋图研究》认为:与郑成功对弈老者,前人多认是《百字赞》的作者王忠孝本人,笔者认为这不大可能。其一,像赞文字主体描写郑成功本人的英姿,并未提及王忠孝本人。其二,像赞的撰写人,多是在画作完成之后,观看画作的情况下结合整幅绘画的情况进行像赞的题写,若弈棋人是王忠孝,那像赞的题写人就应当是其他人。虽然老者不是王忠孝,但他却在像赞中写到"偶托赌墅以自适,公之胜算,早在局中,是岂寻常所以测识",这无疑是解开老者身份的一把钥匙。既然《弈棋图》取意自"围棋赌墅",那与郑成功弈棋之人,自然是典故中与谢安对弈的客人。谢安生活在东晋时期,而这位老者的着装与东晋画家顾恺之《洛神赋图》(宋摹本)里的人物较为类似,都在大袖衣之下穿着下裳,如此这位老者应当是画师眼中的东晋人,或者说是古人。

王忠孝作有《冬夜同友人著棋因之有感》:

> 长宵何漫漫,枰罢且衔卮。
>
> 月落渔歌远,灯残花影移。
>
> 补天千古恨,念乱一腔悲。
>
> 叮咛当局者,先手是赢棋。

郑成功欲取台湾作为"进战退守"的根据地,诸将意见亦不一。陈永华认为夺取台湾虽有困难,但"凡事必先尽之人,而后听之天",请郑成功自裁之。

三月二十三日,妈祖诞辰纪念日,郑成功率将士二万余人东征台湾,驱逐荷夷。王忠孝受命留守厦门、金门辅助郑经,以为遥声呼应。王忠孝等饯之郊外。四月初一日,郑成功大军抵台湾鹿耳门,直入禾寮港登陆,击溃驻岛荷军的反扑,包围赤嵌城。初四,赤嵌城荷军守将描难实叮献城投降。四月初七日,郑军进攻台湾城(今台南市),荷军总督抢揆一负隅顽抗。郑军围城 9 个月,荷军缺水、缺粮,伤亡惨重。

连横《台湾诗乘》卷一:

> 台湾为海上荒土,我延平郡王入而拓之,以保存汉族。宏功伟绩,震曜坤舆,具载《台湾通史》。闻王克台后,颇事吟咏,而不留只字,岂当玄黄之际,王之子孙闷而不发欤? 余从各处搜罗,仅得一首,为登岘石山。是为北征之时,师次京口所作,诗曰:"黄叶古祠里,秋风寒殿开。沉沉松柏老,暝暝鸟飞回。碑碣空埋地,庭阶尽杂苔。此地到人少,尘世转堪哀!"
>
> 延平郡王之诗既载之矣,嗣有友人传示一首,为王手书,现存平户某所。惜不知其题目,似为游览之作,诗曰:"破屋荒畦趁水湾,行人渐少鸟声闲。偶迷沙路曾来处,始踏苔岩常望山。樵户秋深知露冷,僧扉昼静任云关。霜林独爱新红好,更入风泉乱壑间。"

平户在日本肥前国,与长崎隔带水,有千里滨,延平降诞之地也。清嘉庆元年壬子(按嘉庆元年为丙辰,壬子系乾隆五十七年。经查原稿,确系壬子)冬十二月,藩主松浦干斋公命建庆诞芳纵碑,叶山高行撰文,多贺嘉彰书册,而自系铭。碑高可丈余,旁有椎,干老叶茂,闻为延平幼时所植,至今宝之。

五月,郑成功将赤嵌地方称为"东都",并在台湾设立了承天府和天兴、万年二县。

八月十三日,清廷下"迁界令",福建、广东、江南、浙江四省滨海居民各向内地迁移三十里,"令下即日,挈妻负子载道路,处其居室,放火焚烧,片甲不留"。先是降将、海澄公黄梧密陈灭郑成功之策:将沿海居民迁入内地,使郑氏无物资、人力之接济,将不攻自灭。后来,清廷遣兵部尚书苏纳海视察沿海,决定接受黄梧之策,颁布"迁界令"。四省沿海居民迁离海边三十里,有的则搬入离城二十里内居住,二十里外筑土墙为界,寸板不许下海。界外不许闲行,出界即以违旨论立斩。清兵不时巡界,一遇出界人,登时斩首。结果,四省沿海居民谋生无策,丐食无门,卖身无所,死以万计,惨不忍睹。后清廷为了缓和事态,又令四省督抚对迁入内地的居民酌给田地房屋,"使之得所",史称"辛丑播迁"。

"……榜限至十月二十日止,越期不迁,视为通贼,不日发兵剿洗"。

山西交城贡生丁世淳任惠安县知县,奉文迁界,引画界路,以宽存内地为主。当流徙之日,民怀其德。

十一月十二日,福建总督李率泰(1608—1666 年)自漳州定界返回,驻军惠安县北涂岭,原定界涂岭以东的天湖岩、坝头山一带成了清兵驻扎的前沿阵地。于是强令迁民重新再迁,新定界址是"自枫亭古大路直至柳庄","限令前界内居民在十一月十五日迁入新界"。从发布命令到十五日,仅"三日期限,仓促驱民","流离中复加饥馑,越明年,益不聊生。于是或寄身空门,或托足营伍,或远糊口于延、汀诸郡,或近谋食于兴、泉二邦"。与沙格村 8 公里之遥的今南埔镇凤翔院前村,迁界时被清兵纵火烧死的有 700 多人。

惠安县北自南庄、九峰,南过经天湖山、坝头山,南至柳庄包括沙格、萧厝、上西、涂山、鹳山、郭厝、峰尾、山腰等村均在迁界之列。

《蟹谷王氏族谱》王宪章《石镜山记》:

迨乎世界沧桑,兵焚荐至,乡之人各鸟兽窜,而血染锋镝者不可胜计。向之所谓竹苞松茂者,今已化而为衰草寒烟,灰尘瓦砾矣。向之所谓合渔以萃子姓累累者,今则云散风流,如星罗而棋布矣。向之所谓敦古处而室盈宁者,今则弱肉强食,赤白白洪崖相打矣。历落几家,萧条几树,岂兹山之秀气发泄殆尽,抑盛衰之理,天运所或然耶?又令人不胜今昔之感矣。

王忠孝《代山甫、长甫、章甫、臣甫、坚甫等拟母氏行状》:

迩年来,变出不测,播迁再,至而三,家计荡析。

金门海印寺修成之后,卢若腾作《辛丑春重建太武海印岩,其秋落成矣,冬闰,洪钟特姻丈招王愧两诸葛士年来游,次蔡清宪旧韵》诗(同安卢若腾闲之著《岛噫诗》七言律):

胜赏虽迟犹小春,同游况复有芳邻。

不深花木枝枝秀,无大洞天曲曲新。

泉故喷香供茗客,石争呈面访诗人。

雨奇晴好都经眼,浣尽世间万斛尘。

王忠孝作《冬游太武山读蔡清宪公旧题因步其韵兼志高景》诗以和:

冬天和美冬犹春,眺望前村是德邻。

桐柏参横洞更古,藤萝拂拭韵方新。

峰峦自壮千秋色,山斗应尊一代人。

试问先生今若在,肯沾末俗半系尘?

当郑成功挥师东征,驱荷复台,有不少一心一意要北复中原的明朝遗臣一时不理解这一壮举,王忠孝也不例外。反对最激烈的是张煌言,曾贻书郑成功劝阻,甚至加以指责,认为思明是"根柢",台湾乃"枝叶"、"区区台湾何与于赤县神州"?责郑成功"与红夷较雌雄于海外"、"生既非智非忠",规劝郑成功回旗北指,利用当时人民对迁海的不满情绪,加以"激发",认定这是推翻清朝统治的良机。而王忠孝也认为迁海之际乃图恢复的良机。

王忠孝作《与张玄著书》《复张玄著书》。

《与张玄著书》：

> 前后两捧远翰，悉阔裁报，即知吴佩翁遥赉，仅一促谭，拟行时附候兴居，比发复失之。盖村居寥隔，百凡疏简，计在台亮，晤佩翁希并为拳拳也。

> 近事秦、晋颇有好音。陇州守黄云蒸，弟近里人也，闻为吴、蓟二镇所复，势甚赫扬。未知出自蓟国之意，然陇陷则甚真也。

> 顷者虏又虐徒海滨，所在骚然。乘此时一呼而集，事半功倍。而僻据海东，不图根本，真不知其解也。

> 台台与陈公，久镇浙海，貔貅如林。闻北地悬岛，处处可耕，虏欲以逼迁，绝我粮道，则屯田法当亟讲也。

> 今迁民无巢可栖，我为之慰止疆理，从如归市，足食足兵，以图光复，此其时矣。弟老而无能，于知己有厚望焉。

> 小舟前荷厦庇，兼损木料，大惠感何可言！兹冬乃住宿辖地，希照护之。又闻此间可耕，恍一桃源，弟久欲卜迁，而无其地，不谙可一帆相依否？便中幸赉德音。偕行者，不仅弟一人也。临楮依溯。

《复张玄著书》：

> 南北隔天，闻问稀疏，每念忠贞，未尝不神萦左右也。洋之阻，军资丧失，徒旅损伤，念之怅然。所幸夫人贞吉，整顿在手，但欲从头做起，费一番神力耳。

> 好事多磨，愿兄台珍重淬励，尤弟所朝夕焚祝者也。

张煌言（1620—1664 年），字玄著，号苍水，浙江鄞县（今宁波市鄞州区）人，崇祯时举人，官至南明兵部尚书。南京失守后，与钱肃乐等起兵抗清。后奉鲁王朱以海，联络十三家农民军，并与郑成功配合，亲率部队连下安徽二十余城，坚持抗清斗争近二十年。康熙三年（1664 年），随着永历帝、监国鲁王、郑成功等人相继死去，张煌言见大势已去，于南田的悬岙岛（今浙江象山南）解散义军，隐居不出。被俘后于杭州遇害，与岳飞、于谦并称"西湖三杰"。有《张苍水集》

行世。

张煌言作《怀王愧两少司马、徐闇公、沈复斋中丞》（《张苍水诗文集》下）：

> 昔我曾上嘉禾岛，岛上衣冠多四皓。
> 方瞳绿发映朱颜，紫芝一曲何缥缈！
> 年来沧海欲生尘，烽烟乱蠹商山道。
> 杖履流落似晨星，天长地阔令人老。
> 南望铜陵又一山，风帆千尺鲸波间。
> 不然疑乘黄鹤去，去去麟洲第几湾？

【时事】

正月初二日，顺治帝染上天花。初六日夜，病逝于禁宫内，时年24岁。遗诏传位于第三子玄烨，即康熙帝。

顺治帝的最终归宿，史上有多种说法，一说是得天花而死，一说是到五台山出了家，沙格村流传顺治是被郑成功部队炮轰而死。

南安的郑成功后人郑万龄在整理祖传遗物时，发现《延平王起义实录》手抄本，有两条记载似可认为顺治帝是在厦门高崎之战中，被郑成功炮轰死于厦门思明港。"有人密启藩主以高崎之战伪帝顺治实在思明港被炮击没，达素秘密而不敢宣，及京中查无下落，召达素回京，达虏惧罪自杀。至是太子即位，宣顺治于正月崩者，伪虏之伎俩也。藩曰：余亦计之，但当时恍惚未敢再信"，这条记载，指明顺治帝是在思明港被炮击而死，清将达素不敢对外公开，在回京的路上畏罪自杀。清朝宣布顺治病死，也是想掩盖事实。"初，太师在京屡以书谕藩招抚。藩不肯，然虏顺治亦不之罪也。至是顺治崩，执政者与太师有隙，遂对虏太子谏以藩能击崩主父，我皇岂不能杀害其父乎。虏太子纳之，至是新即位而太师遂遇害"，这条记载指明，因为郑成功用炮轰死了顺治，清廷才杀了郑芝龙。

泉港区委史志室主任林进辉在泉港区涂岭镇小坝蒙古族村发现《出氏族谱》的一段记录，提到顺治被炮毙于厦门。族谱至少有150

年历史,其中记载:"十一世祖忠节公……所云者随山东腾国祥,一说往乌鲁木齐有功,后从顺治君,溺死厦门港。蒙皇恩赐谥忠节,功加左都督,并赏祭金五十两。"林进辉认为这种证据使郑成功后裔郑万龄祖传的手抄本《延平王起义实录》里相关描述不再是"孤证","至少说明两个问题,一是顺治出征并溺死厦门港,在民间已无秘密可言;二是能与顺治并肩作战,在出氏后代看来是一种荣耀"(《泉港〈出氏族谱〉新证顺治被炮毙厦门》)。

《王忠孝自状》一文有段文字是:"又辛丑,清兵从海澄、同安港南北夹击,谓投鞭可渡也。我师临战,东风一发,彼舟不支,北人浮尸蔽海。二岛烽火不惊,将谓今而后彼不敢复问岛矣。不谓赐姓移师台湾,亡禄即世。同事诸公,水火互争,开清以隙,二岛遂失,居民掠杀甚惨,癸卯十月十日也。"沙格村王氏有一种独特的习俗"正月初七拜公祖",时间上和附近的"拜公婆"习俗不一样。传说"因为顺治帝是在厦门被王忠孝的船队炮击,死于永历十五年(1661年)正月初七日,这一天拜公祖就暗含了'家祭无忘告乃翁'的意思"。

有人怀疑,《王忠孝自状》那段以"又"字引出的文字,有可能是后人添加进去的:第一,高崎之战没写月份,后叙述金厦"二岛遂失"却写全了年月日"癸卯十月十日也";第二,王忠孝在文集中把台湾称为"东宁",只有后人写王忠孝入族谱或者写其事迹时,才称"台湾";第三,自传行文是按照时间顺序,没有插叙,该处却从上一段"辛卯三月"跳跃10年叙事。而《出氏族谱》的记载有个硬伤,出美侯生于康熙七年(1668年),根本不可能战死在顺治年间。

十月初三日,郑芝龙并第六子郑世默等共十一人以"谋叛律族诛"在北京被处死。

十二月十三日(1662年2月1日),郑成功在赤嵌城接受荷兰总督揆一投降,从而结束了荷兰侵略者在台湾38年的殖民统治。

清军攻入云南,永历政权灭亡。永历帝流亡缅甸首都曼德勒,被缅甸王莽达收留。后吴三桂攻入缅甸,莽达之弟莽白乘机发动政变,杀死其兄后继位。后发动咒水之难,杀尽永历帝侍从近卫,将永历帝献给吴三桂。

清康熙元年壬寅(1662年),70岁

【谱主活动】

正月,郑成功命令留守金厦将领迁移家眷过台,金门郑军守将迁延推托,不肯执行。郑成功又调厦门数人去台分管番社之事,洪旭等留住不遣。

洪旭《王忠孝传》:

> 公居鹭岛之曾厝垵,兄嫂俱终于鹭,而幸皆归葬。于郑氏叔侄,凡军国大事,有所筹策,亦多所匡救。鸿逵驻师碧沙,余居浯岛。公与沈佺期,每扁舟过访,同陟太武山,酌蟹眼泉,为文记其事,形诸咏歌,靡不以君亲为念。后移居浯岛,住贤厝乡,日与卢若腾、华亭徐孚远、沈佺期及余数人,扬榷古今,校订书史,有终焉之意。

> 延平王既定台湾,书邀公。公遣人具牛种,为五亩计。

郑成功收复台湾后,延请王忠孝等入台,未及行。

作《布帐铭》《七十亲朋欲致祝者赋此却谢》《行年七十诸稚孙欲图作寿用俚语讽止之》《壬寅恭贺鲁监国千秋节敬献俚言周伸冈颂》等诗文。

《七十亲朋欲致祝者赋此却谢》:

> 七十由来称古稀,自嗟历落数应奇。
> 老看离黍瞻乌恨,少读蓼莪陟屺悲。
> 果腹谁供薇蕨饭,遮寒甘卧芰荷衣。
> 亲朋休说悬弧事,为问长宵复旦期。

《行年七十诸稚孙欲图作寿用俚语讽止之》:

> 偷生不觉陟古稀,孙子牵裾共致词。
> 我说寿翁须景福,似我德衰耻言之。
> 多少生平不了事,一番添算转欷歔。
> 滇南消息未闻信,故园荡析靡宁居。
> 我生不辰逢天怒,临深履薄敢自嬉?

尔曹体我个中意,只有安贫勉读书。

以兹聊当称觞事,何须纷纷逐俗为?

连横《台湾诗乘》卷一:

（张）苍水既遣罗子木赴东都,并遗书于王司马忠孝、沈御史佺期、徐中丞孚远,皆在延平军中,请其同劝延平,移师西指。而延平以台湾初定,休兵养士,不遑兼顾。苍水有得故人书至自台湾之诗,则王、沈诸公之复书也。诗曰:

炎洲东望伏波船,海燕衔来五色笺。

闻有象芸芝术地,愁无雁度荻芦天。

抽簪身自逃臣幸,弃杖谁应夸父怜。

只恐幼安肥遁老,藜床皂帽亦徒然。

杞忧天坠属谁支,九鼎如何系一丝?

鳌柱断来新气象,蜃楼留得汉威仪。

故人尚感褰裳梦,老马难忘伏枥时。

寄语避秦岛上客,衣冠黄绮总堪疑。

四月,经清廷批准,将朱由榔及其眷属25人押到昆明篦子坡绞死。永历帝终年40岁,死后庙号昭宗,谥号匡皇帝。清乾隆年间上谥号"出皇帝"。郑成功及其继承者均以路遥消息未确为由,至康熙二十二年(1683年)郑克塽降清止,郑氏政权在台湾一直使用永历年号。

此时郑成功工作极为繁重,内陆诸将又不听调遣,加上永历帝被杀消息传来,其父郑芝龙与家人在北京被清廷处死消息也传来,精神压力很大。四月间,郑成功长子郑经和郑家乳母陈氏通奸生男,以有妾生子报告台湾,郑成功欢喜赐物。而郑经妻子唐氏的祖父唐显悦写信给郑成功加以指责。据《台湾外记》,信中说:"三父八母,乳母亦居其一。令郎狎而生子,不闻伤责,反加赏赏。此治家不正,安治国乎?"郑成功被激怒,立差都事黄毓,持令箭并画龙桶三、漆红头桶一,过金门给其兄郑泰,要他同到厦门斩其妻董氏(酉姑)治家不严之罪,并其子经与所生孙、乳母陈氏。明郑金厦守军郑泰、洪旭等认为"主母、小主其可杀乎?然藩令到,又不得不遵。可将陈氏并孙杀以复命,至主母、小主,我等共出启代为请罪"。董夫人与郑经也说"此可于法两尽",遂出二人斩之,黄毓过台报命,郑成功不允,解所佩剑交黄毓,再来金门见泰,必当照令而行。郑泰、洪旭等决定抗拒,回复郑成功"凡取粮饷诸物,自当应付。若欲加兵,势必御之",且有"报恩有日,候阙无期"之语。郑成功更加愤怒和忧虑。

五月初八日,郑成功病逝。王忠孝闻讯痛哭。

几年间,王忠孝与郑成功书信往来颇多,《惠安王忠孝公全集》收入《与国姓书》10 篇、《复国姓书》1 篇。

王忠孝《自状》中说:

> 赐姓移师台湾,亡禄即世。同事诸公,水火互争,开清以隙,二岛遂失。

在台诸将举郑袭(郑成功之五弟)护理国政。黄昭、萧拱宸等人伪造"成功遗言",拥郑袭为东都主,分兵准备抗拒郑经。郑经闻报,即在思明继位发表,调集舟师准备过台。子郑经嗣延平王位。

郑经在铜山时,又有大将周全斌等投清,军心继续动摇,洪旭劝郑经速过台湾,否则变生肘腋。郑经遂决定放弃内陆,退往台湾。行前请朱明宗室和诸南明遗臣商议:如欲相从过台者,速当收拾,拨船护送;若不愿相从者,听之。

七月二十七日,清廷升任施琅为福建水师提督。

九月初八日,管理福建安辑投诚事务户部郎中加一级臣贲岱、兵部郎中臣金世德造《伪册底》"谨将壬寅年五月初八日郑成功殁后,郑锦现管伪文官、伪镇及伪文武官员册底抄呈"伪文闲员姓名开列:第一人即故明进士按察使王忠孝(剃发回籍)。

九月十五日,王忠孝应邀为卢若腾《浯洲节烈传》作《浯洲节烈传序》。

提督马信及诸镇将领密谋拥立郑成功弟郑袭,袭延平王爵,继招讨将军职。思明州郑泰、洪旭、黄廷、工官冯澄世、参军蔡鸣雷知道后,立郑经为世子。十月初六日,郑经自称"招讨大将军世子"率师东渡台湾。十月初七日,郑经率师抵澎湖,顺利解决台、厦对立局面。郑经以周全斌为五军、冯锡范为侍卫、陈永华为咨议参军。十一月,郑经入安平镇,礼待郑袭。

郑经入台后,王忠孝仍居厦门、金门。

十一月十三日,鲁王在金门中疫薨逝。十二月底,王忠孝等奉郑经之命,礼葬于金门后埔。

倪在田《续明纪事本末》卷之六:

> 康熙元年(永历亡,朱成功称隆武十八年)春正月,鲁王在台湾。夏五月,朱成功卒。张煌言悼叹,还军林门,再以书拒招降者。秋,永历帝凶耗至台湾,遗臣王忠孝、沈佺期奉王再监国。……冬十一月辛卯,明故监国鲁王卒于台湾。王虽不监国,郑经歉之。王不能堪,将入南澳。未发疾作,二十三日而卒。诸臣礼葬之。

《鲁监国》:

> 十七(六)年壬寅,监国在金门。二月十三日,吴三桂弑永历帝于云南。五月初八,延平王郑成功薨海上。诸臣复议,奉监国为主。十一月二十三日,监国殂于台湾,诸旧臣礼葬之。有世子二,长名桓,郑成功以女配之。郑克塽降清,世子亦缴金册降,明统乃绝。

闽侯琯江林绳武(惺甫)辑《海滨大事记·监国鲁王入闽始末记》:

> 十一月二十三日辛卯,王薨于金门。

《皇明监国鲁王圹志》:

> 监国鲁王,讳以海,字巨川,号恒山,别号常石子,始封先王讳檀,为高皇帝第九子,分藩山东兖州府,王其十世孙也。世系详玉牒。王之祖恭王,讳坦颐。父肃王,讳寿镛。传位第三庶子安王,讳以派,王兄也。崇祯十五年冬,虏陷兖州,安王及第一子、第四弟以衍,第五弟以江,俱同日殉难。山东抚臣奏闻,王以第六庶子,母王氏所生,时授镇国将军,部覆应继王位,于崇祯十七年四月初四日册封为鲁王。方三月初旬,使臣持节甫出都,而京都旋告失陷矣。东省驿骚,王遂南迁。弘光帝登极南都,移封王于浙台州府。南中不守,虏骑薄钱塘,浙东诸臣竖义旗,扶王

监国，都绍兴，则弘光乙酉闰六月间事也。次年仲夏，浙事中溃，王浮澥入舟山，会闽中诸师在北，迎王至中左所，覆移师琅琦。附省诸邑，屡有克复，虏援大至，复者尽失。王又再抵舟山，躬率水师入姑苏洋，迎截虏舟，而浙虏乘机捣登舟山，竟不可援矣。王集余众南来，闻永历皇上正位粤西，喜甚，遂疏谢监国，栖踪浯岛金门城。至丙申，徙南澳，居三年。己亥夏，复至金门。计至鲁而浙而闽而粤，首尾凡十八年。王间关澥上，力图光复，虽末路养晦，而志未尝一日稍懈也。王素有哮疾，壬寅十一月十三日中痰而薨。距生万历戊午五月十五日，年才四十有五，痛哉！……岛上风鹤，不敢停槥，卜地于金门城东门外之青山，穴坐酉向卯。其地前有巨湖，右有石峰，王屡游其地，题"汉影云根"四字于石。卜葬兹地，王顾而乐可知也。以是月廿二日辛酉安厝，谨按会典亲藩营葬，奉旨翰林官撰圹志，礼部议谥。今圣天子远在滇云，道路阻梗，末縣上请，姑同岛上诸文武叙王本末及生薨年月勒石藏诸圹中。指日中兴，特旨赐谥改葬，此亦足备考订云。

永历十六年十二月廿二日，辽藩宁靖王宗臣术桂同文武百官谨志

《王忠孝公集》卷四疏奏类有"附载"《大明鲁王履历》：

监国鲁王，讳以海，字巨川，号恒山，别号常石。太祖高皇帝第九子，分封鲁王讳檀第十代子孙也。世封山东兖州府。王系鲁肃王庶第六子，万历戊午四十七年（按戊午年应是四十六年，不知是原稿误，或新刊误）五月十五日辰时，母妾王氏生。本月十七日奏报，天启六年七月二十三日具奏赐名。崇祯六年七月十七日，受封为镇国将军。

崇祯十五年十二月初八日，虏攻陷兖州府，兄鲁王讳以派被虏难。第四兄镇国将军以衍，第五兄镇国将军以江，暨鲁王嫡第一子，俱同日死难。山东抚臣奏请下部复议，于崇祯十七年四月初四日册封庶第六子镇国将军为鲁王。北都告陷，山东骚动，王遂南迁。弘光登极，移封浙江台州，给以全禄。弘光二年金陵不

守，东浙士民于闰六月十一日，扶王起义，翼戴监国，则闰六月十五日也。驻跸绍兴。

王力疾视师，亲临钱江载战，躬擐甲胄。是时勋臣元老，及耆旧军民，交章劝进，王谦让再四，止允监国。丙戌仲夏上游告溃，王乃浮瀣至舟山。十一月，胜房伯后封建国公郑彩北上迎王，来至泉州中左所，与诸绅复谋起义，仍尊王监国。首攻海澄及漳州，嗣出师攻福州，诸附县俱下，独会城未开。适房援骑至，一撤围而诸县俱失。

王又北底（抵）舟山。辛卯九月房合苏松宁波台温舟师会犯舟山，王亲督定西侯张名振，直往姑苏洋截击，已获大胜。初，留荡胡侯阮进守舟山，讵意宁波之房乘虚来袭，荡胡侯战衄，遂陷舟山。王率胜师言旋，房已据舟山不可救矣。

王复南来，遂谢监国，尊永历年号，遁迹金门。永历丙申十年，移驻南澳。永历己亥十三年五月复来金门，于永历壬寅十六年十一月十三日丑时，忽中痰薨逝……

邓传安《蠡测汇钞·明鲁王渡台辨》：

鄞谢山全氏《鲒埼亭集》据沈斯庵太仆诗，谓鲁王曾偕郑氏同入台阳，薨在成功殁后。是康熙元年壬寅，非顺治十七年庚子。太仆为海外文献，其言若可信矣。

余久于台湾访斯庵诗集未得，仅见江东旭日升《海滨纪略》及鹭岛遗衲梦庵《海上见闻录》两书。最后得不知撰人名氏之《台海外史》，年经事纬，纪载尤详。其人曾于靖海侯平郑氏后来台，闻见亲切，不亚斯庵，未可疑其无征也。

夫伪郑负固不服，冀延残明一线，不幸而受"沉王于海"之诬。谢山愤焉，不惜极力招雪。若如阮夕阳集王薨于内地金门，岁在庚子，犹有形迹可疑，必易其年月、移其薨葬之地，斯群疑胥释，何幸有海外异闻之证实也。考外史，鲁王实以庚子十一月殂于金门，成功令兵部侍郎王忠孝礼葬于后埔。见闻录号称定本，必曾经考订，然亦同于外史，不皆与沈太仆相矛盾，而与阮集符合耶？

谢山申沈辟阮，言之凿凿，余初亦然其说。今以理与势揆：成功之取台湾也，实听何斌密计，掩荷兰之无备，虽属机会可乘，然冒重险以决胜于异域，实惴惴焉。其时同行惟诸将二十余人，并无残明遗老，何况宗室？无论鲁王已薨，仅世子极皇偕诸王及唐显悦、王忠孝诸遗老饯送东郊，即使王在厦门，成功方探虎穴，何必挟一若赘疣之监国同行？王又何所恃而慷慨请缨、中流击楫？此不待智者知也。成功得台未二年而殁，迨郑经自厦奔丧，定乱袭位。又明年岁在甲辰，郑氏所宾礼之遗臣自忠孝以下，宗室自宁靖王以下，始相率东渡依经，前此并无一人来台。不知沈斯庵何所得鲁王而与之倡和？台湾大湖之鲁王墓又何自而来？皆疑事也。

窃意鲁王既殁，尊宗室者或即称世子为鲁王，故太仆与往返联吟。王之薨虽赴告于海岛，太仆挽诗殆补作于成功取台后欤？王子孙既家于台，无由内渡，或遥望为坛以时致祭，而附近之大湖因有王墓，如金人既葬宋渊圣于巩洛原，而南宋尚攒空棺于东越称钦宗陵，非前事之相似者耶？呜呼！鲁阳挥戈，愚忠可悯！幸逢圣朝无讳，阐发幽光，无嫌铺张扬厉。似鲒埼亭之表章张苍水尚书，未免抑扬过当。今不得援尚书祭王文"十九年节旄"一语，为薨在壬寅确证也。郑氏优礼遁荒诸贤，必不加害于其所左右之故主。王若非得正而殁，其子孙与郑氏不共戴天，断无始终相依之理。即此而沉王之诬已不足深辨，又何必改薨葬之时与地以迁就附会而予诬者以口实？谢山其弗思耳矣！

江日升《台湾外记》卷之五：

（顺治十七年庚子，附称永历十四年）十月，将军达素回京。成功欲整师下粤，报原浙江监国鲁王殂于金门，令兵部侍郎王忠孝礼葬于后埔。

关于鲁王的薨逝，似乎是一件历史公案。

王忠孝作《壬寅恭贺鲁监国千秋节敬献俚言周伸冈颂》，即可直接证明：

节届朱明焕陆离，蟠桃树向绛雹披。

龙当潜任风云隐，德协天行乾惕时。

见说新旌悬日月，却存遗老绕阶墀。

自惭逐队称觥者，犹是闲身理钓丝。

1959年，金门发现南明监国鲁王朱以海圹志。说"王素有哮疾，壬寅十一月十三日，中痰而薨"。而《王忠孝公集》之《大明鲁王履历》中则说"忽中疫薨逝"，两者所述死因不同，似乎鲁王非正常死亡。其实这并无矛盾——中时疫致旧疾哮喘发作（肺炎）痰阻而薨。

林焜熿、林豪纂光绪《金门志》卷之二《分域略》附录周凯《内自讼斋文集》云：

> 世传明监国鲁王薨于金门，葬后埔。墓久湮失，道光壬辰春，林生树梅访得之城东鼓冈湖之西。墓前合灰土为曲屏，不封树。土人称王幕，不知何王墓也。下一墓形制相似，相传瘗王从亡，岁久为耕犁所侵。林生急白凯，檄金门县丞清界址，加封植，禁樵苏，树碑以表之，期于勿替。

> 顾授外史诸家所载，王薨葬年月互异，辨之者亦异。兹就凯所见诸书为考证，据阮旻锡《夕阳寮集》谓："王薨于金门，岁在庚子。"无名氏《台湾外史》亦云："王以庚子十一月殂于金门，郑成功令兵部侍郎王忠孝礼葬于后埔。"江日升东旭《海滨纪录》及鹭岛道衲梦庵《海上见闻录》所载并同，全祖望《鲒埼亭集》据沈光文《斯庵集》挽王诗序，则谓王薨于壬寅冬十一月，在成功卒后，且谓王同成功入东宁，故即葬焉。引张煌言《苍水集》与卢牧洲书，以成功既卒，海上诸臣议复奉王监国，及祭王文有"十九年旌节"之语。由乙酉监国数至癸卯，适合以为证。邓传安《蠡测汇钞》辨之，谓谢山据杨陆荣辈野史讹传"成功沉王于海"一语为昭雪，而并易其年月薨葬之地，以释群疑。其说当存疑，而引外史诸书，主阮夕阳说为庚子，且言鲁王未尝至东宁。沈斯庵居台湾，在郑氏之先，何由与王唱和？台湾太湖之鲁王墓，疑为王世子极皇葬处。诸臣尊宗室，亦称鲁王，并疑议复奉监国之鲁王亦为王世子。其说虽近臆创，而辨王之未至东宁为较确。然则墓何由在东宁，又《鲒坷亭集》之讹也。凯又按林霍子濩《续闽书》

载："王素有哮疾，壬寅十一月十三日中痰薨。生万历戊午五月十五日，年四十有五，葬于金门王所尝游地。"林生树梅又搜得卢若腾牧洲《岛噫集》，有辛丑仲夏寿鲁王诗、壬寅仲夏作《泰山高》寿鲁王诗。按林子濩，同安榄里人，学诗于牧洲，自少与纪许国、阮夕阳遁迹鹭岛，称遗民，必及闻见之。牧洲，金门人，从王于岛上，其诗与《续闽书》诞日符合，岂有王薨而犹为之寿者？则壬寅又若可据。凯要而断之，成功之攻台湾也，以辛丑三月，克以十二月，其卒也以壬寅五月。当渡台攻取时，胜负未可知，断无挟王同行之理。则邓说为是。逊荒诸遗老与宁靖王及诸王子之渡台也，皆在郑经袭位、二岛将破之时，当在癸卯、甲辰。牧洲之作寿王诗，犹在金门也。又纪许国《石青集》亦有寿王诗，不载年月。而《续闽书》并详记王薨之日，则似当以壬寅为是。盖当日诸臣流离琐尾，道途梗塞，传闻异词，故所载亦异词。而墓在金门后埔，则无疑焉。今墓前有鼓冈湖，广四十余丈。湖南多石，镌王手书"汉影云根"四字，并镌从亡诸公题咏。其为王尝游处，又似可信。甲辰以后，二岛糜烂，或碑碣无存。惜不得沈斯庵集而读之，其云墓前有太湖，谓鼓冈耶，抑谓台湾之大湖，即今鲫鱼潭耶？凯尝游其处，鲁王墓亦无考焉。呜呼！王以有明宗室，间关颠沛，漂泊海上数十余年，惟郑氏是依，而又不以礼待，致受沉海之诬。卒至埋骨荒岛，榛莽为墟。春霜秋露，麦饭无闻，亦可悯已！

我国朝加惠前代，自陵寝及名臣贤儒坟墓俱有禁。今于《明史》不讳唐、桂诸王事，靖节诸臣，皆锡之谥典。圣德皇仁，超越千古。若鲁王墓，固守土者宜恪遵禁令，急为防护者也。而斯邦人士展念陈迹，宜何如之感慕叹息保守之，期勿再失乎！因为考以实之。

王讳以海，字巨川，明太祖十世孙。崇祯甲申，袭封鲁王。乙酉，监国绍兴。师溃，郑彩自舟山迎王入闽，居中左所，郑成功修寓公之礼。戊子，居闽安，颁监国三年历。有兴化以南二十七州县，旋失。癸巳，去监国号，居金门凡十年。壬寅，成功死海上,诸臣议复奉王监国,会王得哮疾,于十一月十三日薨,距生于万历戊午五月十五日,年四十有五,葬于城东王所尝游地。野史载成功沉王于海,又称王薨于海外,皆传讹也。沈太仆光文挽王诗序云:"墓前有大湖。"按:即今鼓冈湖,去墓里许。湖南多石,镌王手书并从亡诸臣题咏。知王尝游息于此,则墓在金门无疑。惜久湮失!林君树梅访得之,凯为立墓碑,禁樵苏,加封植焉。惧其久而复湮也,为记于碑阴,愿金门士人岁时祭扫,共守护之。

道光丙申　月　日,周凯又书

清康熙二年癸卯(1663年),71岁

【谱主活动】

三月,卢若腾离开金门去台湾,到澎湖。六月初七日,郑经设计擒杀族伯郑泰,族叔郑鸣骏带上郑泰儿子郑缵绪,率所部及文武官员近万人,船只300余艘自金门入泉州港降清,驻莆田南日岛、惠安崇武半岛等地的原郑成功部将也相继降清。郑经军事力量大受影响。

郑泰(?—1663年),郑芝龙堂侄,郑成功堂兄,隆武帝曾封郑泰为建平侯,加宫傅伯。郑成功举兵北伐,欲图江南,郑泰为户官,留守厦门。郑成功听说达素将攻打厦门,下令各镇官兵眷口搬住金门,命户官郑泰及其他将领保护。郑成功兴师攻台湾,郑泰居守金门。康熙二年(1663年),郑经怀疑郑泰和拥立郑成功的弟弟郑袭继位的黄昭有所勾结,想要杀郑泰。他先封郑泰为金厦总制,假意要把金门和厦门都交给郑泰。郑泰受封之后,接受邀宴到厦门见郑经,郑经趁机囚禁郑泰。郑泰自缢身亡。王忠孝与郑泰往来密切,文集收录有《与宫傅伯郑泰书》《复宫傅伯郑泰书》6封。

郑泰之子郑缵绪投清后被封为慕恩伯,曾写信给王忠孝倾诉苦闷。

王忠孝《与慕恩伯郑缵绪书》中,无可奈何地说:

亲翁为亲报仇者也,不肖为臣子不忍易面也,虽不同道,其本于君亲,一也……可行其德于桑梓。……若不肖老惫极矣!

半年三徙,疲于津梁,譬如倦鸟寄楼,逢林息影,不遑问其为芳树、为积棘也。

郑缵绪(生卒年不详),字哲孜,号致斋居士。父郑泰为郑经所害,从其叔郑鸣骏率战舰甲士归清。封慕恩伯,世袭,隶旗籍。康熙二十二年(1683 年)从征澎湖,战有功,寻父尸归葬。诸岛荡平,镇泉州。著有《盾墨诗》《石仓稿》。王忠孝之孙明甫(历英)娶郑赞绪长女。

《郑哲诸亲翁重筑新斋以诗见赠依韵赋谢》:

> 轩庭结构景幽奇,静抱行藏却谁知?
> 牖下松青莺乍啭,篱边蕙绿燕乃期。
> 含怀夜话倾远志,引镜披论待明时。
> 寂寞萍踪挹爽致,更携佳句更云宜。

王忠孝作《菊言序》:

说诗者于兴体则置之,谓是触物兴思可意得,而不可文求者也。间参质前疑,谓古人定当有意,既极吾思之所诣,河源嵩顶几几乎至焉。究足以自喻于作者之志,未知其然,其未有然。致斋居士《菊言》兴也。吾一再咏之,岂大有感于当日之情事,悲中谷之蓷而慨园桃之实者!

夫情与事会,意而物遭,传神者笔见楮而忘笔,扣钟者杵闻声而忘杵。故知因事借物,寓规讽于唱叹,寄兴观于天乔,风雅道丧,孰究音旨?而乃今于居士遇之,且兴礼不见于章,而见于什,又自居士始。而惟予言之其然,其未有然,以质后之说诗者。且夫人学问、才思或迟之年岁,或历之境遇,太上则授之天生而具之也。居士年少,生而一无否者。吾独怪其霜月凄清之下,秋香满院之时,别筵乍开,一杯引满,忽焉动凋瘵之思,极征求之困,确确乎祸福利害之倚伏,凛凛乎盈虚消息之循环。反复叮咛,一篇之中三致意焉。

韩昌黎有言:“仁义之人,其言蔼如也。”岂其授之天者?厚根之性者深,故其发之于言也。寄托讽刺,恺悌慈祥有如是也乎?杜子美读元次山《舂陵行》《贼退示官吏》二首,曰:“不意复见比兴体,制微婉顿挫之词,感而有诗,简知我者不必寄元。"愧余不能诗,安知世无少陵其人者?读之而感,感而咏唱,予和汝相与正告于天下,后世之为邦伯、良吏者,寄不寄非所论矣。是余之所以言《菊言》之诗也。

若夫霜蕊寒馥,浮动笔端,如蜂造蜜,花色不坏;如月照雪,雪态倍妍。优孟能拟叔敖之生,而不能生叔敖,居士则既生之矣。且优孟抵掌笑语,岁余乃仅像一叔敖,《菊言》数种,使人见千百元放也。余既抚掌,菊亦嫣然。

王忠孝作《菊言后序》:

菊之为卉,其气肃以清,其品幽以贞,故序宜秋,而于人宜隐。古之逸者,当夫运际中零,人怀潜德,感物序而宣愤懑于霜畦,看屋梁而接晤言于阆苑。余既一二见之矣,未有出其精神面目,同其苦乐啼笑,悠然兴会。遂累篇牍,使读之者恍聆寒馥于笔墨,把霜葩于字句,如《菊言》之为诗者。夫菊亦何幸而有斯言哉?

吾以是论之,当芳菲竞奏,发付过多,亦盛为造物费,觉久而厌之也。于是蕴蓄顿含,草枯木落,然后炼霜为骨,缩金驻颜,借风以坚其操,分月以侣其孤,以全力畀之菊也。

今三尺之令与七寸之牍,上下求应,迨其后适以移气体而长子孙耳。造物者亦久而厌之也。于是世异事殊,然后有特立独行之士,汇其气于水,濯其神于秋,放怀海山,留情花卉。是亦有以全才,畀之斯人者。盖其气其品为屈为陶,相往来于寥廓之外,幽情单诣,不可以寻常篇什求之者矣。菊亦何幸而有斯言哉?

抑吾又有说,黄荃写生,花木翎毛皆有生气;顾之貌裴,见者定觉益三毛。今所貌皆不可见,独其言存耳。

居士以言貌菊,而余复言菊。之所以言菊不凋,则《菊言》不朽,而余言庶藉《菊言》以不朽也乎?因题其后。

《菊言序》和《菊言后序》两文《王忠孝公集》未收录,见载清光绪九年(1883年)陈澍编辑《螺阳文献》卷五《序下》(泉州文库本,商务印书馆 2018 年 5 月版）。陈澍，生卒年不详，字仲明，号水亭，清代泉州惠安县螺阳人。清乾隆十年（1745 年）拔贡，官直隶州州判。参修《惠安县志》，编有《螺阳文献》二十卷，刊行传于世。

八月，荷兰人纠集甲板船十六只、兵数千，会同清靖南王耿继茂、总督李率泰攻金、厦两岛。耿继茂、李率泰调集旧部，会合荷兰兵出泉州，提督马得功出同安，施琅、黄梧出漳州，下船集结于厦、金的海上。郑经率黄廷、周全斌水师聚于金门海上，荷兰船只高大，船上有大小熕炮十余门，横截中流，为清船藩蔽。郑军十三只战船直绕荷兰船后，冲击敌大船，荷船炮火齐发，郑战船无一击中，马得功被周全斌所杀。清靖南王耿继茂、闽浙总督李率泰派军增援，由福建陆路提督马得功、郑鸣骏军队及荷兰舰队从泉州港出发，向金门进攻，施琅、黄梧率队出海澄港攻厦门。郑师退守铜山。清军攻入金门、厦门，掳掠烧杀，毁城而去。

十月初十日，鹭、浯二岛失守，被清兵占领，居民掠杀甚惨。王忠孝知事不可为，遣儿携诸孙及老妻入山，作《促儿孙入山》。其南下铜山，二老妾随从，侍行者有从侄王亥、族侄王环及仆婢。至铜山铜陵（今东山县铜陵镇），借居黄道周家族的祠宇。辜朝荐偕往，居五个月，无日不在风声鹤唳中。

《促儿孙入山》：

> 我今应如此，尔曹勿犹疑。肤发我何有，香火尔应持。
>
> 好速携孙去，笃志守坟庐。世乱多离别，苦辛靠天知。

《近况》：

> 一自避氛违故里，津梁疲尽侣樵渔。
>
> 儿孙遣去仅留仆，囊橐散完只剩书。
>
> 龙虎旗翻鱼鳖窟，衣冠身混侏儒居。
>
> 家园入梦都成幻，卧听鸡声闹客庐。

洪旭《王忠孝传》：

> 癸卯，清克两岛。公遣妻、子归守坟墓。

王忠孝《自状》：

> 不谓赐姓移师台湾，亡禄即世。同事诸公水火互争，开清以

206

隙，二岛遂失，居民掠杀甚惨，癸卯十月十日也。

　　余知事不可为，遣儿携诸孙及老妻入山。余南下铜山，二老妾从焉。侍行者从侄孙亥、族侄环，及仆婢而已。至铜，借居于黄石斋先生祠宇，同年韦在公偕焉。居五阅月，无日不在风鹤中，将士叛者踵闻，因移舟而北。

又作《忆昔》《海上吟》等诗。

《忆昔》：

行年七十一，强半罗困厄。　忆我髫龄时，父兄垂护惜。
弱冠事诗书，学古期有获。　十载滞诸生，场屋屡遭斥。
生来淡名根，幸不自郁悒。　慈帏先见背，严君终七七。
读礼风木悲，卧病仅骨立。　壮年徼第一，禄养恨不及。
筮仕计曹郎，服官日竞惕。　边寇初入犯，王事实孔棘。
奉命守障门，矢石头上集。　虏退方解严，转运檄更急。
督运置河干，一日三万石。　轮蹄兵火余，哀鸿集中泽。
宽恕违诏令，苛猛民不怿。　苦心费调停，催赞幸及格。
间尝蒙褒嘉，时或荷励策。　运事方告竣，边储复见及。
石古曹墙地，胡骑每跳跃。　健卒呼庚癸，计吏乏良画。
只有如冰心，庶几供乃职。　何期贵当来，威福太赫奕。
敢曰不吐刚，倔强自畴昔。　履虎不知危，含沙肆毒螫。
明主犹宽恩，圜扉暂羁执。　谏牍每讼冤，爰书畏失入。
南冠两年淹，编管甘贬谪。　罪籍隶方新，启事旋见白。
当也炎未灰，环召乃寂寂。　甲申逢国变，南都新立辟。
白首犹为郎，一麾出郡伯。　踌躇不出门，惭无匡时策。
闽疆再立帝，需次宣徽席。　仍复守故土，简书重督促。
散官甫陛见，随奉随征役。　单骑立边关，赐剑壮行色。
报命典奉尝，宪地擢扬激。　假归再赴召，至尊莫踪迹。
毁家整一旅，同仇修矛戟。　谬思效补浴，才疏事不立。
浮海辞故园，耕钓供晨夕。　粤西喜有君，欢忭动颜色。
新命屡见催，朝天路踽踽。　扪躬无报称，余生复何益？
衰年犹忍死，伫望中兴日。

这是王忠孝对自己的人生历程以长诗形式加以回顾。"甲申逢国变"句,指崇祯十七年(1644年)甲申,李自成攻入北京,明思宗朱由检自缢于煤山,明朝灭亡。"南都新立辟"句,指福王朱由崧即位,改元"弘光"。"闽疆再立帝"句指唐王朱聿键称帝。"粤西喜有君"等句,指永历帝遣官赍敕升王忠孝为兵部右侍郎。"前后敕三四至",而由于楚粤道阻,王忠孝不得前往。

《海上吟》:

> 避氛海上十六年,不识人情底样深。
> 海水虽深人犹测,世情倾阻不堪亲。
> 嘤乌化作参商曲,茑萝叶下荆棘生。
> 蛟螭变幻风云窟,醋缴纷飞羽旅惊。
> 欲学鲁连伸排解,曾如郦生误缁青。
> 自笑逢场称知己,何处衔杯醉老身?

《避氛铜陵借寓黄石斋家庙将登舟风雨阻之赋此自慰》:

> 先生灏气表人间,祠下依瞻忘旅艰。
> 日月久悬偶作翳,风雷骤至暂须安。
> 波涛千顷楫还击,鬓发数根岁任寒。
> 闻道楚分多胜事,伫看直北勒燕山。

《偶触二首》:

其一

> 久痼烟波不知深,东风吹醒忽沉吟。
> 拳头雾雾烘老眼,犹幸脚踏最高岑。

其二

> 人生谁是百年身,何事挫磨苦一生?
> 家族怜余齐致恩,曾如痴狂冈能听。

《铜陵寄家中子侄》:

> 故园今犹在,游子独分离。岂不思坟墓,畏与犬羊居?
> 祖宗教忠义,孙曾敢忘诸? 若使中道变,面目将安施?
> 孤臣欠一死,宗祀应有依。以兹鼓棹行,特命儿孙归。
> 闻说逢暴客,僮仆少追随。迁移靡定处,生涯料日亏。

拙妻忧我老,孙子念余赢。我今虽风涛,神思犹无累。

居忘陆与水,体浑瘦与肥。荡析事极小,节义属阿谁?

无为长浩叹,春草自芳菲。

作《复诸乡亲书》(时间不详,暂寄):

日接远翰,曾寄械报。载读重函,侑以厚贶,何深情之无已也!所示惠饷,陈君漳行未归,到时当以凋弊减额为要务。若省差官,听都派,禁抄掠,陈公能任之。不肖惠人也,维桑与梓,必恭敬止,无俟貌朋致嘱,自当留意。但身在事外,恐言未必见信耳。公呈备悉亲友雅意。

不肖老矣,迷血病五十余日,旦夕填沟壑是冀。兹稍稍色起,渡海归来,不耐风涛,而又鹪栖既折,薄产抄没,故园景色,不堪回首。此间村屋借住,薯园赁犁。老厮张网,痴儿课锄。虽曰流寓,略成土著。诸亲知者咸共见同,《易·旅》之六二曰:"旅次,即怀其资。"一旦舍去,从头经营,向之轻弃其乡者,今转怀土矣!

孤臣幽衷,深思自见。寄语亲朋,大家成就一个老逸民,何碍于斯世之浩荡也?桑梓大计,敢不勉图!

清康熙三年甲辰(1664年),72岁

【谱主活动】

二月,侄孙及甫(王坤,王忠孝大兄的孙子)到铜山,王忠孝已登舟泊高泥,见之"喜不自胜"。

郑经泊舟金门料罗湾。

三月初六日,在许多将领叛去的情况下,郑经与洪旭等率师东渡,于初十日抵达台湾。这是自郑成功以来反清复明势力从中国内地的总撤退。

郑经召王忠孝、辜朝荐同行,年家子陈永华、姻亲洪旭俱赞成。

其时唐显悦、王忠孝、徐孚远、卢若腾等已居铜山近五阅月,眼看恢复希望渺茫,回乡还是去台湾是两难选择,回乡要剃发易服,去台

湾则入天外之末,不毛之地,从此永隔故乡和祖宗坟墓。唐显悦因与郑经有了过节,最终选择回乡,为了避免剃发易服,他毅然祝发为僧,不留清朝辫子,回乡后去仙游石苍云顶山为僧。其孙女郑经妻子唐氏,则去了台湾。宁静王朱术桂等随行。

王忠孝决定把子、侄都送回乡守坟墓,自己则跟随郑经入台湾,守节完名。

三月初十日晚自厦、金开船,是夜风浪震撼,浪兼天涌,十分艰险,几于沉溺。十一日晨至澎湖。泊一月,意卜居澎湖,然借栖无地。

三月十九日,挚友卢若腾病逝于澎湖。卢若腾问今日是何日,侍者以三月十九对。先生曰:"是先帝殉难日也。"一恸而绝。临终,遗命题其墓曰"有明自许先生卢公之墓",以明其志,卒年六十六。延平嗣王郑经亲自从台南到澎湖埋葬之,墓葬于澎湖太武山南麓。台湾纳入清朝版图后,卢若腾之子迎其骨归葬,建墓于金门故乡贤厝。著有《留庵文集》《方舆互考》《岛噫诗》《与耕堂随笔》《岛居随录》等。

四月初八日四更,离开澎湖,午刻抵东宁。初十日登上台湾岛,宿陈永华旧寓。

王忠孝《自状》:

> 时世藩将往东宁,泊舟料罗,招余及在公同行。而余年家子陈复甫,姻友洪忠振,俱赞余决,遂与俱东。甲辰三月初十晚开洋,次晨到澎湖。是夜风浪震撼,浪兼天涌。余偕在公借坐洪钟特舟,眷属仍坐自舟。中流发漏,几于沉溺,幸无事。晨后舟亦至澎湖,稍稍憩息。

> 澎,晋江末都也。泊一月,意卜居焉,借栖无地。四月初八日,再移于东,闻有甘吉洋,风涛似澎。是日,幸风恬浪静,四更自澎开棹,午刻抵东宁。初十日登岸,宿陈复甫旧寓。鹪栖寄食,荏苒又经年矣。

洪旭《王忠孝传》:

> 癸卯,清克两岛。公遣妻、子归守坟墓,独往台湾,与宁靖王术桂,礼科辜朝荐,日相过往,赋诗著书,以尽余年。

《台湾郑氏始末》卷五:

三年春正月，(施)琅遣招林顺，举众降。二月，南澳守将杜辉率众赴揭阳港纳降。宁靖王、泸溪王、鲁世子、巴东王诸宗臣及故臣王忠孝、辜朝荐、沈佺期、郭贞一、卢若腾、李茂春等从经东渡。冯澄世舟至东碇，为其仆所杀。若腾卒于澎湖，经自往祭。以洪旭言，于澎湖妈祖宫左右分营立垒，中置炮台，令薛进思、戴捷、林升守之。四阅月而代。

连横《台湾通史》卷二《建国纪》：

(永历)十八年春正月，援剿右镇林顺降清。二月，南澳护卫左镇杜辉亦降清。洪旭言曰："金、厦新破，铜山难守，不如退保东都，以待后图。"经从之，命永华、锡范扈董夫人先行。宗室宁靖王、泸溪王、巴东王、鲁王世子暨乡绅王忠孝、辜朝荐、卢若腾、沈佺期、郭贞一、李茂春悉扁舟从。至澎湖，与旭历视诸岛。

宁靖王朱术桂(1617—1683年)，字天球，别号一元子，弘光帝封为镇国将军。隆武帝封为宁靖王，前往方国安军中担任督军。后清军南下，被郑彩迎往厦门。永历帝命其督郑成功师，郑成功以王礼待之，让他居住在金门和厦门。郑经迎宁靖王到台湾，在承天府为其建造宁靖王府居住，并供岁禄，但未拥立其称帝或监国。清军入台，郑克塽奉表请降时朱术桂以身殉国。随侍在侧的五妃皆相继自缢于中堂。

王忠孝与宁靖王生活和诗文往来颇多。

邓传安《蠡测汇钞·海外寓贤考》：

台湾未为郑氏窃据，先来沈太仆光文，借荷兰之一廛，比得舆之硕果。太仆，鄞人也。全谢山太史眷眷于乡先辈，故《鲒埼亭集》中既为太仆作传，又叙其斯庵诗集。而于同时逊荒依郑诸君子，皆详载原委。如其说以订正郡志，则当叙华亭徐都御史孚远于太仆之前，叙鲁王于宁靖王之前，而寓公益有光矣。

传安考台海外史，鲁王实薨于金门，葬于后埔，在成功未渡台之先，别有辨证，谢山说只可存疑。都御史固名重几社，而成功肄业南雍时所从学诗者也，其依郑氏最早，曾自厦门奉使见桂王于粤西。《明史》本传称其遁入海，死于岛中。鲒埼亭述公自叹曰:"司马相如入夜郎,教盛览,此平世之事也。而吾以亡国大夫当之,伤何如矣!"是岂非栖迟荒岛之明证?乃外史纪康熙三年甲辰伪郑挈家东渡,明诸王、宗室及绅耆王忠孝等皆相随,惟公扁舟归华亭,似与谢山不合。按公初结寨于定海之柴楼,距舟山最近。厥后间关从亡,与张苍水尚书煌言异地同心,皆江、浙间所指名者。其不遽东渡,殆闻苍水遁迹于象山之南田,欲往相从耳。及闻苍水已亡,漠然无所向,乃航海来台,郁郁以死。此当据鲒埼亭以符合史传,未可泥于外史矣。况定明史稿之横云山馆亦华亭人,讵有都御史得正丘首而桑梓不知之理耶?鲒埼亭苍水传云:"成功丧败之余,思取台湾以休士,公以书挽,不听。当海滨之民不愿迁界,复招成功乘机取闽南,而并遗书故侍郎王公忠孝、都御史沈公佺期、徐公孚远、监军曹公从龙,劝其力挽成功,而卒不克。及成功卒,闽南遗老谋奉鲁王监国,公又以书约故尚书卢公若腾以下。"呜呼!成功取台,乃弦上之箭,讵千里尺书所能阻止!当成功之卒,闽南遗老尚在厦门,谋奉鲁王监国。鲁王应是世子极皇,非江东称制之以海。虽其事疑信参半,然苍水鞠躬尽瘁,几不愧文信国!依郑诸公仍与苍水通消息,又岂愿比遁入占城之陈宜中耶!考鲒埼亭陈光禄士京传,成功宾礼叨之遗臣,其最致敬者,卢、王、沈、徐诸公而外,惟都御史辜公朝荐、郭公贞一与光禄。考光禄未尝渡台,其余皆从郑经于后,未随成功于先。外史及海滨纪略并有岁月可考,视鲒埼亭尤核矣。郭都御史与卢尚书皆同安人,尚书家在浯州(即金门),有遗爱于甬上,故谢山为作祠堂碑文,称其深入东宁,台湾志谓其遁迹澎湖社门。考外史,尚书至澎湖,病,不二日死,遗命题墓曰"自许先生"。盖志书以其未曾至台,故疑遁迹。谢山以澎湖统于台湾,故浑言深入,得外史而厘然矣。王侍郎籍惠安,沈都御史籍南安,同为闽南遗老,台志俱为立传,不知何以独遗徐、郭两公?其台志有传之揭阳辜朝荐,鲒埼亭集中讹"辜"为"章"。若曹监军,不知为何处人?考之纪略,实与护理郑袭据台拒经,身名俱泰,有愧诸寓贤矣。又台志只称卢公迁宁绍兵备道,王公以户部主事榷关。《泉州府志》虽言卢公巡抚凤阳,亦是甲申以前。鲒埼亭则系卢公以兵部尚书督师,系王公以侍郎,其所受职非闽中即江东也。如必甲申以前官乃可登载,则斯庵沈公之称太仆、复斋沈公之称都御史,岂非甲申以后乎?余故论列如右,以备修志考证焉。

连横《台湾诗乘》卷一:

沈斯庵太仆以永历三年入台,时台为荷人所据,受一廛以居,极旅人之困,弗恤也。及延平至,待以宾礼。清军得台后,卒于诸罗。斯庵名光文,字文开,浙之鄞人也。居台三十余年。自荷兰以至郑氏三世盛衰,皆目击其事。著书甚多,台湾文献推为初祖,然书已散佚。余搜辑其诗,仅得六十有九首,编为一卷,列于《台湾诗存》。

《忆感》云:"暂将一苇向东溟,来往随波总未宁。忽见游云归别坞,又看飞雁落前汀。梦中尚有娇儿女,灯下惟余瘦影形。苦趣不堪重记忆,临晨独眺远山青。"

《慨赋》云:"忆自南来征迈移,催人头白强扶持。乐同泌水风何冷,饮学秋蝉露不时。最幸家贫眠亦稳,堪怜岁熟我仍饥。仰天自笑浑无策,欲向西山问伯夷。"

斯庵有《己亥除夕》之诗。己亥,永历十三年,荷兰尚据台湾,则其困乏尤可知矣。诗曰:"年年送穷穷愈留,今年不送穷且羞。穷亦知羞穷自去,明朝恰与新年遇。赠我椒尊属故交,频频推解为同胞。客路相依十四载,明年此日知何在。修门遥遥路难通,古来击楫更谁同。也怜蹇窭空嗟无告,犹欲坚持冰雪操。爆竹声喧似故乡,繁华满目总堪伤。起去看天天未晓,鸡声一唱残年了。"

永历十五年,延平克台湾,中土士大夫多从之至。闻斯庵在,大喜,各以相见为幸。故其集中颇有唱酬之作。如《谢王愧两司马见赠》云:

廿载仰鸿名,南来幸识荆。

忘机同海客,尊义缔寒盟。

霖雨时思切,东山望不轻。

流离谁似我,周急藉先生。

《卢司马惠朱薯赋谢》云:

隔城遥望处,秋水正依依。

煮石烟犹冷,乘桴人未归。

调饥思饱德,同饿喜分薇。

旧事萦怀抱(司马昔为我郡兵宪),于今更不违。

《齐介人旋禾,未及言别,兹承柬寄欣和》云:

忽带青云去,惟将逸韵留。

刺舟知待雪,陶径已辞秋。

风足高山水,光原灿斗牛。

瑶华承寄问,多病获新瘳。

按王司马字长孺,号愧两,福建惠安人,官至兵部左侍郎,后卒于台。卢司马名若腾,字闲之,号牧洲,福建同安人,官至兵部尚书,后卒于澎。而齐介人未详。

作《同辜在公年兄抵澎湖坐渔舟风雨大作赋此志感》《东行四首》《东宁中秋有感》《中秋夜光异常》《居东首春遥祝圣躬》《东郊行》《卧茅斋有思》等诗。

《之东》:

极目江干事已荒,孤臣何地泊征帆?

回首铜驼久灭没,伤心大厦谁承当?

青山到处生离黍,黄发于今变乱蓬。

欲问交游多判袂,随风只得驾言东。

《渡海羁栖》:

奔忙岁月亦云深,鬓里繁霜肃气侵。

既少隆中预定略,如何梁甫作幽吟。

殊方林壑惊危兀,故国黍苗叹郁森。

年老羁栖知曷极,好坚末节不移心。

《东行四首》(原抄本题注共四首,其三、其四内容缺):

其一

— 214 —

风霜饱吃未甘休，强把健顽度乱流。

四顾长天渺无际，坐看牛斗任悠悠。

其二

历尽波涛剩一舟，生涯计拙也无求。

由来素食惊贫骨，拟把渔竿当西畴。

《同辜在公年兄抵澎湖坐渔舟风雨大作赋此志感》：

中原遭板荡，王室叹飘摇。

孤臣惭报国，只有励贞标。

波涛经荐险，风雨任萧萧。

非敢侈忠苓，分义不容浇。

逢有同心侣，罔恤艰与夷。

兰芷芬共臭，松筠叶相依。

蹋嵫漏帆下，衣衫湿侵肌。

呼炉煨村酒，藉以避寒饥。

开樽雨复作，徙倚靡所之。

舟子形忧叹，家童怀郁伊。

何以度长宵？浩吟破闷诗。

矢志既如此，困厄莫须疑。

偃卧板帆眠，辗转畏淋漓。

《东宁中秋有感》：

今夜东州月，初升色皎皎。

晴空杳无云，碧曜当天照。

四顾望霁辉，万户争欢叫。

爝火难为光，余氛莫敢揽。

天公似有意，明兴为之兆。

《中秋夜月光异常》：

中秋依是古中秋，不觉明州换海州。

自厌衰年须鬓改，一轮皓月鉴余修。

《偶感》：

微全妇子及诸孙，胡尔弃家作离群。

出屏匡章缘念父,袖椎张子不忘君。

七朝遗侠剩残喘,一片丹诚问重云。

也觉秋风吹瘦骨,贪开黄菊晚来芬。

《邻火撤棘呼童重修》:

回禄震邻势乱披,匆忙撤障纾惊疑。

随将残料勤修葺,错认寒茅新换楣。

《挽陈母方太宜人》:

贞士不自保,方为氛气迁。

四明有陈子,伏节历蹶颠。

论交日已久,因习母也贤。

千载从五日,倚闾老怀牵。

为勤教忠训,遑恤绕膝怜。

望云频陟屺,依稀几杖边。

忽闻告大别,游子苦未还。

魂飞闽岭外,泪洒秋风前。

剩兹数茎发,以报罔极天。

维母德而寿,有子更美焉。

俚吟聊作纪,不是悼亡编。

【时事】

六月,荷兰将领波尔德在福州与清军会盟攻打台湾。因台湾防守坚固,便率战船到浙江普陀山,遇飓风覆没。

七月十八日,清廷封施琅靖海将军。七月,张煌言就义于杭州。

八月,郑经改台湾东都为东宁,升天兴、万年为州,划府治为四坊,坊置签首,办理民事。"承天府"不复存在。划境界为三十四里,置乡长,还教民烧瓦,建宫室衙署,礼待避乱缙绅,凡明宗室皆优厚给养。分给诸镇土地,寓兵于农,社会安定。

郑经以陈永华为"总制使"掌理国政,着手对台湾的系统经营。

清康熙四年乙巳(1665年),73岁

【谱主活动】

王忠孝直至去世前共立了两份遗嘱,又有一份简短的另嘱。其中第一份写于此年三月初六日,开头便云:

"吾年七十三矣,即终于地下,我亦复何憾?只生平上无补于国家,下无裨于生民,迭经遭君父大变,不能致身光复,以兹为恨耳。"对于子孙,他则强调要以"孝友敦睦为首务"、"诸孙惟谨身读书是嘱,读书能明理,便成个人,不在急科名也"。

作《东方首春有怀》:

> 问余何事度横流,为个纲常割不休。
> 岁历忽颁怀旧阙,春英乍放警新筹。
> 江山别创雄风壮,书剑犹存灏气留。
> 伫见阳和回北谷,何愁吾道付沧州。

作《居东首春遥祝圣躬二首》:

其一

> 紫极映黄道,垂裳奠异封。
> 历绵国步远,地回岁华浓。
> 天意护渔藻,臣心俨镐雍。
> 遐方布淑气,海外犹朝宗。

其二

> 运转乾坤正,春临万象知。
> 日轮垂照邀,皇历赐恩迟。
> 圣德方怀远,天高或听卑。
> 小臣无以报,遥挹汉官仪。

作《东郊行》:

> 逸兴踏芳郊,春风处处同。
> 心烦傍岸柳,身弱怯繁霜。
> 椎结多随汉,衣冠半是唐。

好将开济手,文治接鸿蒙。

作《卧茅斋有思》:

弃家入殊域,念国廿余年。

月色侵檐隙,潮声逼枕边。

草深三尺地,鸡叫四更天。

不寝忆前事,浑如蝶梦中。

三月初六日,于旅舍作遗嘱。《遗嘱(一)》云:

此新年多病,幸饮啖如常,老人如风雨烛,况病乎?豫书数字,嘱尔曹执去,速携诸从行以归,与族党姻知,商确取一照身,或海澄,或泉(州),求其当而已。

遣小舟来接大舟,此中收拾,尔断断勿来。旧衣巾履未至,开不得丧,至日开丧,照家礼。取我旧衣,于江干挂着,眷顾魂归,至七旬而止。遣人犹迟,开丧不妨,勿作佛事。或尔曹心上不过,择寺中修斋诵经而已。

五月,侄孙及甫从大陆来,王忠孝呻吟之苦霍然而愈。陈永华辅佐郑经开发台湾经济,兴办教育,使台湾经济、文化迅速出现转机,民心趋向安定。

由于沙格村屡遭清兵洗劫和严重破坏,王忠孝的族亲为避免清朝廷迫害,纷纷迁居台湾。同时清初清政府强迫沿海迁界,沙格村的许多乡亲也迁往台湾。当时两岸交通已经基本断绝,清政府实行迁界,但沿海居民偷越往来的例子仍然存在。如王忠孝有一个侄孙及甫,在此期间就先后往来台湾三次:第一次在康熙二年(1663年)三月至七月,入台"开垦","为一门食指计";第二次在康熙三年(1664年)三月至次年正月,陪同王忠孝"入东宁";第三次在康熙四年(1665年)五月至次年三月,又到台湾陪侍王忠孝直至先期病逝。

七月,王忠孝记《自状》《自传》,以示子孙:

状虽不文,生平碎愿颇自详悉。乙巳岁抄卧疴,取稿再删,觉语语摭实,无可去留,存之以示子孙。丙午年正月九日记,始稿于永历乙巳年七月某日也。

《东宁友人贻丹荔数十颗有作》:

海外何从得异果，于今不见已更年。

色香疑自云中落，苞叶宛然旧国迁。

好友寄缄嫌少许，老人开箧喜奇缘。

余甘分啖惊新候，遥忆上林红杏天。

此外，王忠孝在台作有《东宁上帝序》《东宁风土沃美急需开济诗勖同人》等诗文。

郑氏政权把玄天上帝作为明朝保护神，于明永历十五年（1661年）十月，郑成功部将刘国轩、洪旭等倡建上帝庙，在台南镇北坊建庙（小上帝庙），奉祀开天炎帝、玄天上帝，并于东安坊建北极殿（大上帝庙）奉祀。台南玄天上帝庙是于康熙三年（1664年）四月王忠孝渡台后兴建的。刘国轩、洪旭等邀请王忠孝为之作序，王忠孝认为建庙崇祀有益于社会的风尚、治理和安宁，欣然应允。王忠孝的《东宁上帝序》，为郑氏政权在台湾特别奉祀台南玄天上帝庙的建立年代及兴建过程留下了十分珍贵的历史记载。

王忠孝《东宁上帝序》曰：

孔子曰："鬼神之为德，其盛乎矣。"又曰："务民之义，敬鬼神而远之。"盖先王以神道设教，事涉玄幻，义则昭著。是故惠迪吉，从逆凶，福善祸淫之理，应若桴鼓。则务民义者，乃所以敬鬼神，是则设教者意也，岂世俗徼福之见哉！

东宁僻处海东，向为红夷所据，土夷杂处，散地华人莫肯措止矣。间有至者，多荷锄逐什一之利，衣冠之侣未闻也。

赐姓抚兹土，华人遂接踵而来，安平东宁。所见所闻，无非华者，人为中国之人，土则为中国之土，风气且因之而转矣。是以向者地屡震，而今宁谧；向者春无雨，而今沾濡。天心之明，示人以意也，而况于神乎。迩者总戎林君提兵入内地，舟泊铜陵，见荒庙中有真武尊像在焉，遂奉以东。其同事黄君者，铜人也，曰此吾里凤所敬者，神与人若相巧然，遂有建庙之募，属余为之引。余从不能作募，言以自家力不能舍，未有劝人舍者，独以东宁庙宇绝稀，偶有庄严显设，殊足起人敬畏，则此举亦创见也。

语曰："黍稷非馨，明德惟馨。"旦晚鼎构一新，凡莅土者，与夫协建者、骏奔者,洋洋如在上,在左右焉。而又绎不可度,矧可射之旨,敦务义之实修,尊尊长之风,将见神人允洽,民物安阜。宁馨东土盘石,乎式廓旧疆,兴复始基之矣。于是为引。

《东宁上帝序》是歌颂郑成功驱荷复台伟大业绩的重要史料。文章揭露了荷兰殖民者对我国领土台湾的占领,叙述了台湾移民社会的情况。在郑氏政权的治理下和伴随中华民族文化的传播,改变了台湾农耕社会的风俗、文化,促进了移风易俗,加上风调雨顺、连年丰收,台湾社会出现欣欣向荣的新景象。文称:"赐姓抚兹土,华人遂接踵而来,安平东宁。所见所闻,无非华者,人为中国之人,土则为中国之土,风气且因之而转矣。是以向者地屡震,而今宁谧;向者春无雨,而今沾濡。天心之明,示人以意也,而况于神乎。"歌颂了台湾收复后的领土完整、社会安定。

《东宁上帝序》为郑氏在台湾特别崇祀的台南玄天上帝庙的建立年代及建立的过程留下了珍贵的记载,可补充台湾府县志记载的不详,并可纠正其他有关文献记载的错误。如蒋毓英的《台湾府志》载:"上帝庙,在府治东安坊,伪时建,祀北极大帝。内有明宁靖王楷书匾额'威灵赫奕'四字"。高拱乾《台湾府志》载:"上帝庙,一在府治东安坊。最为久远,郡守蒋毓英捐俸重修,庙宇焕然。"二书均未记建庙的具体年代。范咸乾隆《重修台湾府志》载:"元帝庙,即真武庙,康熙二十四年知府蒋毓英修,高耸甲于他庙。一在镇北坊,总镇张玉麟渡台遭风,梦神披发跣足自檣而降,风恬抵岸,因重新之。后为知府蒋毓英祠。"又《附考》载:"元帝庙,在东安坊者,称大上帝庙。郑氏所建,康熙年间重修。在镇北坊者,称小上帝庙,郑氏所建,康熙三十七年重修。"直至道光十八年(1838年)四月《大上帝庙四条街桐山营公众合约》碑仍记:"本庙之建,不知始自何时?"1971年出版的《台湾省通志》明确记述北极殿、灵佑宫均建于康熙十年(1671年)。

根据王忠孝《东宁上帝序》,可证实上述记载都是错误的。上帝庙系王忠孝到台后才开始兴建的,并为之作序:"迩者……遂有建庙之募,属余为之引。"故建庙时间可确定是在康熙三年(1664年)四月之后、康熙五年(1666年)四月之前,即在康熙四年(1665年)前后建成,《台湾省通志》等书记载康熙十年(1671年)建,显误。(陈在正:《歌颂郑成功复台的两则重要史料——明遗臣王忠孝〈东宁上帝序〉、〈东宁急需开济诗勖同人〉读后感》,见杨国桢主编《长共海涛论延平:纪念郑成功驱荷复台340周年学术研讨会论文集》,上海古籍出版社2003年版)

台南上帝庙是怎样建立起来的呢?《东宁上帝序》做了明确回答:"迩者,总戎林君提兵入内地,舟泊铜陵,见荒庙中有真武尊像在焉,遂奉以东。其同事黄君者,铜人也,曰此吾里夙所敬者,神与人若相巧然,遂有建庙之募,属余为之引。余从不能作募,言以自家力不能舍,未有劝人舍者。独以东宁庙宇绝稀,偶有尊严显设,殊足起人敬畏,则此举亦创见也。"可见系郑氏军官林某及其部属铜人黄某到铜山铜陵,从迁海后已荒芜的东山上帝庙中,将上帝神像接奉到台南镇北坊建庙崇祀,即今台南市民族路开基灵佑宫,郑氏政权见玄天上帝系明朝的保护神,旋于东安坊建北极殿崇祀(今台南市民权路)。陈支平教授认为"总戎林君"是林瑞。

大小上帝庙建成后,历经多次重修,崇祀不衰。现存大上帝庙中的"威灵赫奕"匾,系宁靖王朱述桂所题,乃台南市最具历史价值的匾额。

《东宁风土沃美急需开济诗勖同人》:

> 巨手劈洪蒙,光华暖海东。
>
> 耕耘师后稷,弦诵尊姬公。
>
> 风俗凭徐化,语音以渐通。
>
> 年来喜丰稔,开济藉文翁。

傅振照《李慈铭年谱(续五)》载:

清同治丁卯六年……四月……初三日阅节子处借得之《野史遗文》一残册。是书自题淝水奈村农夫辑,不知其姓名。此册仅第十三卷至第十六卷,共四卷,而首尾又不全。第十三卷为郑成功、郑经、郑克塽、郑鸿逵传,宁静王朱术桂传,陈永华传、陈夫人传,闽中"四隐君子"王忠孝、辜朝荐、沈佺期、李茂春传。而末总计云:"前后通计大传四十八,小传、纪名六十四,则其传甚夥矣。"其书所记史事多有他书所不详者,先生略有所记(见《日记》第 3746～3749 页)。

《野史无文》卷十二之《闽中四隐君子》载:

> 天地闭,贤人隐,遁世而无闷。子欲居九夷,虞卿义不帝秦,欲蹈东海之滨,其志高绝千古,悲夫!后人之难学也。夫阴阳错行,则天地大骇,于是乎水气生火,震雷掣电以作,而奋击夫万物。吾何以逃之哉?吾无所逃,藏于九死而不悔,惟身所之也。吾适穷荒,吾适绝域,吾身安之。吾安之也,阴阳之气未错也,则是浮海居夷,犹吾故国旧邦也。夫何戚戚焉。

> 王忠孝传

> 辜朝荐传

> 沈佺期传

> 李茂春传

其中《王忠孝传》云:

> 王忠孝,字愧两,惠安人也。崇祯戊辰进士,授户部主事,遣分税于密云。时有内监于密云为不法事,忠孝劾之。上不悦,遂论戍。顷之,免归。弘光立,起官浙江绍兴府知府。居官廉洁,厘剔肃清,吏民皆畏之,不敢为非。浙、闽众拥唐王为帝,征忠孝为兵部侍郎。未几,帝迁延平,忠孝归泉州。清师入仙霞岭,郑成功举义于海澄,忠孝往居厦门。及取台湾地,忠孝筑室居之。为人善饮酒,能诗歌,遂纵情诗酒以老。

年底,卧病,取《自状》稿再删。

王忠孝晚年在台湾是孤独的,蔡政与之"交最善"。

蔡政(?—1668 年),字拱枢,金门人。为延平王郑成功所重。任刑官司务,从成功北伐。逮成功南京之役既败,以政为礼部都事遣往北京议和。从征台湾,改赏勋司。郑成功去世,弟袭谋大位,蔡政以大义斥之,并奉成功冠袍赴思明,世子郑经乃得发丧嗣位。内难既定,经以政为"审理所正",巡防南北二路。次年,政兼知思明州事。以协理刑官职衔使日本,使征前户官郑泰所寄存之巨银以佐军。政自日本归,将至思明,时金厦败覆,为舟人劫入泉州。清遵义侯郑鸣骏设馆礼待,而防范甚密。旋以计脱归东宁,任协理礼官,宠遇甚隆。生平与兵部侍郎王忠孝交最善。二十二年(1668 年)五月卒。长子济,次子汉襄,俱授察言司。

【时事】

三月二十日,施琅第二次出征台湾。二十九日,舟师已驶入外洋,又遇飓风,连日狂风大作,只得驶回金门。四月十六日,施琅率军再"进发台湾"。十七日,军至澎湖口,"骤遇狂风大作,暴雨倾注,波涛汹涌,白雾茫茫……人仰船倾,悲号之声,犹如水中发出,情势十分危急"。施琅所乘战船漂流至南方,次日方驶至广东潮州府属表卫。二十六日,施琅返回厦门。

清康熙五年丙午(1666 年),74 岁

【谱主活动】

正月初九日,正是闽南人的重要拜祭活动蒸炊"甜粿""拜天地"的日子,记《自状》。侄孙及甫病逝后为作《哭侄孙及甫文》。

二月初,王忠孝病才好,不得出门。随后又患"滑肠病"。滑肠一般是指大便次数多,一天要拉两三次以上的,拉时肚子不疼,大便像水一样的情况。一段时间以来王忠孝只能勉强吞咽。

三月初六日,于旅舍立遗嘱,"新年多病,幸饮啖如常",如自己去世,"亲友概勿受吊,即姻门,只领香楮,勿烦几前一拜。早夕苦奠而外,切勿多事"。并言及早在白水铺陈同关大路之东的白水山上(今属泉港区涂岭镇白潼村)有营穴一,"峰峦镇重,颇似将军大坐,跌落数节而下,收龙田大溪水"、"碑书'明故宦某公之墓',勿填衔。葬用简素,以入土为安"。陈同关、白水,在今涂岭。龙田大溪,即泉港区的母亲河坝头溪。

四月初四日,胸肋疼痛并高烧,延至初八日高烧方退,引病少出门。四月十一日凌晨,王忠孝写了第二份遗嘱云:

> 万一不测,尔当与亲朋商一水居船,三四载者,来扶我归。

即力不能,亦须向知己相援也。此边人泛泛耳,言之似赘。

又须于当道处,明投一呈,内云"父某自己丑年云游四方,多在舟山之间。去年舟山之变,附舟南下,闻在澎湖结茅而居,年已七十四矣,近云襄理扶归,谨呈",明大意如此。托大力者送之,必当于愿兄发一令票,雇他一押船,跟官系我所见识者,同船来此边,亦遣一舟护送至界而返,庶水次无虞,我老骨可遂首丘之怀也。当费此勉为之。

四月十二日,补写遗嘱(《另嘱》)。谈了在台湾的人情交往:"引病少出门,一切俗事弗问,惟正经旧交,不得谢绝耳。辜伯日相见,亦一快事。洪亲在澎,其父在东,澹澹而已,我亦淡淡应之。"这里的"辜伯"即指辜朝荐,"洪亲"是洪磊,"其父"就是洪旭。可见在王忠孝的晚年,与之交往的故友并不多,真正关心他的人就更少了。

《遗嘱》对于了解当时的两岸关系以及海上交通状况是很有帮助的。《遗嘱》中说的"当道",即指清朝在闽南的当权者。而王忠孝希望儿子和家人能透过各种关系,不管从海澄还是泉州,取得官方发给的"照身"(身份证明)和"令票",然后雇船到台湾来接他。值得注意的是,王忠孝教儿子递交呈文时要写"闻(父)在澎湖结茅而居",而不写在台湾,显然是从策略上考虑。(杨彦杰:《清郑对峙的历史记忆——以王忠孝及其家族的遭遇为中心》,见张海鹏、李细珠主编《台湾历史研究》第一辑,社会科学文献出版社 2013 年 12 月版)

王忠孝的侄孙能够往返两岸说明当时民间偷越的渠道仍然存在,这也是王忠孝能够经常与家人通信的外部环境,但要通过官方公开扶柩还乡却是一件困难的事。

王忠孝从台湾传来他即将"终于地下"的消息,希望他的家人能把他接回去安葬。

遗嘱传到家人手中,其妻儿老小的悲恸与焦虑之情可想而知。

四月廿八日(公历 5 月 31 日)辰时,卒于台湾。

洪旭《王忠孝传》:

丙午四月二十八日卒于台湾,享年七十有四。宗藩勋旧,皆来视殓,莫不坠泪。

《王忠孝公集》卷之第十二传志类王孔仁《王氏谱系》:

丙午年得正而没,享年七十有四。……

其没之夕,内地有贡生林之豸死而后苏云,见公与石斋黄先生接任为阎罗,著有《回生记》。事属近诞,然纲目有"生为上柱国,死作阎罗王"之语,著于监史,似亦非诬。

娶梅峰铺林内乡陈氏,初封安人,再封宜人,累封淑人。

公生于万历癸巳年六月廿三日卯时,卒于永历丙午年四月廿八日辰时。

姚生于万历壬辰年十一月廿四日戌时,卒于永历丁未年七月廿九日未时。

司马公及子孔仁同葬在梅峰铺上亭山前陈乡边,穴是虎形坐坤向艮兼申寅分金未辛丑。见载《惠安县志》卷三十四《茔坟》:"兵部郎中王忠孝墓,在县北梅峰铺前亭。"

《王氏族谱》(不同抄本):

第十四世愧两公,讳国森,人名长孺,即忠孝,明进士出身,御史升兵部右侍郎。生于万历癸巳年六月廿三日卯时,卒于永历丙午年四月廿八日巳时。

王宪章《祖母林孺人圹志》:

厥后,先王父抗节寄寓台湾,无禄即世。府君谋迎榇归,未遂,晨夕哀号。

王忠孝的去世时间有 1665 年、1666 年、1667 年、1670 年等四种以上的说法。

一是范咸《重修台湾府志》卷十二记康熙"四年卒"。康熙四年为 1665 年乙巳。

二是洪旭《王忠孝传》:丙午四月二十八日卒于台湾,享年七十有四。王孔仁《王氏谱系》:丙午年得正而没,享年七十有四。丙午即 1666 年。

三是高拱乾《台湾府志》卷八记:"岁在丁未,卒于台。"蒋毓英《台湾府志》卷九记:"丁未十一月卒。"丁未为康熙六年,即 1667 年。

1998 年方志出版社出版的《惠安县志》卷三十七《人物》:"康熙

六年(1667年),王忠孝病殁于台湾,享年74岁。"

四是夏琳《闽海纪要》载:庚戌、(康熙)九年(明永历二十四年,1670年)"明太常寺卿、兵部右侍郎王忠孝卒于东宁"。台湾延平郡王祠王忠孝事迹介绍"永历二十四年卒也"。永历二十四年为康熙九年,即1670年。笔者在2015年4月参观台湾延平郡王祠时,已向管理人员指出错误,不知是否已改正。

此处据王忠孝的儿子王孔仁和与王忠孝关系极为密切的好友、姻亲洪旭《王忠孝传》的记载为准。

据王忠孝《遗嘱(一)》自称及裔孙王孔仁《王氏谱系》、洪旭《王忠孝传》等记载,王忠孝著(编)有《四居录》《四书语录》及《孝经解》《易经测略》《诗经语录》及奏议、诗文若干卷,俱未梓行。

他的奏议、诗文后人收集成《惠安王忠孝公全集》(《王忠孝公集》),共十二卷。

王孔仁《王氏谱系》:

> 著有《四居录》《孝经解》《易经测略》《四书语录》,及诗集文集等书,未梓行世。

洪旭《王忠孝传》:

> 所著有《四书语录》《易经测略》《诗经语略》《孝经解》《四居录》及奏议、诗文若干卷,俱未梓行世。

现除《惠安王忠孝公全集》(《王忠孝公集》)外,前面所列其编著均不得见。而《惠安王忠孝公全集》所收作品多为从政之后的著作,前面所列其编著应是赋闲在家及寄寓厦金之时的作品为主。

其中四书又称四子书,是《论语》《孟子》《大学》《中庸》的合称。南宋著名理学家朱熹取《礼记》中的《中庸》《大学》两篇文章单独成书,与记录孔子言行的《论语》、记录孟轲言行的《孟子》合为"四书"。宋元以后,《大学》《中庸》成为学校官定教科书和科举考试必读书,对古代教育产生了极大的影响。

目前仅存的王忠孝诗、文抄本十二卷。王忠孝生平诗作无多,据《惠安王忠孝公全集》一书,自卷九至卷十一所载诗作九十五题百余首。王忠孝诗的内容,主要以反映明清鼎革之际的社会动荡为主,可纳入明代遗民文学的传统来观察。

除了《王忠孝公集》中的王忠孝作品外，笔者还发现了王忠孝的其他一些作品，相应辑录于谱文里。

关于《王忠孝公集》抄本，见存传抄有惠安县政协抄本、福师大本和厦大本等三种。

（一）惠安县政协抄本

方志学家许仲凯先生（新中国成立前任职于福州协和大学，后任厦门大学图书馆馆长，福建省图书馆学会厦门分会第一届理事会理事长，1989年被聘为福建省文史研究馆馆员）叙及"师大本"的来由时说："余一九五九年访书至螺阳（注：惠安），仅得旧抄本卷九至十一，计三卷。是集据厦大历史系藏本传抄。"

（二）福建师范大学图书馆藏抄本

福建师范大学图书馆馆长、研究馆员，现任社会历史学院近现代史博士点博士生导师、社会历史学院图书馆学硕士点学科带头人、文学院中国古典文献学硕士生导师方宝川先生说，《惠安王忠孝公全集》有福建师范大学图书馆和厦门大学图书馆两种藏抄本（以下分别简称"福师大本"和"厦大本"）。

"福师大本"用的是毛边纸，毛笔抄成，其中卷一、卷二、卷六、卷七、卷九至卷十二为同一种字体，卷三至卷五、卷八则为另一种字体。全书行款相同，均为半页十二行，行二十八字。"厦大本"用的是方格稿纸，钢笔抄成，其中卷九至卷十一，为另一种字体，另一种稿纸，并注有"据惠安政协抄本传抄"。

方宝川先生说：该抄本究竟是如何流传下来的，尚不得其详。据该抄卷首《说例》等，只能略知一二。其《说例》之一曰："本集是清光绪初年忠孝公族裔王楚书重行手钞，经南安石井孝廉郑超英圈批，近为王添裕同志珍藏，特加钞录。经王珪璋同志甫校，响应百家争鸣、百花齐放，来迎接祖国文化建设。"可见该书光绪初年王楚书重抄、郑超英圈批的本子，原藏于王添裕家中。"文革"之后，该藏本不知去向。其与"惠安政协抄本"的关系如何,或就是同一抄本,"厦大本"是否传抄于王珪璋的校本,均未可知,有待继续考证,希望知者赐教。另外,该抄本卷首《附告》之八还记载:"汇抄与汇编之分别,汇抄属书佣,汇编即整理性质。本集属汇抄,不是汇编。名不可居,绝对不能书'王□汇编'。若欲书'王□汇抄',亦不妥。但在辞名之下对责,还是见《说例》附载。"说明了该抄本并未经过编辑这一重要的整理工序,传抄者只是将当时经眼的王忠孝作品汇抄一起,这也就是现存该抄本中目次颠倒、内容编排杂乱、目录与正文不符,且脱文较多的原因所在。例如:"师大本"卷三、卷四、卷七的目录与正文的次序就多不封应;卷十二目录中的《王氏谱系》一文当为王忠孝嗣子王孔仁所撰,而其正文却见于卷四,且误为王忠孝自撰;卷首"作者纪名"中的"王忠孝"条目,则与卷十一《诗类》末附的"作者纪名"中的王忠孝条目重复。卷五目录中的《与林胤昌》一文,以及卷十一目录所列附"诗类别辑"中的徐可大《王愧翁公祖调饷画边一时并懋日当初度诗以赠之》、徐永寿《寿王愧翁公祖一律并求郢政》、施肩吾的《谢王愧两司马见赠》和《卢若腾司马惠朱薯赋谢(附录)》、刘若宰《赠愧翁老年兄》、林之豸《挽愧两先生诗》、郑超英《谒愧两王司马祠》、苏镜潭《咏王忠孝诗》,卷十二"传志类"目录中的刘若宰《王忠孝传》以及《诰命》(一)(二)(三)(四)、《敕命》(一)(二)、《卓绩》、《流寓》、《崇祀》、《惠北梅峰铺前亭山契字》(一)(二)、《惠北梅峰铺前亭山缴字》、《惠北梅峰铺前亭山尽字》,附卷"文类"目录中的王宪章《祖母林孺人圹志》和《石镜山记》、王璋《黄云蒸墓志铭》、王爵《揽胜楼记》、"诗类"目录中的王璋《鸡笼积雪》、张占采《题沙堤揽斋诗》和《和前韵》、陈家祥的《春暮沙堤送畴臣往省》、《中秋即景咏四截句》和《中秋即景咏》、陈开运《七夕微云感兴二首》,"传志类"目录中的《卓绩》(《惠安县志》)、《列传》(《台湾县志》)以及张阆仙的《惠安人物风土考》等,集中均缺正文。而卷十二正文中所收入的洪旭《王忠孝传》,则未列入目录,王忠孝的《自状》却与卷二中的《自状》相重复。

诸此可证,该抄本在成书过程中,曾编入王忠孝同时代和后人所撰写的有关纪念性文字及部分地方文献资料,但在后来的流传过程中,又散佚甚多。

该抄本不仅流传稀少,版本价值高,其珍贵的文献史料价值更是不可低估。

(三)厦门大学图书馆藏抄本

"厦大历史系藏本",即今厦门大学图书馆藏本。所谓"旧抄本卷九至十一计三卷",是否即"厦大本"中提到的"惠安政协抄本"?至今存佚情况,则不得而知。

方宝川先生比较"厦大本"和"师大本",发现"师大本"在传抄的过程中做了标贴。后又经著名福建地方志专家朱维幹(1893—1991年,号铁苍,字柏青。原福建师范大学历史系教授、研究生导师。曾兼任福建省文史委员会委员、福建省地方志编纂委员会顾问等职)做了简单的校勘,而"厦大本"仅在每句之间间以空格。"师大本"的书品也明显好于"厦大本"。

王忠孝病逝后,冬天的一天,顺治贡生、惠安林之豸病重。

《王忠孝公集》卷之十二《传记类·王氏谱系》:"其殁之夕,内地有贡生林之豸(字神羊,号铁汉,惠安人,顺治十年,即1653年恩贡生,一说岁贡生,弱冠游京师。后以知兵为靖海侯施琅幕僚,著有《藕亭诗集文集》若干卷)死而复苏,云见王忠孝与黄道周接任为阎罗,著有《回生录》。事属近诞,然纲目有'生为上柱国,死作阎罗王'之语。"

林之豸《回生小序》云:

永历丙午冬余病剧,有青衣童子导余魂游冥府,自巳至丑始苏。见愧两王司马,客坐一座高堂,额曰"川岳正气"。旋见阎君来拜,望之,乃黄石斋先生也。幞头衮衣,俨然王者。余尾而入,伺旁观之。先生下车,揖而坐。顾判官取一宗文卷,予愧老曰:"此宗余已置重典。但上帝以为未尽蔽辜,命公再勘!"即当交代。迨送先生出,遇余西廊,问曰:"君何到此?"归语小儿:"余孤臣傲骨,何处非家,埋之山可也,投之水可也!何必汲汲负葬故里!"正色凛然。因告长公。近以讣闻,作诗以挽之。详在余《回生记》中。

其一

> 七十余年碧水滨，生来发燥念君亲。
> 直将两字酬威帝，终作九原老汉臣。
> 孤竹采薇因耻粟，仲连蹈海为轻秦。
> 天开绝域妆遗骨，应借忠魂慑鬼神。

其二

> 生为廉吏死为神，不愧科名不愧身。
> 大海龙螭庶白骨，孤臣涕泪化清磷。
> 只因正气留公案，共讨奸魂碟美新。
> 谁道铜山无铁笔，知公谳诀不饶人。

《王忠孝公文集》之《少司马愧两王公传》有载：

丙午四月，公独坐观书，恍惚见金甲神宣帝命者。公遂敕断家事，以二十八日卒于台湾，享年七十有四。宗藩勋旧，皆来视殓，莫不坠泪。秋八月，通家子林庠生之豸病痛死，自巳至丑始苏，云冥府谒公，见客在一座高堂，额曰"川岳正气"。与石斋黄先生居第仪从，咸若王者。庭列二油锅，引二囚入讯。生视之，知为某人。因使纵观世所云地狱者。复语生云，归语吾儿："余孤臣傲骨，何处非家，埋之山可也，投之水可也！何必汲汲负葬故里！"之豸有《回生记》传于世。事近诞，然以公之行谊卜之，而知其非诞也。癸丑年，东人送公枢归里，葬于惠北松亭之原。公早年祈梦于仙，占名王之臣。识者曰："此仙机也！求忠臣必于孝子之门。忠也，孝也，非王之臣而何？"噫！公真无愧斯名哉！

"生为上柱国，死作阎罗王"典出《隋书·韩擒虎传》：无何，其邻母见擒门下仪卫甚盛，有同王者。母异而问之，其中人曰："我来迎王。"忽然不见。又有人疾笃，忽惊走至擒家曰："我欲谒王。"左右问曰："何王也？"答曰："阎罗王。"擒子弟欲挞之，擒止之曰："生为上柱国，死作阎罗王，斯亦足矣。"因寝疾，数日竟卒，时年五十五。

清代泉州府乡贤祠供奉王忠孝，春秋致祭。

泉港区沙格村王忠孝故居王忠孝祠纪念王忠孝。

吴幅员《台湾诗钞》卷十六《林景仁》记曰：

王忠孝，福建惠安人，字长孺，号愧两。崇祯元年进士，以户部主事榷关。劾太监忤旨，廷杖戍边。福王立，授绍兴知府，擢副都御史。隆武时，陈光复策，授兵部侍郎，总督军务。福京破，家居，杜门不出。郑成功延置幕府，偕入台，厚待之。日与诸遗老肆意诗酒，居数年，卒。诗曰：

　　　　麻鞋到处便为家，身世悲凉遇永嘉。

　　　　晚节栖迟管辽海，少年痛哭贾长沙！

　　　　故山乐府冬青树，绝域新词吉贝花。

　　　　白发满头憔悴意，只凭浊酒送生涯！

　　林景仁，字健人，号小眉，别署蟫窟，台北板桥人。生于清季，久客厦门。尝南游印度诸邦，北历大江南北，惜中年客死东北，后节堪哀。少壮时，著有《摩达山漫草》《天池草》《东宁草》等诗集。《东宁草》为归里小住时所作，有《自序》及弟履信（希庄）序见《台湾诗荟杂文钞》。此外，间有散见于《台湾诗荟》者。

　　许南英《窥园留草》丁亥（光绪十三年，1887年）中，有咏《闲散石虎墓》诗并序如次：

　　　　台南南城外，有法华寺，即明末李正青梦蝶园故址也。其北畔一古墓，题曰"闲散石虎之墓"。考志乘，台湾流寓并无其名，意亦正青之派亚欤？正青先生名茂春。

　　　　梦蝶园边一抔土，残碑班驳勒石虎。

　　　　墓中虎骨化灰尘，头衔独以闲散取。

　　　　不知年代何许人，是清是明难判剖。

　　　　台湾自鼎革而还，郑氏开荒为初祖。

　　　　其时亦有济时贤，文武衣冠难仆数：

　　　　王辜卢沈张郁俞（王忠孝、辜朝荐、卢若腾、沈佺期、沈光文、张士、张灏、张瀛、郁永河、俞荔，此十人皆台湾流寓），刺桐花下诗坛聚。

　　　　正青先生别一流，好佛自作蝶园主。

　　　　之数人者我俱知，理乱不闻谢簪组。

　　　　吁嗟乎！生才乱世总不祥，不如闲散之为再！

斯人不闻与虎群,虎亦不与斯人伍。

剩水残山一虎坟,春草秋花荐牧竖。

短歌当虎墓志铭,呜乎石虎足千古!

苏镜潭《东宁百咏》之五十三《咏王忠孝诗》:

卢前王后久齐名,四载樽前涕泪倾。

沦落江南老词客,白头愁杀庾兰成。

诗注曰:"王忠孝,字长孺,福建惠安人。崇祯元年(1628年)登进士第,以户部主事榷关,劾太监忤旨,廷杖下狱,已而戍边。福王立,擢副都御史。隆武元年(1645年)召见,晋兵部左侍郎,赐尚方剑便宜行事。及福王破,家居杜门不出。时成功开府思明,设储贤馆,礼待避乱搢绅。忠孝往见,欲官之,辞,乃待以宾礼。永历十八年(1664年)偕卢若腾入台,日与诸寓公纵情诗酒,居四年,卒。"此诗又载吴幅员《台湾诗钞》卷十七。

《蟹谷王氏族谱》之《南安石井举人则拔郑超英题》:

咸丰乙卯(1855年)乡试,枫驿梗隔,路由沙堤寓镜山楼。因风大作,待渡信宿,触目王公祠。当前询及,乃愧两王司马公之庙也。考其《谱系》并《回生记》,与家大木公同拓台湾,行述若合符节。爰是拈香谒庙,虔祷以唐人诗句偶成二绝,题于壁上。翼早庇风平,晋省果登贤书锦,旋拜谢,所谓敬神如神在是也。

前有诗云:

其一:

镜山楼前山翠迎,镜山楼后海波生。

临江欲渡不得渡,大路欲行不可行。

其二:

枫亭驿畔苦经过,再宿沙堤水起波。

来拜当时王愧老,明朝应送好风多。

《惠安古迹新咏》之《王忠孝祠》:

乡贤寻邑北,明季仰高山。虎口惊珰脱,龙髯让史攀。

宦情于越淡,春梦草堂闲。落日看沙格,苍茫月一湾。

近代闽南著名乡土诗人杜唐,字印陶,惠安县螺阳镇崧光村后苏人,为清俊士(选士,相当于举人),工诗。清末民初时称为惠安四大才子之一,惠安图书馆创始人兼首任馆长。其在《王忠孝祠》诗中注云:"在沙格,崇祯进士,为户部主事。公督蓟储,内珰邓希诏屡图害,入狱。迨珰诛,乃释归。史可法荐,福王用公,以疾辞。公《赴绍兴不果》诗有'草堂春事枕中梦,越峤宦情渚上鸥'句。"

莆田承天庄寺、梅岭庙等处崇祀,致祭神位。

《王忠孝公集》中就有王忠孝、林兰友募建梅岭庙的启事及董事名单等有关材料,并说庙中崇祀:"明赐进士第、通议大夫、兵部侍郎、前都察院协理、左副都御史王讳忠孝公禄位"和"明赐进士、中宪大夫、太仆寺少卿、山西道监察御史、前南京监察御史林讳兰友禄位"。从清朝直至民国,仍有请王、林后裔致祭的习惯。枫亭清初郑得来编写的《连江里志》中记梅岭"岭南有过路亭、观音堂",观音堂词下注有"侍御史林公兰友建,今赠建关帝庙"。

朝天寺、梅岭庙便是莆、仙、惠许多地下据点之一。仙游县郊尾镇染厝村承天寺现存林兰友、王忠孝所捐石造香炉一件,一侧刻有"桥畔月来清见底,柳边风去绿生波"两句,落款是"自芳敬题,丁亥四月"。另一侧刻有"沙村好处多逢寺,山叶红时才胜春"两句,落款是"长孺敬题,丁亥四月"。是两人在顺治四年(1647年)夏发动起义时所造。

《王忠孝公集》之《王氏谱系》一文记载:

> 置有田园,所租业充在仙邑香田里沙溪杨寨承天庄寺、梅岭庙等处。崇祀明赐进士第通议大夫、兵部右侍郎、前都察院协理、院左副都御史王讳忠孝公禄位,明赐进士中宪大夫、太仆寺少卿、山西道监察御史、前南京监察御史林讳兰友禄位。现在历年四月初八日致祭,神位设筵几席,候驾王、林主祭赴宴,永垂不朽。并十月王姓子孙赴仙红婆社等处收租,往返住宿,洁觞奉礼,意不敢稍懈。

承天庄寺和梅岭庙(朝天庵)两处,虽经改建,但都供有林兰友及王忠孝禄位。一为"功德主",一为"檀越主",两处一直有请王、林子孙致祭的习惯。两寺附近一带及今赖店红婆社一带许多田地当时属于王忠孝或林兰友名下,极可能是王忠孝的五千抗清武装的粮食来源之一。

《王忠孝公集》原稿整理人的"附告"中有"梅岭庙募捐启二篇不列入,但从祀者及修建者姓名均予列入,不没其实也",惜原稿缺失,正文中未有该募捐启、从祀者姓名、修建者姓名各项内容。但已能说明梅岭庙实为林兰友、王忠孝所建。梅岭庙殿堂的屋架各梁上至今留有四处康熙后期清朝军队单位和将领募金重建的题字,殿堂神像上方悬有雍正年间福建水师提督王郡所送挂匾一方,题有"天地合德"四字。笔者猜测这些军人或其先辈参加过林兰友、王忠孝的抗清部队,若干年后,这些人又因故归顺清朝,许多成为清军将领,尤其是水师将领,天下大定后怀念旧事,又是朝廷政策允许,便重建了梅岭庙。

余 记

清康熙六年丁未(1667年)

七月廿九日未时,王忠孝的夫人陈氏卒,76岁。陈氏初封安人,再封宜人,累封淑人。

《王忠孝公集》卷之第十二传志类王孔仁《王氏谱系》:

> 娶梅峰铺林内乡陈氏,初封安人,再封宜人,累封淑人。……卒于永历丁未年七月廿九日未时。

王宪章《祖母林孺人圹志》:

> 厥后,先王父抗节寄寓台湾,无禄即世。府君谋迎榇归,未遂,晨夕哀号。王母陈淑人复见背,形枯骨立,未及大祥,遂尔终天报痛。

清康熙十一年壬子(1672年)

王忠孝的灵柩被迎回大陆安葬,而在此之前,他的妻子陈氏、儿子孔仁都因过度悲痛先后过世。天各一方的一家三口,在短短几年间相继离开人间。

王宪章《祖母林孺人圹志》:

> 孺人水浆不入口,几不欲生。禾英等以祖榇未回,儿辈幼孤,泣谏勉庀丧事。至壬子六月,迎祖榇回里,卜葬于惠北松亭之原。而府君附焉,孺人始单展然喜也。

郑军安守台湾,台湾海峡几年无战事,泉属沿海"界禁"渐宽,开始有人到界外耕种、捕鱼、贩运。(见洪旭《王忠孝传》)

《王氏谱系》载:

司马公及子孔仁公同葬在梅峰铺上亭山前陈乡边,穴是虎形……现载《惠安县志》卷三十四《茔坟》。

清嘉庆《惠安县志》卷三十四《茔坟》载:

兵部郎中王忠孝墓在县北梅峰铺前亭。

同治《福建通志》总卷十三《名胜志卷十五·惠安》载:

王忠孝墓,在县北梅峰铺前亭。忠孝,明崇祯进士,礼部郎中。

"兵部郎中""礼部郎中"是"兵部侍郎"之误。

松亭即在王忠孝的家乡沙格村两华里之外的上亭山前陈乡,今泉港区南埔镇先锋行政村前亭自然村(2021年石化基地"安全控制区"拆迁)。

上亭、前陈、松亭即为今前亭自然村。

有的书籍或文章记述王忠孝葬于今泉港区峰尾镇前亭村,实误。"上亭(前陈)"明清属十都梅峰铺,而峰尾镇前亭村明清属八都蔡林铺"前陈"。

有一说是清康熙十二年(1673年)癸丑,台湾郑氏政权派人送王忠孝枢归里,葬于惠北松亭之原。

至于王忠孝如何被迎回,史无记载。但据族人云,相传是通过施琅帮助迎回来的。当时施琅尚在北京,不过,福建尤其是闽南地区仍有很多他的部下,从情理推测,通过施琅的帮助运回王氏祖椽是完全可能的。如今王氏族人对施琅仍怀感激之情,甚至有口传故事云,当年施琅能躲避郑成功的追杀而幸免于难,实际上是王忠孝暗中相救的结果。

洪旭《王忠孝传》:

癸丑年,东人送公枢归里,葬于惠北松亭之原。公性复节俭,而好施与。延平王父子既雅重公,馈遗无虚日。公悉推惠其亲党,倾资不吝,其辍己之食以济人云。是为传。

《少司马愧两王公传》:

癸丑年,东人送公枢归里,葬于惠北松亭之原。

"癸丑年"为清康熙十二年(1673年)。洪旭于康熙八年(1669

年)七月初五日染寒疾逝世,洪旭《王忠孝传》所谓:"癸丑年,东人送公枢归里,葬于惠北松亭之原。"从行文看,此段文字应在"是为传"之前为妥。此段文字疑为后人传抄时所加,且有错误。《少司马愧两王公传》所载此事也是以讹传讹传抄而来的。

笔者认为关于王忠孝归葬家乡的时间应以王宪章《祖母林孺人圹志》的记载为准。

王忠孝族人称,三百多年来,他们一直保持着在每年冬至前往王忠孝坟墓进行祭祀的传统。沧海桑田,王忠孝墓今已不存。

清康熙十三年甲寅(1674 年)

林孺人携家人渡海前往台湾,依附郑氏政权。(参见附录《王忠孝与郑成功家族的姻亲关系考》)王氏家族渡海相依者数十百家。

王宪章《祖母林孺人圹志》:

> 甲寅之变,井邑丘墟。(林孺人携家人)不得已历波涛之险,处托台湾,承先志也。维持内外诸亲,渡海相依者数十百家,孺人悉为因时措置。贫者周之,死者埋之,孤者抚之,笄者嫁之,咸免仳离之叹。事二庶母以礼,待庶母以恩,其明大义有如此者。

三月,清初三大汉人藩王(三藩)之一靖南王福建耿精忠在福州响应(此前一年,清廷下诏撤"三藩",导致吴三桂等起兵反清)。九月,耿精忠部将王进攻泉州,郑经遣大将刘国轩率大军与王进部大战于惠安县北,称为"甲寅之变"。惠安县和仙游县一带大受蹂躏。

嘉庆《惠安县志》卷三十五《祥异·国朝》:

> (康熙)十三年三月十五日,耿精忠反,传檄至郡。提督王进功纵兵焚掠,诸邑尽降。

《台湾郑氏始末》卷五:

> 九月,精忠将王进攻泉州,经遣国轩大败进于陈潼关(仙游县南,接惠安界)、白水驿(惠安北五十里),乘胜逼兴化。别以冯锡范、赵得胜为左右提督攻漳浦,降其总兵刘炎,授前锋镇定卤将军。精忠惧,使张文韬诣泉州请和,以枫亭为界(仙游东南五十里,东北去府城六十里,东南去惠安五十里),许之。

《闽海纪要》卷之下：

九月,上将军耿精忠遣都尉王进率兵攻泉州,郑经命右武卫刘国轩提督诸军御之。国轩提督诸军御之,王进自泉州奔回,精忠命镇兴化。发兵从上游入漳浦,会刘炎协攻泉州。进军至惠安,肆行焚掠。郑经乃命国轩提军御之。冬十月,明右武卫刘国轩破王进于涂岭,追至兴化而还。王进,素号老虎,尝轻敌。南安、泉州之役,以众寡不敌为辞,至是请攻泉州自效。精忠益以步骑二万,直抵惠安,兵势甚盛。刘国轩严阵待之,对垒逾旬。进不能前,退屯枫亭,列营二十余里。国轩率轻骑觇之,猝遇于涂岭。王进引兵出战,自辰至巳,两军奋勇死斗。进败走,国轩追之兴化郭外,宿三日而还。

《海上见闻录》：

九月,耿王复遣王进率兵三万攻泉州。至惠安,肆行焚掠。世藩命刘国轩督诸镇及五营兵拒之,对垒逾旬,进退屯枫亭,列营二十余里。十月,国轩兵至涂岭,严阵会战。王进见前阵皆新募之兵,直前击之,兵皆惧怯死斗。国轩令许耀分兵攻其后,焚其营盘,进兵大败。

《南明东南纪事》：

秋七月,精忠两遣使至思明,行和求泉州。九月,遣王进自兴化,别将由上游会刘炎协攻泉,锦使右武卫刘国轩出御。进素轻南兵,泉州之役曰："是众寡不当,愿益兵。"期取泉自效。步骑二万,鼓行至惠安,恣焚掠。国轩严阵以侍,相守越旬,进退屯枫亭,连营二十余里,军势甚盛。国轩率轻骑觇之,猝遇于涂岭。许耀少却,国轩分诸军搏战,自辰至巳,两军殊死斗,进兵遂溃。追奔至兴化,军郭外,三日夜乃还。

清康熙二十二年癸亥(1683 年)

六月十四日,施琅、吴英等率领清军水师 2 万余人,各种战舰二百多艘,直逼澎湖。二十二日,清军强攻澎湖本岛,击毁郑军战舰 190 艘,歼灭郑军主力 12000 余人,迫使郑军 4200 余人投降。郑军主帅刘国轩见大势已去,带剩下战船二三十艘,残军数百人,逃回台湾本岛。台湾内部震动,刘国轩力主投降,康熙帝乘胜降旨招降。七月十五日,台湾地方当局派人献上地图名册和投降书。八月十三日,施琅率清军登陆台湾岛。

清康熙二十三年甲子(1684年)

清廷纳用施琅建策,次年在台湾设县、府、巡道,派军驻守,加强统治。从此结束了由郑成功起历经郑氏家族三代的偏安局面,康熙帝终于实现了台湾与祖国大陆统一。

王忠孝的儿媳、孙辈从台湾返回大陆老家沙格。

据王宪章《祖母林孺人圹志》载:

> 甲子岁,王师入台底定,买棹归里。虽家计荡析,犹幸孺人康健,窃私相慰喜。

清乾隆五年庚申(1740年)

《郡守姜公讳志礼断海功德祠记》载:沙格功德祠是王忠孝捐金倡建的。沙格士民于清乾隆五年在功德祠供奉明泉州太守姜志礼为大功德主,王忠孝为檀越主。

清道光四年甲申(1824年)

台湾彰化县鹿港同知邓传安创建文开书院,以海外寓贤王忠孝等八人配享。

《彰化县志·学校志·书院》载:"文开书院,在鹿港新兴街外左畔,与文武庙毗连。道光四年(1824年),同知邓传安倡建,中祀徽国朱子文公,两旁以海外寓贤八人配享。讲堂书室,前后门庭,规模甚高宏。"新建书院以"文开"命名,以纪念"台湾文献推为初祖"的沈光文(字文开),已足一新耳目。"两旁以海外寓贤八人配享",尤为前人所无。书院竣工,例有碑记述其始末,俾存文献,邓传安亲撰《新建鹿仔港文开书院记》,并作《文开书院从祀议示鹿仔港绅士》。

台湾鹿港文开书院,在彰化县鹿港新兴街,又称鹿港文武庙。道光四年(1824年)邓传安率绅士兴建,道光七年(1827年)竣工。鹿港文开书院与主祀文晶帝君的文祠、主祀关圣帝的武庙,形成以文开书院居左、文祠居中、武庙居右等三合一的传统文教祭祀空间建筑群。台湾相关文献记载,还有许多书院配祀供奉包括王忠孝在内的明末清初对台湾文教做出重要贡献的寓贤,为台湾青少年树立良好的楷模,以期达到熏陶之效果。这也充分说明了明郑时期王忠孝作为有功于台湾社会的著名文教之士,对推动台湾社会发展的历史作用。

《新建鹿仔港文开书院记》全文如次:

道光四年,传安莅鹿仔港同知已二年矣。勤于课士,士皆思奋。因文昌宫之左隙地甚宽,请建书院其上。传安给疏引谕,以海外文教肇自寓贤鄞县沈斯庵太仆光文、字文开者,爰借其字定书院名,以志有开必先焉。工费既巨,鸠庀不时。又明年,风鹤有惊,军书旁午,传安奉檄权郡篆。浃岁乃及瓜期,士民喜其重来,益逐逐于是役。未几而书院告成,轮奂俱美,讲堂、斋舍廓乎有容;规制浑坚,信可经久。传安阅视甚欢,将筮期鼓箧而先为文以记。

考《戴记》,凡始立学者,必释奠于先圣先师。凡释奠者必有合也,有国故则否。说者谓先圣是作者,先师是述者。郑注曰,国无先圣、先师,则释奠当与邻国合。若周有周公、鲁有孔子,则不必合。今学宫奉孔子为先圣,从祀者皆先师。书院多祀先师,而不敢祀先圣。闽中大儒以朱子为最,故书院无不崇奉,海外亦然。若如郑注,则惟建阳之祀朱子,可称国故,余皆所谓合也。台湾至本朝康熙二十二年始入版图,前此犹是荒服,岂有国故,不得不仰重于寓贤?传安前以沈太仆表德名书院,已从祀朱子钦!况太仆卒、葬俱在台,子孙又家于台,今虽未见斯庵诗集,而读府志所载诸诗文,慨然慕焉,固国故之彰彰者也。

其先太仆而依郑氏,后太仆而东渡亦设教于台者,为华亭徐都御史孚远。成功当从徐公受学,渡台后优礼过于太仆。公自叹如司马长卿入夜郎之教盛览,想当日海外从游必有出若盛览之人,惜府志不载,而见于全谢山《鲒埼亭集》中。今祀太仆,未可不祀徐都御史矣。《(台湾)府志》所载，避地逊荒固不之人，而系故君故国，险阻艰难、百折不回如二公者，惟同安卢尚书若腾、惠安王侍郎忠孝、南安沈都御史佺期、揭阳都御史朝荐，并亟称于《鲒埼亭集》。其郭都御史贞一，府志虽阙，可考《鲒埼亭集》及《海滨纪略》以知其忠，当连类而祀之。至漳浦蓝鹿洲鼎元，曾赞族兄元戎廷珍平朱一贵之乱，所著《平台纪略》及《东征集》，仁义之言蔼如，不但堪备掌故，以劳定国，祀典宜然。朱子谆以行仁义、存忠孝勉人，兹奉诸公栗主以配享，谅亦神明所深许也。诸公皆人师，非经师，逊业诸生，仰止前哲，更思立乎其大。不仅以科名重人，则长者藉书院成功，搜罗遗佚，以补海外祀典，亦未尝无小补也。

是役也，阅四岁而竣工。共费白金若干，以归官闲田为膏火所资，计若干亩。当上其册于大府，闻于当宁，定邀天语褒嘉，如行省凤池书院之蒙特赐匾额、如江南宿迁钟吾书院之蒙旌急公绅士矣。时传安升补台守，将行，善后事属之来者。且因落成有记，并书乐输姓名于碑阴。

配海外八贤。

漳、泉为宋儒朱文公过化之地，影响所及，台湾书院多崇祀文昌帝君而以朱文公从祀，从无以地关系之人物作为配祀者。文开书院开风气之先，正殿祀朱文公，"两旁以海外寓贤八人配享"。因书院建于鹿港文武庙左畔，不祀文昌帝君，可以理解配祀海外寓贤八人（即同安卢若腾尚书、惠安王忠孝侍郎、南安沈佺期都御史、揭阳辜朝荐都御史、同安郭贞一都御史、漳浦蓝鼎元知府），须有说帖，始能折服地方士绅。当然邓传安此举，自有定见，所撰《文开书院从祀议示鹿仔港绅士》一文，详予剖析，用意在此，文云：

书院必祀朱子，八闽之所同也。鹿仔港新建书院，传安因向慕寓公鄞沈太仆光文，而借其敬名之字以定名。书院成，必以太仆配享徽国无疑矣。考太仆生平，根柢于忠孝，而发奋乎文章。其人全谢山《鲒埼亭》既作传，又序其诗，谓"咸淳人物，天将留之以启穷徼之文明"。今之文人学士，可不因委溯源欤！

　　当日随郑氏渡台与太仆并设教而人争从游者,则有名重几社之华亭徐都御史孚远。其忠孝同于太仆,甘心穷饿,百折不回者,则有同安卢尚书若腾、惠安王侍郎忠孝、南安沈都御史佺期、揭阳辜都御史朝荐、同安郭都御史贞一;其文章上追太仆兼著功绩于台湾者,则有漳浦蓝知府鼎元。礼宜并祀。传安已于丽牲之碑发其端,更为引而伸之。盖海外掌故,固考信于史乘,然以徐都御史之间关从亡,《鲒埼亭》表章甚力,《明史》亦称其入海、死于岛中,而府志不载,急应补入。虽鲁王实未渡台,《鲒埼亭》免误信异闻,余曾婉为辨证,未可因一端而疑其他皆无据矣。当沿海之不愿迁界也,张苍水尚书煌言以书招伪郑乘机取闽南,并遗书徐、王、沈、曹诸公,力劝成功。及成功卒,遗老谋奉王监国,苍水复以书约卢尚书以下,皆见于《结埼亭》苍水神道碑中。若伪郑之致敬于辜都御史同于卢、王、沈、徐诸公,又见于陈光禄传中,惟讹“辜”为“章”耳。是数子者,不但鲁王之忠臣,亦伪郑之诤友,不得以一字之误而疑公,更不可因府志不载而略郭公也。

　　府志所载龙溪之李茂春,明末乡荐,来台居永康里。《台海外史》亦系名于随郑经东渡绅士之末,但志谓其日诵佛经,人称为“李菩萨”。似只可入《流寓传》,未宜配食徵国矣。

　　胜国遗臣,无论南都、江东及闽粤所除授,皆可结衔,文章体例宜然,亦圣朝显忠遂良之至意。如府志以太仆系鄞沈公、以副都御史系南安沈公是已,乃卢公但称宁绍兵备道、王公但称主事榷关。要是考核未精,并非自乱其例。兹于府志所阙者,据《鲒埼亭集》以补,即志、集并载者,亦以《鲒埼亭》为凭。其蓝鹿洲起自废籍,署广州府知府,由世庙之立贤无方,更宜以结衔见殊遇,盖其慎也。

　　全谢山于翁洲之成仁祠祀典,曾以议示定海令;大涤山房之祀黄石斋先生,曾以议示杭守。是酌定典礼,必博厥初。今奉诸公栗主以祔食徵国,一隅之祀也。他处亦做而依之,焉知不藉此阐幽以通肸蠁于海? 爰书此以示有事于书院者。

文开书院配祀海外寓贤,为台湾教育史之破天荒,邓传安雄于古

文,条理分明。道光八年(1828年),署嘉义县教谕黄铨读其文,有文《纪后》,对于命名、配祀,均表示推崇,有云:

> 文开者,明季寓贤沈太仆光文之表德。先生以台人知学由太仆,故假其字以名塾也。比三年,书院成,行释奠礼,则奉子朱子为先师,而配以太仆及华亭徐都御史远、同安卢尚书若腾、惠安王侍郎忠孝、南安沈都御史佺期、揭阳辜都御史朝荐、同安郭都御史贞一,而国朝漳浦蓝知府鼎元殿焉。既为之记,又作从祀议以示之。之数贤者,或系心故国而遁迹炎荒,或櫜笔戎行而立功徼外。乃自太仆以下,迄于今百余年,人至不能举其姓名。其行事间见于私家传记,而学者未能遍睹。卓卓如蓝鹿洲,事遥室远,亦几数典如忘。得先生搜茸而表扬之,然后揭日月而行。

台湾台南崇文书院于清康熙四十三年(1704年)知府卫台揆建,是台湾最早由义学改建的书院。乾隆十年(1745年),巡道摄府事庄年重修。乾隆十五年(1750年),台湾县知县鲁鼎梅移海东书院于旧县署,将海东书院旧址改为崇文书院。乾隆二十四年(1759年),知府觉罗四明新建于东安坊府署东偏,筑有讲堂斋舍。乾隆五十五年(1790年),奉祀五子,后配八贤。另有文昌祠祀文昌帝君。嘉庆二十三年(1818年),知府郑佐廷捐俸改建。同治十三年(1874年),知府周思琦捐俸并商请士绅捐资,重修讲堂、五子祠。光绪二十年(1894年),知府康赞衮拨公款修缮室廊。书院设院长1人,监院1人。丘逢甲等曾任院长。

有一说,邓传安于道光八年(1828年)代理台湾知府,又就郡城的崇文书院五子祠,依鹿港文开书院之例,增奉海外八贤栗主,诸生入祀如仪。增祀八贤事,由文开而影响崇文,为台湾书院史所少见。(林文龙:《彰化书院与科举》,台湾晨星出版有限公司,2012年2月)

清同治十三年甲戌(1874年)

十月,"福建将军文煜、总督李鹤年、巡抚王凯泰、船政大臣沈葆桢始从台湾绅民之请,奏建专祠,春秋俎豆,以明季诸臣配。诏曰可"。台湾台南延平郡王祠配祀供奉王忠孝。

　　台湾延平郡王祠位于台南市中西区(清代台湾府城油行尾街)，是全台最著名的郑成功祠。郑成功驱逐荷兰人实现收复台湾，并作为反清复明基地，建设台湾不遗余力，深得人心。为了感怀郑成功的丰功伟绩，立庙奉祀，尊称他为"开台圣王"。但当时为避免清廷找麻烦，故又名"开山王庙"或"郑成功庙"，是民间奉祀延平郡王的重要场所。

　　同治十三年(1874年)，清钦差大臣沈葆桢奉命来台湾办理防务，深入民间才发现郑成功对建设台湾的贡献，上书清皇帝，建议建祠予以纪念。清朝廷同意后拨款立祠，谥号忠烈，并在正门石匾题"明延平郡王祠"。这是清朝廷首度承认郑成功的功绩，为台湾最早的官祀郑成功纪念祠。祠后殿中央供奉郑氏母亲的牌位，东西两厅则配祀郑氏部将的牌位，及陈列仪仗等。

　　在台湾延平郡王祠东厅陈列六十余位郑氏部将的牌位中，其中列为第三的配祀牌位称："明兵部侍郎、总督军务王公忠孝。"其事迹介绍云："崇祯元年(1628年)进士，弘光元年(1645年)授绍兴知府。隆武元年(1645年)，忠孝清贞中毅，不避艰险，举义兵，复兴化。延平王礼而优赡之，转为前辈，军国重事询咨问焉。永历十八年(1664年)，入东宁，郑经厚待之，日与诸遗老肆意诗酒。后居万年州，课读子侄，谢绝政事。永历二十四年(1670年)卒也。"

　　在台湾延平郡王祠东厅配祀供奉王忠孝牌位，充分彰显了明郑时期王忠孝在台湾的历史影响和重要地位。

　　据《台湾通史》卷二十九《列传·诸臣》载：

　　　　连横曰：明亡久矣，我延平郡王之威灵，尚存天壤。而一时忠义之士，奔走疏附，间关跋涉，以保存故国者若而人。以吾所闻诸议参军陈永华，尤其佼佼者也。永华以王佐之才，当艰危之局，其行事若诸葛武侯，而不能辅佐英主，以光复旧物，天也。然而开物成务，缔造海邦，至今犹受其赐，伟矣。顾吾观旧志，每蔑延平大义，而诸臣姓名，且无有道者。乌乎！天下伤心之事，孰甚于此？清同治十三年冬十月，福建将军文煜、总督李鹤年、巡抚王凯泰、船政大臣沈葆桢始从台湾绅民之请，奏建专祠，春秋俎豆，以明季诸臣配。诏曰可，于是从祀者百十有四人。而潜德幽光，乃扬东海矣。是篇所载，仅举其名。而林圯之开拓番地，林凤之战没海隅，竟不列于祀典，岂一时之失欤？若夫沈、徐诸公，礼为上客，分属寓贤，故别传之。

太子太保文渊阁大学士路振飞、东阁大学士曾樱、尚书唐显悦、都察院左副都御史徐孚远、兵部侍郎总督军务王忠孝、太仆寺卿沈光文、兵科给事中辜朝荐、兵科给事中谢元忭、御史沈佺期、南京主事郭符甲、谘议参军陈永华、举人李茂春、定西侯张名振、定南伯徐仁爵、仁武伯姚志倬、闽安侯周瑞、怀安侯沈瑞、平西伯吴淑、兴明伯赵得胜、崇明伯甘辉、中书舍人陈骏音、浙江巡抚卢若腾、监纪推官诸葛斌、内监刘九皋、内监刘之清、户官杨英、惠来县知县汪汇、吏部主事摄同安县知事叶翼云、同安县教谕陈鼎、参军柯宸枢、参军潘赓钟、建安伯张万礼、建威伯马信、忠振伯洪旭、庆都伯郝兴、五军都督张英、五军戎政陈六御、征北将军曾瑞、总练使王起凤、督理江防柯平、戎旗镇林胜、义武镇邱辉、智武镇陈侃、智武镇蓝衍、殿兵镇林文灿、进兵镇吴世珍、正兵镇卢爵、正兵镇韩英、中权镇李泌、侍卫陈尧策、前锋镇张鸿德、参宿镇谢贵、斗宿镇施廷、大武镇魏其志、同安守将林壮猷、同安守将金缙、同安守将金作裕。以上从祀东庑。

民国二十四年乙亥（1935 年）

郑成功长子郑经的第九代嫡孙郑泽捐给北京故宫历史博物馆五幅郑氏画像，其中有《郑成功与王忠孝弈棋听军情图》。

1977 年丁巳

8 月 4 日，复出后的邓小平在北京饭店主持的第一次重要会议——科学和教育工作座谈会并发表讲话，以科教战线为突破口（包括恢复高考），领导全面拨乱反正。邓小平座位后面是显目的《郑成功与王忠孝弈棋听军情图》。因此该图为世人所广知。

1994 年甲戌

正式出版王忠孝作品集,最早为台湾省文献委员会排印出版的《惠安王忠孝公全集》。根据书前《点校说明》,该书乃据王忠孝后裔所辑之未刊本。原有十二卷,而台湾省文献委员会之刊印本台湾文献丛书之《惠安王忠孝公全集》,仅保存传志类中的《王忠孝传》、《王氏谱氏》二文为附卷,故今刊印本,共分十一卷,另有附卷一卷。

由于王忠孝述作的台湾历史文献的重要价值,台湾省文献委员会主任简荣聪在《惠安王忠孝公全集》作序中称:"得知王公全集尚存天壤之间,喜不自胜……隐晦三百年之台湾文献,化身千亿……"台湾省文献委员会邀请著名历史学家、博士生导师陈支平教授(署名夏斯)对文集进行了认真点校,于1993年12月就组织出版《惠安王忠孝公全集》,并列为"台湾文献丛书"。

1995 年乙亥

金门动工重建侍郎庙。早年祀王忠孝的"侍郎庙"后改建并更名为"泰安宫",在金门县金城镇贤庵里贤厝1号。主奉唐牧马侯陈渊,广泽尊王(郭忠福)、保生大帝(吴本)、"兵部侍郎王大人"、注生娘娘、福德正神、池府、金府王爷等。建成至今数百年,多次重修。此年于原址就"一落一致亭背后盖"的原貌,重建为"二落一致亭"之殿堂,并在东侧增建室寺一座,拜亭悬有"威灵显赫"、"恩泽四海"的匾额。

2000 年庚辰

江苏古籍出版社出版《王忠孝公集》(福建丛书第二辑之八),由福建省文史研究馆选编、福建师大教授方宝川根据上述抄本重新整理,并以福建师大抄本为底本刊印。此为大陆首次正式出版王忠孝著作。

7月13日,中国历史博物馆常务副馆长孔祥星赠送原国家文化部副部长郑振铎的孙女郑婕,由中国历史博物馆监制,她负责摹绘的《郑成功与王忠孝对弈图》,给厦门郑成功纪念馆、泉州泉港区沙格村王忠孝的后人王振珪等收藏。

2004 年甲申

九州出版社、厦门大学出版社出版陈支平教授主编《台湾文献汇刊》。其中第一辑第五册为《惠安王忠孝公全集》《郑氏族谱》合编。书前说明"此次整理,以福建师范大学图书馆所藏钞本影印"。2011年1月,时任国家主席胡锦涛访问美国时将《台湾文献汇刊》(100册)作为国家礼物赠送给哈佛大学珍藏,影响很大。

《台湾文献汇刊》系台湾文献史料出版工程前期项目,由厦门大学与福建师范大学负责编纂,被列为中央对台宣传重点项目、"十五"国家重点出版规划项目。《台湾文献汇刊》辑录涉台历史文化珍贵文献史料4万多页(其中《惠安王忠孝公全集》占466页),总计100册。

2005 年乙酉

4月25日,中央电视台第四套"国际频道"播出《〈郑成功弈棋图〉:淡定方显英雄本色》,并收入《国宝中的历史密码(元明卷)》一书(第十五篇郑成功赶走"海上马车夫")。

2010 年庚寅

福建人民出版社、海峡出版发行集团出版发行"八闽文献丛刊"《王忠孝公集》,平装。方宝川主编,方宝川、陈旭东点校。2011年12月1日,福建省人民政府公布为福建省第九届社会科学优秀成果奖二等奖(古籍整理)。

福建的《福建丛书》在第二辑时,为了厘清该抄本上述存在的杂乱情况,"便于读者阅读参考,此次笔者对该抄本做了较大的整理,重新编定目次,调整正文,删除重复,使之对应。又考虑到该抄原本就没能涵括王忠孝的全部著述,现存的诗文部分又缺文颇多,再沿用原题《惠安王忠孝公全集》,似乎不妥。特将此意见提请《福建丛书》第二辑编委会讨论后决定,改题为《王忠孝公集》。上述编改是否合适,尚请方家指正。另外,笔者把已列入该抄本目录而不见正文的所有篇名,不厌其详,缕列于上。则旨在方便民间尚有该书残余者,按图索骥,补遗拾缺,希望该抄能逐渐成为完璧"。

2011 年辛卯

9月22日,中国网络电视台国宝档案特别节目、中央电视台中文国际频道播出《郑成功弈棋图》。

2013 年癸巳

厦门大学出版社出版林明辉著《乱世达人——王忠孝大传》。泉州泉港区区长吴礼源,王忠孝的后人王宗顺,旅美学者、作家黄世中作序,黄建聪题跋。

泉州文库整理出版委员会编泉州文库《王忠孝公集》,陈忠义、林兴中点校,上海世纪出版股份有限公司、上海辞书出版社出版。

2015 年乙未

4月9日至4月15日,中国闽台缘博物馆副馆长、福建省地方志编纂委员会特聘福建方志文化专家朱定波率泉港区人民政府文化顾问团、泉州北管传承保护中心联合组织的闽台同宗村之北管乐团·谱牒文史专家参访团访问台湾,笔者随行并做王忠孝在台湾的考察研究。此活动列入2015年度福建省对台文化交流的重点专案。

9月,商务印书馆出版陈支平教授著《台湾文献与史实钩沉》一书,收入其《〈惠安王忠孝公全集〉与明末清初闽台史事》(原载《首都师范大学学报(社会科学版)》2015年第4期)一文。

12月15日至17日,朱定波率泉港区人民政府文化顾问团参访金门县。笔者随行参访金城镇贤聚村、泰安宫、卢若腾故宅及其墓葬(卢军门墓)。

12月20日,金门卢氏宗亲会理事长、泰安宫管理委员会理事长卢怀琪率团首次到访泉港沙格村,并与沙格王氏宗亲商定举办兵部侍郎王忠孝大人神祇回沙格故里巡游的交流活动。

台湾高雄餐旅大学兼任讲师许淑婷发表《王忠孝晚明时期生平

考》(台南大学《人文研究学报》第 49 卷第 1 期,2015 年)。

2016 年丙申

7 月 23 日,首届闽台两岸王忠孝文化节在沙格村隆重举行。卢怀琪等率台湾王氏宗亲会团、金门泰安宫管理委员会、卢氏宗亲会奉"兵部侍郎王大人"金身渡海巡安泉港区沙格村,拜谒王忠孝故居。7 月 24 日,由泉州三王祠、首届王忠孝文化节组委会、海峡两岸论坛等联合举办的 2016 年度海峡两岸王氏文化座谈会暨王忠孝文化座谈会在泉州举行。王忠孝文化节组委会编辑《蟹谷共荣　忠孝流芳》一书。

黄建聪发表《海峡名臣:王忠孝与台湾》(《泉港文史资料》第十五辑)。

2017 年丁酉

2 月 18 日,金门泰安宫管理委员会、卢氏宗亲会奉"兵部侍郎王大人"金身巡安泉港沙格村,拜谒王忠孝故居。

3 月 18 日,泉港沙格王氏宗亲会组团赴金门参访贤聚村、泰安宫,在泰安宫举办王忠孝大人金身祭典活动。

3 月,由福建师范大学教授、金门同乡联谊会会长陈庆元主编,闽南师大萧庆伟副主编,收录古代台湾本土人士或者宦游台湾大陆人士的诗文作品集《台湾古籍丛编》(第 2 辑,含《惠安王忠孝公全集》)由海峡出版集团、福建教育出版社出版发行。《惠安王忠孝公全集》由金门大学教授杨天厚点校。

11 月 25 日,泉港区王忠孝文化研究会成立。

2018 年戊戌

2 月 18 日,金门泰安宫管理委员会、卢氏宗亲会奉"兵部侍郎王大人"金身第三次巡安泉港沙格村,拜谒王忠孝故居。

4 月 6 日至 8 日,金门泰安宫举办"分镇沙格兵部侍郎王忠孝大人神像开光"庆典和宗亲交流活动。

8月4日至6日,金门泰安宫管理委员会、卢氏宗亲会举办"分镇沙格兵部侍郎王忠孝大人神像"回故里安座庆典,并在沙格开展参访交流活动。

2019年己亥

农历四月初一日,王忠孝文化节开鼓请"忠魂"活动。

非物质文化信仰——四月初一日开鼓请"忠魂"和沙格龙舟赛。

沙格村的妈祖巡香活动"起源于明代永乐年间",当时村民修造龙舟,在端午时节在沙堤海面举行龙舟比赛,并请出妈祖及其他神像巡香绕境,赛后则将龙舟存放于灵慈宫内。该项信俗延续至清初,产生重要的变化,融入沙格村村民祭祀忠臣王忠孝的内容。通过一代代的村民对仪式的不断重复和演变,将其与妈祖巡境的民俗相互结合,成为沙格村每年最为隆重的端午节民俗活动。

沙格村端午节活动,主要分为妈祖巡香和赛龙舟两个主要内容。从时间上来划分的话,从四月初一日开始,至五月初五日结束,主要有"四月初一日开鼓请"和"五月初五日龙舟行"两个部分。

四月初一日上午,村民先到灵慈宫祭拜妈祖,并邀请师公做法事,再敲锣打鼓,由两位长者将供奉于案桌上的一对龙头请出,绕到"忠孝社"祭拜,意为由妈祖出面令社公呈请柬给王忠孝。再绕村到海边的妈祖殿祭拜后,向海吹奏,意为由妈祖向海放龙到彼岸,遵王忠孝遗嘱,敬请他忠魂乘龙回家。至农历五月初五日早上,村民聚集于灵慈宫,穿上各种古代服饰,对妈祖进行祭拜,敲锣打鼓,将妈祖及其他诸位神像依次请出。妈祖巡香路线绕境一周,村民或参加巡游,或站路边祭拜换香。最后将神像依次安放到海边的观礼台,妈祖安放在最中间,观看龙舟比赛。东西两侧的"文武棚",则同时上演莆仙戏,让人们在观看竞赛的同时,观赏戏剧表演。

沙格村独特的习俗"正月初七日拜公祖"外,至今还流传着为纪念被抄家灭族的亲人,始终保留于每年九月初七日为"路爷""做戏给鬼看"的民间传统习俗。据王忠孝族人称,在沙格村东北观音山屿仔尾的"路爷路奶"和村西南隅的"路爷路奶",也称"万善堂"或"白骨坑"，还保存被清兵残杀王忠孝的族人和乡亲的白骨坑。"路爷路奶"，是指那些无人认领被抄家灭族的乡亲。

2020 年庚子

北京九州出版社出版朱定波著的《王忠孝与台湾》。原泉港区委书记吴礼源与福建省文化厅巡视员庄晏成作序。

2021 年辛丑

厦门建成"郑成功东坪弈棋"主题公园，还原了《郑成功与王忠孝弈棋听军情图》情景。

2022 年壬寅

厦门大学出版社出版黄建聪编著的《王忠孝年谱》。厦门大学人文与艺术学部主任委员、厦门大学国学研究院院长陈支平教授，日本泉州商会会长、日本中华总商会副会长、全日本华侨华人社团联合会副会长王秀德社长作序。

附录

了解闽台王氏源流的
重要谱牒《蟹谷王氏族谱》

在笔者所经眼的现存有关泉州市泉港区明清时期各种旧族谱、房谱、家谱中,南埔镇沙格村《蟹谷王氏族谱》可谓文献资料最为丰富,世系比较完整。谱中还有明末清初海峡名臣、学者王忠孝所作的序,是一部了解闽台王氏源流的重要谱牒。

《蟹谷王氏族谱》(封面题《蟹谷王氏谱》)始修时间未详,从"十一世孙景严"的"正德壬寅"谱序看,已知首修时间不晚于明正德年间。此后,清康熙、雍正、乾隆都曾续修或重修。十四世孙王忠孝撰写的《沙堤王氏谱序》载:"嘉靖间,吾曾祖雪崖公曾修辑之,而深憾于族少之损失先谱者。今又百余年矣,子姓日繁,里居各别。诸子弟虑其久而涣也,谋重修之,依序增入,而嘱忠孝为序。……"十七世孙王宪章的谱序说:"前朝(明)正德年间,我十一世祖雪崖公曾起而辑之。阅百余年,我曾祖少司马都尉愧两公复起而修辑之。嗣叔祖邑大尹庵公亦起而修辑之,各著有谱序,迄今又及百年矣。"

"少司马都尉愧两公",即是王忠孝。王忠孝,字长孺,号愧两,明崇祯元年(1628年)举进士,授户部主事。南明弘光帝和隆武帝皆授以要职。王忠孝在惠安县、兴化地区组织义兵抗清斗争失败后,投奔郑成功,备受推重,永历帝诏拜为兵部右侍郎兼太常寺卿。康熙三年(1664年),随郑经赴台,两年后病逝于台湾。"邑大尹庵公",即是王忠孝族侄、曾任庄浪知县的十五世孙王钟鸣。王钟鸣系清御史,《台湾府志》分撰的王璋的生父。王钟鸣另两个儿子王原威与王际慧,稍后于王璋先后中举,分别任过浦城教谕和龙溪教谕。王钟鸣顺治八年(1651年)中举后,应会试不第,于康熙二年(1663年)被选授甘肃省庄浪县知县,直至康熙十一年(1672年)辞官回籍。回到家乡的王钟鸣主持续修沙格村的《蟹谷王氏族谱》,并为之作序。王钟鸣的著述有《庄浪县志》。

从十一世至十七世二三百年间先后四次修谱,可见沙格王氏族人对谱牒的重视。因此能够保存丰富的文献资料和完整的世系。

《蟹谷王氏族谱》是民国十三年(1924年)手抄本,文字图像依木刻本描摹,是一个名叫王添裕抄录的。抄本于20世纪中期辗转多手,逃过了"破四旧"、十年"文革"浩劫,现收藏在惠安县档案馆。族谱分仁、礼、义三部,仁部有蟹谷全图、王氏谱序、沙堤诰敕,礼部有王氏文献、图式志铭、仿史记,义部有王氏祖像、沙堤像赞等文字和图式。

据《蟹谷王氏族谱》,参考《开闽忠懿王族谱》,同样书名不同内容的《蟹谷王氏族谱》(上下册)等各种王氏族谱、家谱和历史文献记载,由太原王氏至泉港(惠安)王氏有一条完整的传衍链,可以明确上溯到太子晋这个源头。

《蟹谷王氏族谱》收录的宋代大儒朱熹在宋孝宗淳熙九年壬寅(1182年)撰写的《王氏谱序》说:"谱牒之系大矣哉!自公卿大夫以及庶人,必有谱牒。夫谱牒有二:一曰文献,则详其本,传诰表铭状祭祀之类;一曰世系,则别其亲疏尊嫡庶继统之分。非世系无以承其源流,非文献无以考其出处。述祖宗之既往,启后人之将来。"强调族谱文献是了解姓氏源流的主要依据,指出"愚按,王氏出周灵王太子之后,而子孙家居伊洛琅玡,有由来矣。其先晋代名流,海内冠冕尚矣"。

周灵王(? —前545年),华夏族,姓姬,名泄心,是周简王之子,东周第11代国王,在位27年。伊洛指伊水与洛水,两水汇流,多连称。亦指伊洛流域。琅玡指山东琅玡。

泉港、惠安王氏来自开闽王氏,而开闽王氏源头在哪里呢?

历史学和谱牒专家学者把中华王氏的传衍按阶段分为太原世代、琅玡世代、江左世代、咸阳世代、固始世代和闽台世代等六个世代。梳理《蟹谷王氏族谱》文献的记载,与王氏六个世代的脉络基本吻合。

1.太原世代:自周太子晋起至秦朝灭亡,秦将王离巨鹿战败,传二十世。

太子晋(前565—前549年,姓姬,名晋,是周灵王姬泄心的太子。因被奉为王氏始祖,所以后世又称他为王子晋、王子乔或王乔)。

2.琅玡世代:自王离长子、二十世王元迁山东琅玡后徙临沂起,至西晋灭亡止。

王离(? —前207年,秦朝名将王翦之孙、王贲之子,秦朝著名将领。王离受封武城侯,继其父担任将领,率兵戍边备胡。秦末农民起义爆发后,与章邯一起统率秦兵与起义军作战。巨鹿之战,兵败被俘,后去向不明。

3.江左世代:自王导(370年)南渡起,至王褒落籍咸阳(554年)止,计247年传19世。

王导(276—339年),字茂弘,小字阿龙,琅玡临沂人。东晋时期著名政治家、书法家,是东晋政权的奠基人之一。历任晋元帝、明帝、成帝三朝相国。王褒(约513—576年),字子渊,琅玡临沂人,南北朝文学家。梁元帝时任吏部尚书、左仆射。明帝宇文毓笃好文学,王褒与庾信才名最高,二人特被亲待。加开府仪同三司。武帝宇文邕时为太子少保,迁少司空,后出为宜州刺史。

4.咸阳世代:自王褒起至702年王琳逝于咸阳止,凡148年传四世。

5.固始世代:44世王琳传45世王晔,任河南光州固始令,有政声,民怀其德。改定城令,民攀辕卧辙,求勿离去。王晔不忍,遂家于固始,是为王氏"固始祖"。晔传友,友传卞,卞传愻,俱家固始,世代务农。再传至49世王潮、王审邦、王审知三兄弟,于唐僖宗光启二年(886年)随王绪提兵入闽开拓闽疆,建立闽国政权,计182年凡五世,史称"固始世代"。

6.闽、台世代:唐末三王入闽,统一福建。唐授王潮为福建观察使,旋升武威节度使。王审知为副使,王审邦任泉州刺史。王潮逝世后,葬惠安县螺阳盘龙山。王审邦逝世后,葬泉州皇绩山。王审知继王潮位，主闽政 30 多年，民尊其为开闽王。王审知去世后，葬在福州。经延翰、延钧、昶、曦、延政五主，至后晋开运二年（闽天德三年，945 年）为南唐徐知诰所灭，凡三世七主，计 61 年。

宋理宗宝庆辛亥年（应为丁亥年，1227 年）王声叔撰《王氏始姬姓记》称：

> 王始姬姓，周帝营元妃出……三十九世灵王泄心立，四十世太子晋以直谏废为庶人。四十一世子敬宗为大司徒，时人号王家，因以为氏。居曰太原，遂曰太原郡。

王声叔，福建省莆田县前王村（今涵江区江口镇前王村）人，宋端平二年（1235 年）特奏名进士。历官承奉郎，温州教授。

元惠宗至正丁酉年（1357 年）王德重的《王氏历朝宗派谱记》载：

> 潮据闽，卒，弟审知为闽王……审知子延翰立为闽王，从珂为路王，闽王弟延政据建州，称殷帝……

明正德壬寅（疑为抄者笔误，应是丙寅年，即明武宗正德元年，1506 年），十一世孙王景严撰《沙堤王氏谱序》载：

> 吾王氏先世居光州固始，唐迁于莆之壶公，至十六公入赘惠仙塘蔡氏。蔡公无嗣，因家焉，而应惠安户役。

"莆之壶公"，即莆田壶公山。"惠仙塘"，即明代沙格村所在的惠安县北仙塘铺。

王忠孝在"天王己亥岁"（即永历十三年，清顺治十六年，1659 年）流寓厦门、金门时撰《沙堤王氏谱序》载：

> 吾王氏，由太原而徙琅玡，两枝不竟爽耶？琅玡自太保公以孝友著闻，位极三公，而居魏、晋间，不无遗议。茂弘称江左夷吾，值敦、峻作逆首衅祸，全口贻嘲。敬节太原晋公，以百口保符彦卿，具古大臣风。厥后文正之子素，累官谏议，卓负直声。元祐间，朝散郎淹，又争新法贬秩，奕世劲直，视琅玡殆胜之……吾沙堤之有王氏，派自光州固始。唐末，忠懿王入闽。数传保隆公，由闽移莆，壶公、霞阪，其祖居也。谱所载先代多著硕，中间残缺不可考。今断自可知为始，则十六公，其始分之祖也。宋末，赘于惠沙蔡氏，因家焉。生六子，长、次居沙，四子归莆。长

了解闽台王氏源流的重要谱牒《蟹谷王氏族谱》

二十公讳礼,次廿一公讳乐。今大小宗两祠并峙,可考也。从此而下,世次井井,按之了然……

王忠孝还是一位大学者,治学严谨,著作颇丰,其中有后人辑为《王忠孝全集》12卷。在很多谱序中,王忠孝的谱序当然是很重要、很有权威性的一篇。

清康熙十二年癸丑(1673年),十五世王钟鸣编修时作《蟹谷王氏家谱序》。除了叙述沙格王氏开基外,还言及王氏后裔徙居惠安县北部辋川、涂岭及南埔的林柄、枫林坑等地,"自此枝蕃派衍,惠北最称望族"。

清康熙二十一年(1682年)王璞《重修蟹谷王氏族谱序》云:

> 自周灵王太子晋以直谏废居太原、伊洛间,人称王家,因以为氏。王氏之得姓也自此始。晋公二十传为元威公,避秦乱,遂居琅玡……而其入闽也,则自忠懿闽王审知始……忠懿公六世孙保隆公任莆田令,因家焉。保隆公七传为宋工部侍郎晞亮公,莆诸族皆侍郎公后也。而自莆沙堤耕原迁于惠安则吾沙(格)之祖也。

十七世、王忠孝之曾孙王宪章于清乾隆十六年(1751年)《重修蟹谷本宗族谱序》云:

> 按吾族自太子晋公受姓以来,初著于太原,而琅玡,而光州,而八闽,而三槐……则自闽王忠懿审知公始也……至延政公,为李暻所并,移居江南。乃保隆公由江南而入八闽为莆令,因籍莆。数传为晞亮公,以名进士为侍郎。其第三子为榕公,则我蟹谷十六公之曾祖也。十六公讳埏,由莆入赘蟹谷蔡家,长讳礼公,次讳乐公留居蟹谷,迄今大小两宗并峙。

清代王梦源《王氏族谱大纲记》云:

> 盖自周灵王太子晋以直谏废为庶人,居太原伊洛间,人称王氏。此王氏系姓之始也。……自晋公传二十一世祖讳元威公,避秦乱,迁琅玡之始祖也。……自晋至唐四十五世祖殿中侍郎史公讳晞,初为光州固始令,因家焉。此吾光州固始之始祖也。传四十九世祖审知,初为检校威武将军,后避黄巢乱,与伯史观

察使公讳潮、仲史节度使公讳审邽提剑开辟闽疆，梁太祖进公爵闽王谥忠懿，此吾闽之祖也。

根据上述族谱所提供的泉港、惠安蟹谷王氏的资料，蟹谷王氏传衍链条十分清晰：

太原（太子晋，得姓始祖）→琅琊（王光威，太原二十一世）→光州固始（王晞，琅琊四十五世）→福建（王审知，琅琊四十九世，开闽始祖）→莆田（王保隆，开闽六世，入莆始祖）→沙堤（王青甫，开闽十五世）→惠安沙格（今泉港区南埔镇沙格村。"十六公"王埏，开闽十六世，蟹谷王氏一世祖）→惠安型厝（王埏九世孙王宜良始迁）→今惠安东桥镇珩山、珩海、南湖、东桥及净峰镇等地。

此外，王钟鸣的儿子王璋兄弟迁居台湾凤山一带。王璋成为台湾开府以来第一个举人，参与纂修《台湾府志》。

结合其他族谱、房谱、家谱，可知蟹谷王氏在海峡两岸的繁衍。

（原载台湾省姓氏研究学会《台湾源流》2021年春夏刊）

了解闽台王氏源流的重要谱牒《蟹谷王氏族谱》

王忠孝至亲(姻亲)一览表

十三世	滨泉 (娶坑墘孙氏、漈头桥洪氏)			
十四世	国模 （孙氏出，娶郑心鳌女）	国植 （孙氏出，娶陈鉴塘女）	忠孝 （洪氏出，娶惠安林内陈仰梅女，继娶汤、蔡氏）	女三：一适南埔林万子林庹，一适前营郑如圭子郑士龙。孙氏出。一适外厝林瑞子林一道，洪氏出
十五世	汝照（字孔序），邑庠生。娶县丞丘应璋女，继娶连如松女	汝烈（字孔智），邑庠生。娶后戴张志朝女，继娶贡生、辋川潘维烈女 汝杰（孔仁，出嗣忠孝）	汝杰（字孔仁），贡士，娶晋江乡进士、应天府丞、刑部郎中林而庭第七女，继娶庄氏	

| 十六世 | 塪，聘不详。
坊，聘尚宝卿张迎孙、庠生张世祊女。
瑞，聘不详。
土甲，（即及甫）聘不详。
一女，适金宪张峰曾孙、太学生子郡庠生张机 | 山甫、长甫、章甫、臣甫、坚甫 | 林氏出：
石甫（禾英），娶晋江戊辰进士（王忠孝同科进士）诸葛羲胞弟、光禄卿诸葛倬长女。
次明甫（历英），娶南安光禄大夫、慕恩伯郑赞绪长女。
三云甫（龙英），娶同安光禄大夫、少师忠振伯洪旭长男、兵部主事洪磊长女，续娶陈氏。
庄氏出：
四尧甫（法英），娶晋江安海进士、礼部尚书黄汝良侄孙黄□□长女。
女三：
林孺人出：
长适癸未进士、通议大夫、都察院右副都御史兼福建巡按使、南安沈佺期长孙沈岳。
次适延平王赐姓南安郑成功第七男，任镇守黑龙江等处牛录郑裕。
庶母庄氏出：
三适延平王赐姓南安郑成功弟□□男、邑庠生郑英略 | |

十六世			(另一女适惠安三朱敕封征仕郎户科给事中朱和曾孙、天启壬戌科进士、累官户科右给事中、广东布政司参政朱又焕孙、朱瑞骥男昂万。王氏族谱、家谱等未载,见《明敕封征仕郎户科给事中萃台朱公暨配累封孺人勤肃陈氏合葬墓志铭》)	
十七世	略	略	男十五人 自禾英出者: 长让,娶晋江光禄卿诸葛倬长男、桂林府知府诸葛鼎孙女。 次爵,娶惠安萧厝总戎萧厝萧武孙女。 三密,娶进士、知州惠安前黄黄云蒸长男、岁进士政和训导黄榖汝次男、太学生黄□□女。 四典,娶庠生张步岗女。 自历英出者: 长锜,娶洪□□长女。 次纶,娶未详。 自龙英出者: 长严(宪章),郡增生,娶总戎惠安萧厝萧武孙女	

十七世			次衡,娶太学生郭必贵女。 三澄,娶乡进士、合州知州、惠安前黄黄文惠孙女,乡进士舒城知县黄瑞鳌胞姐。 四奠,娶连□□女。 五璧(出嗣),娶乡进士、乐清知县、惠安涂岭前欧出一鹏孙女。 (一出嗣南安石井郑家) 自法英出者: 长骏,娶进士、知州惠安前黄黄云蒸孙女。 次骃,娶李□□君女。 三骊,娶未详。 四骊,娶未详	

　　资料来源:根据王志道《明赠承德郎户部主事滨泉王公暨配赠安人孙氏洪氏合葬墓志铭》、王忠孝《代山甫、长甫、章甫、臣甫、坚甫等拟母氏行状》、王宪章《祖母林孺人圹志》、朱继祚《明敕封征仕郎户科给事中萃台朱公暨配累封孺人勤肃陈氏合葬墓志铭》(王忠孝书丹)、《蟹谷王氏族谱》、《蟹谷王氏家谱》、《石井郑氏宗谱》等资料编制,第十七世或有缺漏,省略。

王忠孝与郑成功家族的姻亲关系考

　　历史上不少史籍和地方志如《清史稿》《福建通志》《泉州府志》《台湾府志》《惠安县志》等均有记载王忠孝与郑成功的关系。其实，王忠孝与郑成功不仅仅是共同的抗清复明的同志关系，也非仅仅是幕僚、高级参议和依附关系，而是与郑成功家族有着密切的姻亲关系，各种史志、各史志专家并未予以考究，故为世人所未知。近来笔者细加探究沙格王氏的族谱，结合郑成功家族的族谱、宗谱、家谱的相关记载，方得理清王忠孝与郑成功家族的姻亲关系。

　　明末清初宦海廉臣、抗清复明志士，著名学者、诗人王忠孝（1593—1666 年），字长孺，号愧两，福建泉州府惠安县北十都光德里沙格乡（今泉州市泉港区南埔镇沙格村）人，明末崇祯元年（1628 年）进士。在明末，王忠孝是一个耿介廉臣，与黄道周等人被誉为"六君子"。清顺治元年（1644 年），清兵入关，经抗清名将史可法推荐，福王朱由崧授王忠孝为绍兴知府，辞不受。唐王朱聿键在郑芝龙、黄道周等拥戴下称帝于福州，是为隆武帝，召见王忠孝，授光禄寺少卿。王忠孝陈述光复策略，隆武帝大喜，特命巡关，赐尚方宝剑，便宜行事。隆武政权溃亡后，王忠孝在闽中、闽南地区的兴化府、泉州府竖旗抗清复明，收复失地，与"国姓爷"郑成功遥相呼应。桂王朱由榔即位广东肇庆，改号永历，诏拜王忠孝为兵部右侍郎兼太常寺卿。郑成功在厦门设立储贤、育胄两馆，广纳遗臣贤士，培育抗清志士后代。王忠孝与沈佺期、辜朝荐、卢若腾等都趋赴厦门、金门，依附郑成功。郑、王意气相投，成为知己，郑成功多次要委以官职，并时常征询军国大计，他虽未受官职，但对军国大事则时常建言，《惠安王忠孝公集》中王忠孝给郑成功的十几封书札即为明证。王忠孝并推荐同安教谕陈鼎之子陈永华给郑成功,说陈有"经济之才",即被用于参军。后陈永华在开发和建设台湾中果然立下不朽功勋。

在台湾延平郡王祠东厅郑氏部将的牌位中,其中列为第三的配祀牌位称:"明兵部侍郎、总督军务王公忠孝。"其事迹介绍云:"崇祯元年(1628年)进士,弘光元年(1645年)授绍兴知府。隆武元年(1645年),忠孝清贞中毅,不避艰险,举义兵,复兴化。延平王礼而优赡之,转为前辈,军国重事询咨问焉。永历十八年(1664年),入东宁,郑经厚待之,日与诸遗老肆意诗酒。后居万年州,课读子侄,谢绝政事。"由此显见王忠孝在郑成功、郑经和台湾民众心目中的地位。

一、郑成功家族和沙格王氏的族谱、宗谱、家谱的相关记载

1.郑克塽所撰的《郑氏附葬祖父墓志铭》载:

王父讳成功,字明俨,号大木,姓郑氏。先世自光州固始县入闽,由莆居漳、居粤之潮,至始祖隐石公,乃居于泉之南安县杨子山下石井乡,遂世为南安人。……王父生于甲子年七月十四日辰时,卒于壬寅年五月初八日未时,享年三十有九。故明末,赐国姓,封延平王,率众取海外台湾,开辟疆土,设立府县居之。父讳经,字式天,号贤之,嗣封延平王。生于壬午年十月初二日未时,卒于辛酉年正月二十八日寅时,享年四十,同王父俱葬台湾。岁癸亥,不孝克塽等举国内附,挈眷入京,蒙恩封汉军公。念台湾远隔溟海,祭扫维艰,具疏陈请乞迁葬内地。奉特旨恩准,爰令弟克塈假回襄事,以康熙三十八年五月廿二日卯时,附葬于南安县康店乡乐斋公茔内,并曾大父灵主、曾祖母翁、祖母董、母唐柩附焉。……祖母董,系明进士礼部侍郎董讳飏先公胞侄女,生于癸亥年九月廿四日酉时,卒于辛酉年六月十六日巳时,享年五十有九。母唐为明进士兵部尚书唐讳显悦公孙女……王父子十,长即吾父,娶母唐氏,先卒。次聪,娶故明鲁二郡主朱氏。次明,娶林氏。次睿,次智,娶洪氏。次宽,娶林氏。次裕,娶王氏。次温,娶刘氏。次柔,娶洪氏。次发……明无出,以裕之子为嗣。……自裕出者子二,长克崇,未聘。次克俊,出继

与明为嗣。女一,未配。……

襄事。承重孙克埂

孤哀子裕、温、柔同稽首

期服孙孙克塁等同勒石

2.《郑氏宗谱》(民国九年即 1920 年郑玉海等重修、张宗洽标点整理,原藏中国历史博物馆资料室):

十三世熙之公,大木公第三子。于康熙二十二年(1683 年)归诚,奉旨授为四品官

讳明,字哲熙,号熙之。合葬于羊房店西十方院。(笔者注:北京西便门外)

娶林氏。

嗣子:克庄。益之公之次子,早卒。

嗣孙:琦。履平公之第四子。

……

十三世益之公,大木公第七子。于康熙二十二年(1683 年)归诚,奉旨授为四品官。

讳裕,字哲益,号益之。康熙庚子年(1720 年)十一月二十七日生,乾隆丁巳年(1737 年)四月二十二日忌。

娶王氏,继潘氏。合葬于羊房店西十方院。

子:克庄,出继三房。

……

十四世□□公,熙之公嗣子。

讳克庄,早卒。

嗣子:琦。

3.《郑氏家谱》(民国九年,即 1920 年郑玉海、郑沂、郑泽重修):

第十三世熙之公,大木公第三子。

讳明,字哲熙,号熙之。于康熙二十二年(1683 年)归诚,奉旨授为四品官。

娶林氏。合葬于羊房店西十方院。

嗣子:克庄。系益之公之子,早卒。

......

第十三世益之公,大木公七子。

讳裕,字哲益,号益之。于康熙二十二年(1683年)归诚,奉旨授为四品官。

妣王氏,继潘氏。合葬于羊房店西十方院。

子一:克庄,出继三房。

4.《蟹谷王氏家谱》(光绪十年即1884年王楚书纂修,抄本)

王忠孝的曾孙王宪章所作《祖母林孺人圹志》:"禾英等兄弟四,自孺人出者三,自庶母庄氏出者一。禾英,娶晋江戊辰进士诸葛讳羲公胞弟、光禄卿讳倬公长女。次历英,娶南安光禄大夫、慕恩伯郑讳赞绪公长女。三龙英,娶同安光禄大夫、少师忠振伯洪讳旭公长男、兵部主事讳磊公长女。皆(林)孺人出。"

5.王忠孝的儿子孔仁、媳林氏生女子三:长适癸未进士都察沈佺期长孙岳,次适延平王赐姓讳成功公第七男、现任镇守黑龙江等处牛录讳裕,皆孺人出。三适延平王赐姓讳成功弟□□男邑庠生讳英略,庶母庄氏出。

6.《蟹谷王氏家谱》之王宪章《祖母林孺人圹志》载:王忠孝曾孙一人(王忠孝孙龙英所出,王宪章弟)"七出嗣南安石井郑(家)"。

7.《蟹谷王氏家谱》之《南安石井举人则拔郑超英题》载:"咸丰乙卯(1855年)乡试枫驿梗隔,路由沙堤,寓镜山楼。因风大作,待渡信宿,触目王公祠。当前询及,乃愧两王司马公之庙也。考其《谱系》并《回生记》,与家大木公同拓台湾,行述若合符节。爰是拈香谒庙,虔祷以唐人诗句偶成二绝,题于壁上。翼早庇风平,晋省果登贤书锦,旋拜谢,所谓敬神如神在是也。前有诗云:(其一)镜山楼前山翠迎,镜山楼后海波生。临江欲渡不得渡,大路欲行不可行。其二:枫亭驿畔苦经过,再宿沙堤水起波。来拜当时王愧老,明朝应送好风多。"

二、王忠孝与郑成功有着多重的姻亲关系

从上面的墓志铭和宗谱、族谱、家谱记载以及考证,可知王忠孝与郑成功有着多重的姻亲关系。

1.王忠孝是郑成功第七子、郑经七弟郑裕的岳祖父

王忠孝的孙女婿郑裕(1660—1737 年)是郑成功的第七子,即郑经的七弟,王忠孝子孔仁、媳林氏的女婿。也就是说,王忠孝子孔仁、媳林氏是郑成功的亲家和亲家母。

郑成功原配董西姑,福建惠安进士礼部侍郎董飏先侄女,郑经生母。妾有六人,姓名不详,在羊山被清兵淹死。郑成功共有十个儿子:长子郑经,字符之,号式天,乳名锦。继承父亲延平郡王、招讨大将军之官爵。次子郑聪,字哲顺,号怡堂。康熙二十二年(1683 年),授三品之职。三子郑明,字哲熙,号熙之。康熙二十二年(1683 年),授四品之职。四子郑睿,字哲圣,号圣之。被清兵淹死。五子郑智,字哲锡,号锡之。康熙二十二年(1683 年),授四品之职。六子郑宽,字哲硕,号硕之。不知所终。七子郑裕,字哲益,号益之。康熙二十二年(1683 年),授四品之职。八子郑温,字哲念,号念斋。康熙二十二年(1683 年),授四品之职。一说,被清兵淹死。九子郑柔,字哲能,号能之。康熙二十二年(1683 年),授四品之职。十子郑发,字哲奋,号奋之。被清兵淹死。

康熙二十二年(1683 年),康熙帝派水师提督施琅进攻澎湖并攻克台湾,郑克塽向清朝请降。清朝遂于康熙二十三年(1684 年)设置台湾府,辖台湾、凤山、诸罗三个县,归福建省管辖。"岁癸亥,不孝克塽等举国内附,挈眷入京,蒙恩封汉军公",癸亥即康熙二十二年(1683 年),郑裕携王忠孝的孙女王氏等随郑克塽入京,后"现任镇守黑龙江等处牛录"、"奉旨授为四品官"。

牛录的汉译亦作佐领。战时领兵官,其职多为世袭,平时为行政官,掌管所属户口、田宅、兵籍、诉讼诸事。明崇祯七年(1634 年),改称牛录章京。入关后,改为汉称佐领,正四品。

康熙三十八年(1699 年),"(郑克塽)念台湾远隔溟海,祭扫维艰,具疏陈请乞(郑成功父子灵柩)迁葬内地。奉特旨恩准,爰令弟克塈假回襄事",郑成功父子灵柩被"特旨恩准"运回大陆。灵柩于五月廿二日卯时入土,归葬南安水头镇康店村橄榄山(改名为覆船山)郑氏祖茔乐斋公墓内。这篇附葬郑成功父子的墓志铭是郑成功的孙子

郑克塽撰写、郑克塈等同勒石，"孤哀子裕、温、柔同稽首"。康熙帝当时除恩准郑克塽的迁葬奏疏外，还下敕遣官护送灵柩，并御笔亲题挽联："四镇多贰心，两岛屯师敢向东南争半壁；诸王无寸土，一隅抗志方知海外有孤忠。"褒奖郑成功敢于反对外来侵略的崇高民族气节和伟大的爱国主义精神。

2.《郑氏宗谱》所载郑裕生年有误

《郑氏宗谱》所载"讳裕，字哲益，号益之。康熙庚子年（1720年）十一月二十七日生，乾隆丁巳年（1737年）四月二十二日忌"的郑裕生年有误！郑成功的生卒时间分别为明天启四年（1624年）七月十四和清康熙元年（1662年）五月初八。而康熙庚子年为康熙五十九年（1720年）。所以"（郑裕）康熙庚子年十一月二十七日生"是错误的，实际应为生于顺治十七年庚子年（1660年）十一月二十七日，卒于乾隆丁巳年，为乾隆二年（1737年）四月二十二日，郑裕以七十七高龄辞世。

3.郑克塽所撰的《郑氏附葬祖父墓志铭》中载："明无出，以裕之子为嗣。……自裕出者子二。长克崇，未聘。次克俊，出继与明为嗣。女一，未配。"然而笔者查阅了《郑氏宗谱》（民国九年即1920年郑玉海等重修）和《郑氏家谱》（民国九年即1920年郑玉海、郑沂、郑泽重修）却均未查到郑裕的长子克崇的任何记载，而且"出继与明为嗣"的"克俊"两谱都记为"克庄"。

郑克塽所撰的《郑氏附葬祖父墓志铭》是第一手资料，当然比《郑氏宗谱》和《郑氏家谱》可信。墓志铭为当事者或当时人所为，而我们所见的《郑氏宗谱》和《郑氏家谱》却是民国九年（1920年）重修的。而且按常规、常识来看，长子为自家所有，次子才过继给兄弟为嗣子，才是正理。如王忠孝未曾生育，是他的二哥王国植生有二子：长子汝烈（字孔智）、次子汝杰（孔仁），也是次子汝杰（郑成功的亲家）出嗣王忠孝。因此墓志铭的记载更为可信。

4.王忠孝次孙明甫（历英），娶南安光禄大夫、慕恩伯郑赞绪长女

郑缵绪是郑成功的堂侄孙，父郑泰（？—1663年）是王忠孝的知己好友。长期担任户官，管理财务及对外贸易，隆武帝曾封郑泰为建

平侯。当郑成功带兵出征时,郑泰经常留守根据地。永历十二年(1658年),郑成功举兵北伐,欲图江南,郑泰为户官,留守厦门。永历十四年(1660年),郑成功听说达素将攻打厦门,下令各镇官兵眷口搬住金门,命户官郑泰及其他将领保护。永历十五年(1661年),郑成功兴师攻台湾,户官郑泰居守金门。永历十六年即清康熙元年(1662年),郑成功开台湾府县。世子郑经居厦门,和乳母私通生子,郑成功大怒,要郑泰杀郑经和郑经的母亲董氏,郑泰并没有执行这道命令。同一年,郑成功去世,郑经嗣位。永历十七年(1663年),郑经怀疑郑泰和拥立郑成功弟弟郑袭继位的黄昭有所勾结,想要扑杀郑泰。他先封郑泰为金厦总制,假意要把金门和厦门都交给郑泰。郑泰受封之后,接受邀宴到厦门晋见郑经,郑经趁机将郑泰囚禁起来,郑泰自缢身亡。郑泰死后,儿子郑缵绪随郑泰的弟弟郑鸣骏带着军舰500艘和兵将万余人投降清朝。郑缵绪投清后被封为慕恩伯,曾写信给王忠孝倾诉苦闷,王忠孝《与慕恩伯郑缵绪书》中称郑缵绪为老亲翁,无可奈何地说:"亲翁为亲报仇者也,不肖(指王自己)为臣子不忍易面也(王自己是大明臣子,不忍改变衣冠)。虽不同道,其本于君亲(君亲纲常大义),一也。"吩咐他"可行其德于桑梓"。说到自己,"若不肖老惫极矣!半年三徙,疲于津梁,譬如倦鸟寄栖,逢林息影,不遑问其为芳树为积棘也"。郑缵绪后来游仙游九鲤湖,有诗刻石。

5.王忠孝子孔仁与妾庄氏所生的女儿嫁与郑成功弟□□男、邑庠生郑英略,笔者也未在《郑氏宗谱》和《郑氏家谱》中查到《祖母林孺人圹志》中所说"三适延平王赐姓讳成功弟□□男邑庠生讳英略,庶母庄氏出"的相关记载。

郑芝龙的妻子田川氏,另有侧室庄、林、史、蔡、曾、蔡诸氏。长子郑成功,原名郑森。郑渡(《清史稿》作郑世忠),郑芝龙次子;郑恩(《清史稿》作郑世恩),郑芝龙三子,字恩庆;郑荫(《清史稿》作郑世荫),郑芝龙四子;郑袭(《清史稿》作郑世袭),郑芝龙五子,号葵庵。康熙年投诚,钦命荣禄大夫头等兼管内阁大臣。郑世默,郑芝龙六子,后与父亲一同被清廷戮与北京。另外,与郑成功同在日本出生的田川七左卫门,是郑芝龙实际上的次子,又称为田川次郎左卫。七左卫门一生未离开日本,两个儿子分别姓"郑"及"福住"。

6.至于《祖母林孺人圹志》中所说"三适延平王赐姓讳成功弟□□男邑庠生讳英略,庶母庄氏出"的"成功弟□□"是六个弟弟中的哪一个,由于笔者手头缺少相关资料,有待今后进一步挖掘和考证。

7.据《蟹谷王氏家谱》所载王忠孝曾孙一人"七出嗣南安石井郑(家)",应该是出嗣到郑成功家族。出嗣给郑裕家为继承人或"三适延平王赐姓讳成功弟□□男邑庠生讳英略"即郑英略家为继承人?出嗣者是《祖母林孺人圹志》作者王宪章的弟弟,为何该圹志未予载入?有待考证。

8.据《南安石井举人则拔郑超英题》一节记载,可知郑超英并未知晓王忠孝与郑成功家族的姻亲关系,难怪一般人不知道王忠孝与郑成功家族这一重要关系。

郑超英是郑克塽后裔,清廷早年赐予"军功六品衔"。光绪年间,郑超英奉旨接替刘仁柏,担任台湾水师协副将。而隶属台湾镇之下的此官职是台湾清治时期中的这阶段,全台湾的海防军事层级最高武将,其统帅三标水营,数千名水师兵勇。作为郑克塽的后裔,他见到"愧两王司马公之庙"王公祠,"考其《谱系》并《回生记》,与家大木公同拓台湾,行述若合符节。爰是拈香谒庙,虔祷以唐人诗句偶成二绝,题于壁上。翼早庇风平,晋省果登贤书锦,旋拜谢,所谓敬神如神在是也"。他也只是言及王忠孝"与家大木公同拓台湾,行述若合符节"而已。

三、王忠孝在台湾及王家与郑成功家族结为姻亲的时间

顺治十八年(1661 年),郑成功率将士驱逐荷夷,收复台湾,实现他"开辟荆榛逐荷夷,十年始克复先基"的宿愿。王忠孝等为之"郊饯东征"。王忠孝受命留在厦、金两岛协助世子郑经据守,"延平王既定台湾,书邀公。公遣人具牛种,为五亩计"(洪旭《王忠孝传》)。然而次年五月初八日,年仅三十八岁的郑成功因一连串国难家难的打击,于台湾溘然去世,葬于台南州仔尾。王忠孝感其知遇之恩而痛哭流涕。《惠安王忠孝公全集》记载,郑成功卒于台湾后,王忠孝对郑成功

的历史贡献给予高度评价:举其"勋追武肃,忠贯汾阳"。撰文称"肇基东鄙,拓地南荒。乾坤独辟,夷夏咸康。仁班师旅,终仗尊攘。夫何月掩,忽焉星亡",认为郑成功死后"秉钺无人",是抗清复明事业的巨大损失。康熙三年(1664年),王忠孝等随郑经抗清大军入台,得到郑经厚待,但他始终"不图宦达,日与流寓诸人肆意诗酒,作方外客",默默无闻地度过晚年。康熙五年(1666年)在台湾逝世。洪旭《王忠孝传》:"丙午四月二十八日卒于台湾,享年七十有四。宗藩勋旧,皆来视殓,莫不坠泪。"

1.王忠孝与郑缵绪家结亲应是王忠孝寄寓厦门、金门时期。

王忠孝《与慕恩伯郑缵绪书》中称郑缵绪为老亲翁。清康熙二年(1663年)郑泰被迫自杀,郑缵绪带着军舰500艘和兵将万余人投降清朝。那么可以推定王忠孝与郑缵绪家结亲应是在郑缵绪投降清朝之前(1663年)较为合情合理。

2.王忠孝家族与郑成功家联姻的时间应是在王忠孝病逝后台湾回归前。

王忠孝的《遗嘱(二)》:"万一不测,尔当与亲朋商一水居船,三四载者,来扶我归。即力不能,亦须向知己相援也。此边人泛泛耳,言之似赘。又须于当道处,明投一呈,内云'父某自己丑年云游四方,多在舟山之间,去年舟山之变,附舟南下。闻在澎湖结茅而居,年已七十四矣,近云襄理扶归,谨呈',明大意如此。托大力者送之,必当于愿兄发一令票,雇他一押船,跟官系我所见识者,同船来此边,亦遣一舟护送至界而返,庶水次无虞,我老骨可遂首丘之怀也。当费此,勉为之!"

《另嘱》亦载:"辜伯日相见,亦一快事。洪亲在澎,其父在东,澹澹而已,我亦淡淡应之。"

如此方可解释王忠孝晚年两年在台湾的境遇。

洪旭《王忠孝传》:"癸丑年,东人送公枢归里,葬于惠北松亭之原。公性复节俭,而好施与。延平王父子既雅重公,馈遗无虚日。公悉推惠其亲党,倾资不吝,其辍己之食以济人云。是为传。"

《少司马愧两王公传》:"癸丑年,东人送公枢归里,葬于惠北松亭之原。"

以上两传关于王忠孝迁葬大陆惠安老家的时间是错误的。癸丑年为清康熙十二年（1673年）。

据王宪章《祖母林孺人圹志》载：

> 孺人系出温陵望族，为外祖丁酉乡进士、刑部郎中林讳而廷公第七女。贤内则家言婉娈淑慎。……笄年归先府君，逮事先王父少司马都宪愧两公、王母陈淑人，咸得其欢心，称为佳妇云。至王父起家计部视漕督储，厥织懋哉！而性忠鲠，忤权珰，邓希诏诬逮系谴戍归，名震当世。孺人偕先府君承欢膝下，虽菽水亦堪娱也。无何，沧桑变乱，风鹤日惊，而先王父孤忠自矢，鸠一旅从事。其间，孺人悉脱簪珥以资敌忾，无间言。迨时不可为，乃挈家于鹭门、浯岛间，靡有室宇。孺人偕府君体其百折不回之心，佐理经画，随处帖然，流离颠沛，亦足以少慰二人也。厥后先王父抗节寄寓台湾，无禄即世。府君谋迎榇归，未遂，晨夕哀号。王母陈淑人复见背，形枯骨立，未及大祥，遂尔终天报痛。孺人水浆不入口，几不欲生。禾英等以祖榇未回，儿辈幼孤，泣谏勉庀丧事。至壬子六月，迎祖榇回里，卜葬于惠北松亭之原。而府君附焉，孺人始辄然喜也。甲寅之变，井邑丘墟，不得已历波涛之险，处托台湾，承先志也。维持内外诸亲，渡海相依者数十百家，孺人悉为因时措置。贫者周之，死者埋之，孤者抚之，笄者嫁之，咸免仳离之叹。事二庶母以礼，待庶母以恩。其明大义有如此者。甲子岁，王师入台底定，买棹归里。

其中"先王父抗节寄寓台湾，无禄即世。府君谋迎榇归，未遂，晨夕哀号。王母陈淑人复见背，形枯骨立，未及大祥，遂尔终天报痛。孺人水浆不入口，几不欲生。禾英等以祖榇未回，儿辈幼孤，泣谏勉庀丧事。至壬子六月，迎祖榇回里，卜葬于惠北松亭之原"的记载，明确说明于王忠孝往台及逝世后的一些情况。其灵柩迁葬大陆惠安老家的时间是壬子年，即清康熙十年（1672年）。

据"甲寅之变，井邑丘墟。不得已历波涛之险，处托台湾。承先志也。维持内外诸亲，渡海相依者数十百家，孺人悉为因时措置。贫者周之,死者埋之,孤者抚之,笄者嫁之,咸免仳离之叹。事二庶母以礼,待庶母以恩。其明大义有如此者"的记载看,"甲寅之变,井邑丘墟",指的是甲寅年(1674年)台湾郑军与清军在闽南、闽中地区的战争,特别是在王忠孝的老家惠安县北(今泉港区)的大战,地方生产遭受严重破坏,生民涂炭。王忠孝的儿媳妇"林孺人"等王忠孝的家人东渡台湾,其家族内外诸亲"渡海相依者数十百家","孺人悉为因时措置"且"事二庶母以礼,待庶母以恩",说明王忠孝的两老姜汤、蔡氏均在世,而且仍然寄居台湾。那么,王忠孝逝世后仍有其家人在台湾。据以上所述,郑裕实际应生于顺治十七年庚子年(1660年)。按当时男女婚嫁年龄来看,大约应是在这段时间前后王忠孝家族与郑成功家族联姻的。直至"甲子岁,王师入台底定",方"买棹归里"——返回惠安沙格老家。

参考文献

1.《郑氏附葬祖父墓志铭》,《泉州文史资料》(第1~10辑汇编),福建省泉州市鲤城区地方志编纂委员会、政协泉州市鲤城区委员会文史资料委员会编印,1994年12月。

2.《郑氏族谱》,陈支平主编《台湾文献汇刊》第一辑第五册,九州出版社、厦门大学出版社,2004年。

3.《郑氏宗谱》,陈支平主编《台湾文献汇刊》第一辑第五册,九州出版社、厦门大学出版社,2004年。

4.《郑氏家谱》,陈支平主编《台湾文献汇刊》第一辑第九册,九州出版社、厦门大学出版社,2004年。

5.王忠孝:《惠安王忠孝公全集》,台湾文献丛书,台湾省文献委员会编印,1993年12月

6.《蟹谷王氏家谱》(抄本,未刊)。

(原载泉州学研究所《闽南》2018年第5期)

后　记

　　泉州有宋元中国的世界海洋商贸中心、第一批全国历史文化名城、东亚文化之都之称。十七岁时,我考入泉州师专(今泉州师范学院)历史科就读,从那时起,我就有了对福建地方史志尤其是泉州史志的兴趣,也因此知道了我的家乡有一个曾经名动朝野的能吏廉臣和抗清复明志士王忠孝。2008年,我开始编写这一本泉港沙格人王忠孝的年谱。由于长期僻居乡下,资料欠缺,加上是在业余时间搜集整理和研究,所以断断续续前后长达十几年时间。在这段时间里,我沿着王忠孝的生活、学习、宦游、战斗、寄寓过足迹,除了闽北和福莆泉厦漳外,还走过京津冀浙,乃至台湾、金门、东山诸岛,搜集相关史志资料,以期悉得其行藏交谊、著述书札。

　　在《王忠孝年谱》的搜集资料和编写过程中,得到了诸多亲友的关心和帮助。黄建忠、黄惠龙、黄凤禧、黄硕秋、庄琳璘、王国渊、王惠明、王龙滨、王伟生、王顺国、王志文、王淑珠等热情关心和提供部分资料,在这里谨致衷心谢意。

　　衷心感谢厦门大学人文与艺术学部主任委员、厦门大学国学研究院院长、中国明史学会会长、朱子学会常务副会长陈支平先生为本书作序,著名爱国侨领、王忠孝贤裔、日本泉州商会会长、日本中华总商会副会长、全日本华侨华人社团联合会副会长、日本源清田商事株式会社代表取缔役社长王秀德先生慷慨解囊资助出版并作序,以及一直关心本书编著和出版的中共福建省委纪委宣传部副部长陈金来先生、厦门大学出版社综合编辑室主任薛鹏志先生。

由于本人的学识水平和能力所限,本书必有不足和错漏之处,恳请专家学者和读者不吝赐教。

2022 年 4 月

于泉州市泉港区三耕书院